傅海棠◎论述　沈良◎主编

如何分析和捕捉
确定性的投资机会

中国经济出版社
CHINA ECONOMIC PUBLISHING HOUSE
北 京

图书在版编目（CIP）数据

投资真相：傅海棠演讲集/傅海棠论述；沈良主编 . -- 北京：中国经济出版社，2020.8 （2025.4 重印）
ISBN 978-7-5136-6243-7

Ⅰ.①投… Ⅱ.①傅…②沈… Ⅲ.①投资－通俗读物 Ⅳ.① F830.59-49

中国版本图书馆 CIP 数据核字（2020）第 124768 号

责任编辑　叶亲忠
责任印制　马小宾
封面设计　久品轩

出版发行	中国经济出版社
印 刷 者	北京富泰印刷有限责任公司
经 销 者	各地新华书店
开　　本	787mm×1092mm　1/16
印　　张	19
彩插印张	0.5
字　　数	300 千字
版　　次	2020 年 8 月第 1 版
印　　次	2025 年 4 月第 10 次
定　　价	58.00 元

广告经营许可证　京西工商广字第 8179 号

中国经济出版社　网址 www.economyph.com　社址 北京市东城区安定门外大街 58 号　邮编 100011
本版图书如存在印装质量问题，请与本社销售中心联系调换（联系电话：010-57512564）

版权所有　盗版必究（举报电话：010-57512600）
国家版权局反盗版举报中心（举报电话：12390　　服务热线：010-57512564）

傅海棠在复旦求是学院主办的活动上发表演讲

傅海棠参加"复旦求是东方经济学研究中心"成立一周年活动并发表演讲

傅海棠调研橡胶产业

傅海棠参加"期赢天下"投资家俱乐部糖业调研团湛江徐闻县交流会时的留影

傅海棠作为圆桌分享嘉宾出席"2018私募基金年会——经济学家论坛"

傅海棠作为圆桌分享嘉宾出席"2019私募基金年会——经济学家论坛"

傅海棠出席《中国崛起的奥秘——财富论》新书发布会并发表演讲

傅海棠出席河北大学管理学院主办的活动发表演讲并为书籍签字

前 言 *PREFACE*

近年来，我经常受邀在全国各地演讲交流，在分享和互动的过程中，我自己也在向同行、向市场学习，我深切感受到，投资是一门活到老学到老的学问。

在一些演讲和交流的过程中，我的某些理念和观点能让投资者和朋友们认可、共鸣，甚至引起较大范围的讨论，这是我的荣幸。

这一两年来，越来越多的朋友和投资者向我当面提议，应把各次演讲和交流的内容整理出书，以方便大家系统性阅读。于是，我委托好友沈良先生代为筛选、整理和编辑各篇演讲文稿，并按时间顺序展现，结集成书。我想，本书应尽量保持当时现场演讲和交流的原汁原味。

我一直有个原则，要么不讲，既然讲了，就要讲真，讲透。所以我在各次演讲中，阐述的是我本人投资中的亲身经历和切实感想，是我自己在实践中总结的分析方法和交易方式，还有我对经济学和发展经济的多层次思考。这些理念、逻辑、方法，是我本人参与市场的"法宝"。

市场上一直有一种声音，他们认为市场行情是混沌的、不确定的，认为投资的真相是永远不可能说清楚的。我不认同。我想我在多次演讲中应该已经把行情涨跌的本质讲清楚了，相信细读本书的朋友更容易找到投资的真相。

市场行情是"供需决定价格,价格影响供需,再加上价值规律"的综合体现,或者叫作"供求关系和价值规律"的综合体现。"价格运行源于供求动力",是供求在决定价格走势。我们总说趋势,总说"顺势而为",那么,"势"怎么来的?其实就是供求天平的两端出现了的偏差,一边重,一边轻,矛盾大,由此形成了"势"。供求偏差越大,形成的"势"越大。行情是可以确定的,确定行情的方法就是基本面分析,就是把供求关系和价值规律研究透。这是我的理念,也是我的实践。

希望本书中的一些观点能为投资者朋友们带来一点借鉴和启发,也请大家多提宝贵意见。

本书能够出版,要感谢各次活动主办方的认可并邀请我去演讲交流,要感谢沈良先生的精心整理,要感谢孙成刚先生和马明超先生提出的建议和完善意见。

傅海棠

2020 年 4 月　上海

欢迎大家关注"傅海棠频道"

目录 CONTENTS

傅海棠：工业品看需求，农产品看供应 ··· 001
- 农产品价格在低位 ·· 001
- 工业品看需求 ·· 003
- 国家在推股票 ·· 003
- 国内白糖和国外白糖是两个市场 ·· 004
- 菜粕是季节性的，而豆粕基本不分季节 ·· 005
- 我做期货是做单边，研究基本面 ·· 005

傅海棠：如何分析和把握农产品的大行情 ··· 007
- 农产品按年生产，工业品按天生产 ·· 007
- 从大周期判断大减产和大行情可能性 ·· 009
- 举例：豆粕和菜粕的上涨分析 ·· 010
- 做期货不懂基本面，和盲人摸象没有什么区别 ······································ 012

傅海棠：商品涨跌是有规律的 ·· 017
- 我的投资方法是价值投资，用的是供求分析 ·· 018
- 棉花行情的启示：一定要理性，不能靠感性和惯性 ······························ 021
- 全面跌破成本，整个行业都亏损的品种，要重点关注做多机会 ·········· 023
- 豆粕上涨的三个原因 ·· 024

傅海棠：需求好，库存少，价格低，会涨 ························· 026
- 需求好，去库存，生产能力跟不上，容易上涨 ················· 027
- 经济不好与老龄化关系不大，而是政策有问题 ················· 029
- 库存是市场的稳定器，没有库存，市场就不稳定 ··············· 029

傅海棠：2016年波澜壮阔的行情，史上少见 ··················· 032
- 过去的一年，期货行情波澜壮阔 ····························· 033
- 掌握了真实的数据才能知道行情是涨是跌 ····················· 034

傅海棠：我百分之百明确，行情是能够确定的 ················· 038
- 早年做期货的经历和感受 ··································· 039
- 从五万到十亿 ··· 040
- 行情是可以确定的 ··· 042
- 供求决定价格，这是根本 ··································· 044
- 经济发展在于国家的政策调控 ······························· 045
- 长远来看，空头不是多头的对手 ····························· 048
- 在分析行情时，库存是一个重要指标 ························· 050

傅海棠：谈供求，要结合成本 ······························· 052
- 有些行情不是以人的意志为转移的 ··························· 052
- 不谈成本单纯谈供求，即使往前看，也可能会看不清楚 ········· 053

傅海棠：什么是正确的经济学？如何理解钱和财富？ ··········· 056
- 什么是经济学？财富从哪里来？ ····························· 057
- 正确的管理让经济变好，错误的管理让经济变差 ··············· 060
- 钱不是财富 ··· 062

傅海棠：中国崛起的奥秘，在于四大支柱一大核心 ············· 065
- 研究经济学的目的是什么？ ································· 067
- 中国崛起的奥秘：四大支柱和一大核心 ······················· 070
- 经济发展原理的核心逻辑图 ································· 080
- 人性无限追求美好 ··· 082

- 货币的全方位功能 ·································· 083
- 货币促进生产和消费 ······························ 086
- 自主的货币更能推动经济发展 ··················· 087
- 不恰当的货币紧缩导致经济萧条 ················ 087
- 正确的货币政策,能让经济保持繁荣 ············ 088
- 管理出效率,经济活动最大的管理者是政府 ··· 092

傅海棠:强大的政府才是经济发展的关键 ············ 095
- 政府是经济的管理者和组织者,是政府的管理带来效率 ··· 096
- 高位时供小于求也不要追多,低位时供大于求也不要追空 ··· 097

傅海棠:寻找安全的做多机会 ························· 099
- 做期货要用基本面分析,用供求关系法则 ······ 100
- 尽量找安全的做多机会 ··························· 101
- 中国的经济发展模式引领全球 ··················· 103

傅海棠:明白经济的本质、货币的本质,更能把投资做好 ··· 104
- 一定要看清经济运行的本质 ······················ 105
- 做好农产品期货的注意点 ························· 107

傅海棠:乐观的人才能赚大钱 ························· 109
- 人只有乐观才能赚大钱 ··························· 110
- 我到七十岁,一定能看到全球经济的共同辉煌 ··· 111
- 铁矿的投资价值的讨论 ··························· 112

傅海棠:投资要理性,不要感性和惯性 ············· 115
- 农产品投资关键看天气 ··························· 116
- 投资要理性,不要感性和惯性 ··················· 118

傅海棠:与势同行,无往不利 ························ 121
- 散户要想有作为,一定要和天定的大势站在一起 ··· 122
- 把握供求变化的过程是关键 ······················ 122

- 行情走势不是偶然的，是因果现象 ························· 124
- 中国的经济很好，国外整体也不差 ························· 125

傅海棠：西方传统经济学存在很多的弊端 ····················· 126

- 西方传统经济学，和实际情况对不上号 ····················· 127
- 对症下药不是"刺激" ···································· 128

傅海棠：做期货的人，就是综合商品贸易商 ····················· 130

- 把自己看作买卖商品的贸易商 ····························· 131
- 如何选品种？ ··· 132
- 找到确定性，心态就会好，单子就拿得住 ··················· 133

傅海棠：任何人阻挡不了中国的发展和前进 ····················· 134

- 西方经济学一定会被证伪 ································· 135
- 任何人阻挡不了中国的发展和前进 ·························· 137
- 盘口分析、技术分析，是没有大用处的 ····················· 139
- 货币多了，经济就会好 ··································· 140
- 中国的房价不会崩盘 ····································· 141
- 做投资，要紧盯国家的政策和全球的政治环境 ················ 141

傅海棠：中国经济好，带动全球经济一起发展 ····················· 143

- 经济好不好，不能用价格去评判，而要看生产量 ·············· 144
- 中国经济好，带动全球经济一起发展 ······················· 146

傅海棠：回顾2016年橡胶牛市：外行如何抓住期货大机会 ············· 149

- 需求好，供应更好，橡胶供应仍然过剩 ····················· 150
- 期货投资需要有耐心，桑葚熟了才好吃 ····················· 155

傅海棠：好不容易等到的行情一定要决战到底 ····················· 159

- 期货赚钱要过两道关 ····································· 160
- 如何选择品种，把握趋势和进场时机 ······················· 161
- 在期货上，不到10年都出不了师 ··························· 163

傅海棠：中国经济没有问题，世界学习中国模式 ········· 165
- 西方经济学漏洞百出 ········· 167
- 中国的经济学才是真正有效的经济学 ········· 172

傅海棠：真正的价值投资是没有风险的 ········· 174
- 真正的价值投资是没有风险的 ········· 175
- 要深入理解和研究供求关系 ········· 179

傅海棠：低价位，供求改变了，上涨是必然的 ········· 184
- 商品一旦在低价位，又出现一个原因改变了供求，上涨是必然的 ·· 184
- 农产品的功夫在田间地头，工业品的功夫在厂矿企业 ········· 187

傅海棠：如何把握大行情的准确切入点 ········· 189
- 先抓主要矛盾，再抓次要矛盾 ········· 190
- 投资最大的盲区就是不懂经济学 ········· 191
- 一定要把供求的基础数据搞准确 ········· 192
- 做多做空是不对等的 ········· 194
- 找到准确的进场切入点 ········· 195

傅海棠：如果不能百分之百预测，我就不来做期货 ········· 197
- 供求分析可以预测未来 ········· 198
- 买在好的价格，这是盈利的第一步 ········· 199

傅海棠：经济发展的鸿沟，一定可以逾越！ ········· 202
- 东方经济学适合全世界 ········· 203
- GDP超过10%并不难 ········· 205
- 股市不敢想得太疯狂 ········· 206
- 政府合理调控，经济可以实现持续发展 ········· 207

傅海棠：唯有确定性，能解决所有问题！ ········· 210
- 四条永恒不变 ········· 211
- 选品种有四看 ········· 213

- 五句金律 ·· 214
- 安全边际，主要矛盾，升贴水结构，物极必反，择时 ·············· 214

傅海棠：正确的单子，要坚定持有 ·············· 217

- 做投资要懂宏观；研究宏观，主要看货币 ·············· 219
- 经济不好，是因为货币不足；国家要加强货币政策的管理和调节 ·· 220
- 如何找低价做多的大机会 ·············· 221
- 案例回顾：2017年鸡蛋上涨 ·············· 222
- 做期货，投资理念一定要正确；推动趋势的内因是供求 ·············· 223
- 价值规律永远有效，用好了投资就成了 ·············· 224

傅海棠：贵上极则反贱，贱下极则反贵 ·············· 226

- 正确的方法只有一个：用供求关系和价值规律做期货 ·············· 227
- 因为宇宙规律永不变，所以有确定性 ·············· 229
- 多层次分析，选到好品种 ·············· 231
- 实事求是，遵循客观规律，具体问题具体分析 ·············· 232

傅海棠：准确把握大行情的系统性解读 ·············· 236

- 我走上期货之路的故事 ·············· 240
- 做期货亏钱的原因 ·············· 241
- 一种原因注定一个结果，一种结果有N种原因 ·············· 243
- 好的机会在于对手集体性犯错 ·············· 244
- 要有看到事实真相的逻辑能力 ·············· 245
- 内在价值，研究成本的核心价值 ·············· 246
- 不同品种的生产特性和价格特性 ·············· 247
- 外部因素的影响 ·············· 248
- 顺势而为，势的推动力 ·············· 248
- 只有研究好、研究透基本面，才能准确量化 ·············· 249
- 论知行合一 ·············· 250
- 论正常 ·············· 250
- 研究基本面有用论 ·············· 251
- 如何选品种 ·············· 252

- 农产品看供应，工业品看需求 ·········· 254
- 关于价格变化影响供应和需求的内因原理 ·········· 254
- 准确入场和时机的把握 ·········· 255
- 四条永恒不变 ·········· 256
- 如何看供求、库存、成本 ·········· 260

傅海棠：中国要去杠杆，必须扩大基础货币投放 ·········· 263

- 中国应该去杠杆 ·········· 263
- 国家、企业、个人，都缺钱 ·········· 264
- 去杠杆，应扩大基础货币投放 ·········· 265

傅海棠：中美和则两利，打也无妨 ·········· 269

- 中美扩表：打出来的政策 ·········· 270
- 经济好坏，取决于钱多钱少 ·········· 271
- 不要怕通胀、不要说滞胀 ·········· 273
- 扩大货币供给，促进经济发展 ·········· 274

傅海棠：谁懂农民的心理，谁就能抓住未来的方向 ·········· 277

- 为什么做期货？ ·········· 278
- 农产品的特点和现象 ·········· 279
- 农产品的宏观分析 ·········· 281
- 农产品的大机会 ·········· 283
- 猪价很难超过前期高点 ·········· 285

傅海棠：如何分析和捕捉三种确定性行情 ·········· 286

- 期货市场不缺机会，缺的是抓住行情的方法和正确的理念 ·········· 287
- 三种确定性行情 ·········· 290

后　语 ·········· 293

傅海棠：工业品看需求，农产品看供应

2015年6月初

2015年6月初，在东航金融某次内部会议上，傅海棠的发言整理。

🔊 **观点摘要**

> 农产品在低价，只要一出事，某些品种翻一倍都有可能。
>
> 在中国，粮价再便宜都不会太离谱，因为有国家收储这样的调控措施保护农民。
>
> 抄底是门技术活，得看抄哪一个，还得在行，能看明白。
>
> 工业品与农产品有本质区别。我就有一句话，"工业品看需求，农产品看供应"。
>
> 白糖，国内国外就像是两个品种。
>
> 菜粕是季节性的，而豆粕基本不分季节。
>
> 农产品比较好抓，在转折的时候，可以抓一波。

● 农产品价格在低位

我对农产品和个别工业品有些研究。一般来说，农产品的问题主要是出在产出上。先说一下大豆，我对大豆比较了解。大豆的价格在低位。定价区间太低，作为农产品来讲，种大豆不赚钱，这很不正常。国外的大豆，成本在800美分左右，现在芝加哥交易所900美分多一点，地头卖的价格更低，不赚钱。玉米更惨，它的成本是430美分左右，去年（2014年）芝加哥跌到300美分多一点，到地头上卖260美分，亏惨，不挣钱。农产品在低价，只要一出事，某些品种翻一倍都有可能，大豆从800美分多翻到1600美分以前也发生过。

但是在中国，**粮价再便宜都不会太离谱，因为有国家收储这样的调控措施保护农民**。中国现在虽然有点库存，但一出现灾害，也容易上涨。

历史上，美国大豆在20世纪70年代的时候，从200美分当年就涨到1600美分，翻了8倍。啥情况呢？到了播种季节，天天下雨，种不上。天晴后，种上了，本来就种得晚，又不下雨了……美国是当时全球大豆产量最多的，但因为减产太大，那年美国为了保障本国消费，临时颁布了一条法令，禁止大豆出口。如再出口，就是犯法的。农产品价格涨幅，得看减产的程度，看受什么样的灾害了。农产品在灾年减产30%很正常，不要以为这是天方夜谭。增30%、减30%很正常。稍微受点大的灾，产量可能就减30%，即便看着没啥大的灾害，也可能减20%，这在农作物生产方面司空见惯，很多时候，不到庄稼收上来，是看不出减产的。

大家说这个玉米，这几年玉米库存量很大。连续几年，玉米的单产是有点高，高得有点吓人。我调查了一下，东北玉米的产量很高，1600斤/亩，这是以前从来没有的事儿。这一亩的产量顶2011年的两亩（在2011年，我国玉米的亩产量是700斤左右）。延续几年，可能接下来不会再这样了，终究有个头，农产品连续丰收几年后，就面临单产下降的可能，短期地力也消耗得差不多了，攒的那个劲也用完了。在农产品的规律上讲这是大概率事件。2014年，北半球农产品的产量（包括玉米、棉花、大豆）基本上都是历史最高的，这种情况少有，不可能一直持续。我对农产品很了解……包括白糖，美国都跌到12美分以下了，很难再大幅下跌了。据我了解，今年全球产粮食的地方，几乎没有一个地方是不赔钱的。整个来说，生产农产品不挣钱。

做农产品，还是要随时关注种植面积变化和天气的变化。一旦出现了问题，再追进去也不晚。如果是大行情，即便是涨了三个板后，你开始追，也是低位，那价格涨涨，可能还得翻一倍。有些农产品就是这样。

当然，讲起来容易，做起来难。甲醇1900元/吨的时候，大家嫌价高，不敢抄底，后来涨到2400元/吨了。但抄底，你又可能抄到天花板，结果价格又下来了。所以说，**抄底是门技术活，得看抄哪一个，还得在行，能**

看明白。如果你对一个品种不在行，似懂非懂，这是亏钱的罪魁祸首。我说的这个"在行"是很难的，即便身在本行业里，也不一定懂行。比如说，有人搞了30年棉花，他是贸易商，他对棉花也不一定懂，可能只是凭感觉。这个在行，包括对本行业的产业链上要清楚，对成本要清楚，对国家的政策要清楚，争取宏观微观都要考虑清楚。

• 工业品看需求

工业品就不同，**工业品与农产品有本质区别。我就有一句话，"工业品看需求，农产品看供应"**。农产品的问题主要是出在产出上，工业品一般不是出在产出上。现在工业品面临的问题是需求不足。但现在的主流观点都认为企业面临的问题是产能过剩。我的研究与主流观点不同。**我认为不是产能过剩，而是需求没跟上**。有人说让企业破产，企业越破产越没有需求，而且破产后，工人没有了收入，更没钱消费了，商品价格就越发涨不动，因为没有需求。所以工业品必须得从需求上来讲。需求起来了，大家都赚钱了，吃喝玩乐，买东西，都消费得起。价格一跌，都没钱了，都玩不起了。

有人说企业日子难过，要给企业减税降负。依我看，减税降负的同时还要提振消费。减税降负，给你减了，给我也减了，等于没减。如果需求不好，大家继续降价，一降价，企业库存价值继续下跌，企业产值也下降。在企业亏损的时候，应该鼓励消费，让商品涨点价。要救企业，不能让企业降价，反而应该涨点价，价格涨一下，它就有利润了，库存还能跟着增值，大家日子都好过了。

• 国家在推股票

国家想出一个办法来。现在工业品跌得确实惨。但现在跟2008年不同的地方就是股市。2008年是4万亿，就是扩大货币供应，这也只是个概念，不要以为只是增加了4万亿。现在是推股票，实际上是一样的。股市的上涨，出来的钱多，比当年的4万亿出来的还要多。当年经济是靠4万亿拉起来，现在看，国家是想靠股市把经济拉起来，拉需求。股市大幅上涨，20万亿的市值，现在变成40万亿，这就多出20万亿，比人民币降准降息还厉害。

现在股市上涨，开户的人排队，存款转移到股市，这意味着什么呢？你本来有1000万存在银行，这是银行存款。现在我不把这1000万存银行了，我把它拿出来去开户做股票。这个1000万就变成了2000万。为啥？在股市一开户，证券公司还得把钱存在银行，而股市里也多了1000万，大家炒来炒去，还不包括升值。最近有多少开户的，进来多少资金，就等于在股市上增加了多少钱。

中国的经济垮不了，中国的企业也破不了产，破产是个别的，即便破产也能活。当然现在商品还在下跌，大家都还有这个默契，认为还会继续跌。刚才刘总（刘福厚）讲，很多鄂尔多斯的煤矿都关了，一吨煤（挖出来）运到港口就赔40~50元。这不是常态，这是"兔子的尾巴——长不了"。这就是供求关系与价格关系。

• 国内白糖和国外白糖是两个市场

我对市场的理解，比如白糖，国内国外就像是两个品种，这都是市场。很多人说，国外有跌，中国就不能涨，认为中国不是市场化。我不这样看。国内（白糖）市场就是涨，供不应求啊；国外市场就是过剩，供过于求，下跌啊。我理解都是市场化，只是这个品种在不同的区域，有不一样的供求关系。

我两次去考察了白糖。经过两个月的考察，我发现，种甘蔗的农民不赚钱，糖厂都快倒闭了，没倒闭的也资不抵债了。有人说，"国外的便宜，干吗要生产，进口不就完了"。这种说法有严重问题。咱得靠国内生产，不能靠进口。进口的价差应该归国家，给进口企业留出200块钱利润，让企业去卖；这个价差的钱再补贴国内的农民种植甘蔗。这个价差的钱是国民的钱，不是企业该赚的钱。

国外那个价，但在国内就值这个价。白糖价格在中国是该涨。你说白糖应该全面放开进口，那房子怎么不全面放开进口，汽车怎么不全面放开进口。在中国，白糖就值 5000 元 / 吨、6000 元 / 吨，不要看美国。在中国，各行各业就是这个水平。所以说，要正确理解国内、国外价差这个事。不要以为国外便宜，咱就得全面放开进口。如果国家控制进口稍微严一点，白糖可能 6000 元 / 吨也不是问题，国内缺口确实存在。

• 菜粕是季节性的，而豆粕基本不分季节

我还接过一次菜粕现货，虽然没赚什么钱，也没赔钱，打了个平手，但搞清楚了这个菜粕的价差问题。**菜粕是季节性的，而豆粕基本不分季节**。菜粕从 5 月份到 9 月份一直是旺季，这个时候的菜粕价格相对于豆粕，价差往往会缩小。菜粕最差的是 11 月份。当时正好我建的是 11 月份的仓。一年当中，没有比 11 月份的价格更差的了。那个时候天冷，鱼不吃食了，有些地方不用喂菜粕了。1 月份比 11 月份稍微好一点，但也好不到哪里去。之所以好点，是因为离 5 月份近了，有备货需求，稍微可能比 11 月份能高一点。菜粕有这个问题，它是季节性的。**豆粕就没有这个季节性**。喂猪喂鸡，一年四季，天冷天热，它们的采食量都差不多。

• 我做期货是做单边，研究基本面

我做期货是做单边，研究基本面。刚才于总（于忠）说的话，我很赞成，套利对冲也是做单边，其实就是两个单边。单边抓住了，那就赚大了，做错的时候，亏钱也是很多的。我经过研究发现工业品不太好抓，农产品好抓，因为它的持续性比工业品强。刚才尚主任（尚强民）说的对，农产品今年一收割，产量就这么多，是确定的。农产品库存数是确定的，不像工业品，哪天都能生产，库存数的确定稍微难一些。

我做白糖前，跟着郑商所去考察了两次现货产业，赚了两次钱，因为搞清楚了国内白糖的状况。考察回来，我第一时间就做了。那个时候，国家没说控制，也不增加进口，我一想肯定是不够了。4720 的成本，虽然当时看着挺高的，其实很便宜，毫不犹豫就进去了，很快涨了 100 点。第二

次考察后，晚上回来就赚钱了。那时候白糖的销售意愿挺高的。那天4980开盘。没想到那天晚上，美盘是绿着开，我赶紧抢单。夜盘就涨上去了。进去的时候4990，便宜啊。当然我也没拿到现在，当时涨了300个点，我就跑了，现在又快涨到5500去了。

  农产品比较好抓，在转折的时候，可以抓一波。当然要建立在考察清楚的基础上。所以你得知道它的种植面积、国家的库存。在国家没有库存的时候（当然现在不行，棉花1000多万吨，白糖还有600多万吨，另外是菜油、豆油都有库存），**农产品，尤其是粕，未来可能会有一波大行情。粕在我国没有库存**，一旦遇到天气异常，供求就会有偏差，价格可能涨比较多。这是农产品的特性，很好抓。现在是这样，以后也还是这样。

傅海棠：如何分析和把握农产品的大行情

2016年6月中旬

2016年6月中旬，傅海棠在某次活动上的部分演讲内容。

🔊 **观点摘要**

> 绝大部分农产品按年生产，农产品收割以后，就决定了一年的供应总量。绝大部分工业品按照天生产，可以按照当时的价格进行生产量的调整。
>
> 农产品每年的供应量是不稳定的，相隔一年的产出总量可能很悬殊。
>
> 如果玉米的效益比大豆的效益好，农民就会选择多种玉米。
>
> 豆粕在禽饲料中占的比重大一些，在猪饲料中占的比重小一些，而玉米则在猪饲料中占的比重大一些，在禽饲料中占的比重小一些。
>
> 影响农产品的因素很多，一是种植面积，二是种植积极性，三是天年，四是低温，五是旱涝，六是虫灾，七是怪规律，这七条是影响总产量的重要因素。
>
> 粕的三大类，第一是豆粕，第二是菜籽粕，第三是棉粕，还有一个能替代豆粕和棉粕的饲料叫DDGS，就是玉米生产酒精以后的酒糟。

• 农产品按年生产，工业品按天生产

农产品和工业品有着本质的区别，做农产品就要抓住农产品的特性，抓住农产品要领，分析起来才能得心应手。农产品看供应，工业品看需求，农产品按季节性生产，或者说绝大部分农产品按年生产，农产品收割

以后，就决定了一年的供应总量。绝大部分工业品按照天生产，可以按照当时的价格进行生产量的调整。

农产品有很多品种，像大豆、棉花、玉米、小麦、油菜籽等，每个品种都有自身的特点和属性。**分析农产品，要具体到每个品种，不能一概而论**。譬如说棉花有棉花的特性，大豆有大豆的特性。因为每个品种的生产和需求都有自身的特点。

农产品看供应主要是因为农产品在生产产出这一方面，经常大起大落，**农产品每年的供应量是不稳定的，相隔一年的产出总量可能很悬殊**。为什么呢？因为影响农产品生产总量的因素有很多方面。第一，农产品是看天吃饭的，虽然现在农业技术、田间管理很先进，但是有很多灾害还是避免不了，譬如热害、冷害等，农产品跟工业品不一样，工业品受天气影响比较小，农产品一直都是受天气影响很大，比如干旱、洪涝、低温、霜冻等因素对生产总量影响很大。

另一方面，价格因素也会影响生产积极性，农民会选择增加或减少种植面积，比如说大豆和玉米基本上就是处在一个季节播种，种植区域基本相同，大豆的种植面积大，玉米的种植面积就小，所以我们在分析的时候就要时刻关注这两者之间的效益问题。

农民要种什么是有趋利性的。**如果玉米的效益比大豆的效益好，农民就会选择多种玉米**，这样大豆的面积就会下降，就会造成下一年大豆产量的减少。而需求方面，影响农产品需求的因素主要是养殖业，所以说我们在分析需求这方面时要重点关注养殖存栏情况的数据变化。

当然不同的养殖业对农产品的需求是不一样的，比如说豆粕，在养猪和养鸡配比饲料中比例差别比较大，**豆粕在禽饲料中占的比重大一些，在猪饲料中占的比重小一些，而玉米则在猪饲料中占的比重大一些，在禽饲料中占的比重小一些**。

所以说我们在做农产品期货的时候，要时刻关注供应和需求的变化，关注播种面积。面积可以参考国家公布的报告，但仅能作为参考，因为国家公布的种植面积是比较保守的，不能完全相信。那怎么办呢？有人说国家的数据不能相信,那你只能自己去实地考察,到农民那儿去了解。

• 从大周期判断大减产和大行情可能性

根据农民的效益情况,一般情况下只要某农产品连续两到三年以上效益低下甚至亏损,农民就很可能大幅度减少种植面积。

在效益低下的情况下,减少种植面积之后,在管理和投入方面也会跟不上,因为农民没有生产积极性,他也会在施肥、除草、浇水、喷药等管理上产生懈怠情绪,所以一般情况下在当年种植面积大幅下降的情况下,单产也会下降。

刚才我也讲了,农产品看供应,**影响农产品的因素很多,一是种植面积,二是种植积极性,三是天年,四是低温,五是旱涝,六是虫灾,七是怪规律,这七条是影响总产量的重要因素。**

种植面积,如果当年的种植面积大幅下滑,则当年的总产量肯定是减少的,所以说要时刻关注当年的种植面积,这在播种之初就可以通过调查得出一个比较准确的减少量。因为减少了多少播种面积,其实就等于绝收了多少。

种植积极性,如果效益低下,农民没有了种植积极性,肯定会减少种植面积,管理懈怠,譬如在施肥、除草、浇水、喷药等管理上产生懈怠情绪,这个在播种之前就要有一个预判,以便及早察觉。

天年,老百姓都知道,就是在当年没有明显坏天气或者不正常天气的情况下,或者说当年天气正常,风调雨顺,但当年的产量和相邻一年的产量差别却很悬殊,比如说上一年的玉米亩产量是600公斤,那下一年和上年的天气条件基本上一样,但它的亩产量就可能降低到500公斤甚至400公斤。

那有人说这是怎么回事啊?这就叫天年,找不到原因,没有种地经验的不知道这个事,所以在收获之初一定要提前到田间地头去了解当年实际收获的单产量,以便及早发现当年的减产、增产情况,搞清楚当年的供应总量，以此才能搞清楚当年真实的供求关系，才能提前发现是牛市、熊市还是震荡市。

低温，对当年单产的影响是比较大的。什么叫低温呢？就是夏季天气凉爽，会影响农作物的收成，尤其是在黑龙江地区、内蒙古地区，容易产生夏季低温对玉米和大豆造成减产的情况。一般来讲，夏季低温，如果温度过低对单产造成的影响会比较大，减产幅度一般不会低于20%，所以我们做期货要随时观察天气预报，关注当年的实际温度情况，以便提早知道和预测。

旱涝对农产品的单产影响。旱大于涝，干旱对农产品影响是很大的，俗话说得好，一旱一大片，一淹一条线，所以我们要十分关注当年的降雨情况。

虫灾，虫灾现在对产量的影响不太严重了，因为现在农药科技比较发达，农业管理的治虫技术比较成熟，现在虫灾对单产影响不是太大。

怪规律，当年的种植面积大幅下滑，基本上可以判定当年的单产也会大幅降低，当然了刚刚我也讲了跟管理跟不上有关，比在施肥、浇水、治虫等方面。另外，老天也可能会出状况导致当年的单产降低。你播种面积越少老天越让你受灾，让你单产也降低，你当年种植面积越多老天爷会配合让你大丰收，所以一般来讲，**越多越多，越少越少。**这就应了那句老的谚语，屋漏偏逢连阴雨，行船偏遇顶头风，好事成双，坏事连连。

• 举例：豆粕和菜粕的上涨分析

下面我根据今年（2016年）的行情走势举两个具体的例子，以便说明怎样去分析农产品的行情。大家都知道，今年豆粕在过去这几个月的行情，涨幅接近50%。为什么上涨呢？在没上涨之前怎么去分析判断它上涨？

首先，大豆这一波暴涨的原因主要如下：第一产量，首先是南美洲，在收获之初遇到了天气问题，尤其是阿根廷暴雨不断，对收获造成了很大的阻碍，还有很多低洼地带的大豆被水淹了收不上来，所以后来美国农业部报告也说了阿根廷大豆产量降了。

阿根廷降低了350万吨，其实不用美国农业部出报告，之前你也可以分析，因为它收获期间出现了问题，巴西在生长期间出现了干旱问题，这个提前就要注意了，所以说生产这边，供应出现了问题。在过去的三年全球大豆是连年大丰收，北美、南美都大丰收，再加上过去几年全球经济都不太好，尤其中国经济是相对低迷的。即便如此，过去连年丰收的大豆也被消化掉了，那接下来开始减产了，供应就会出现问题。所以你想一想为什么豆粕从2200涨到3000多，这是主要原因之一。

再说需求，在过去的几年中农产品的价格是很低迷的，玉米、豆粕等，价格都很低。可是畜禽价格反而不是太低，所以说养殖行业有了很好的效益。造成了在过去的一年当中，养殖业积极扩张，据统计，鸡的存栏量比去年（2015年）同期增加15%，母猪的存栏量比去年同期增加了30%，还有一个原因，就是养牛猪。什么叫养牛猪？牛是黄牛的牛，牛猪，就是猪养得像牛一样大。因为生猪养殖者卖猪仔的价格很高，都达到每头1000~1300元之间，15公斤的猪仔都在这个价格，以往一般的毛猪养到100~110公斤出售，可是他买一个猪仔就是一千多元，养到100公斤左右就卖掉会没有效益，必须再养大养到150公斤左右才能赚钱。为什么往大里养？因为饲料价格便宜，可是这个猪对饲料的消耗每个阶段不一样，生猪养到100公斤，料肉比大概是3斤复合饲料长1斤毛猪，一般100公斤的毛猪也就六百斤饲料，可是100公斤到150公斤这段时间饲料消耗是很大的，大概是5斤饲料才能涨一斤毛猪，所以养猪者养牛猪就对饲料造成大幅消耗。豆粕的需求相当好，100~150公斤这50公斤的猪饲料的消耗甚至可能相当于100公斤以前的饲料总消耗。

因为供应收缩，需求良好，由此造成了豆粕的大涨。当然，还有一个重要的因素，就是这个替代品，因为粕的三大类，**第一是豆粕，第二是菜籽粕，第三是棉粕**，还有一个能替代豆粕和棉粕的饲料叫DDGS，就是玉米生产酒精以后的酒糟，它的营养价值和菜粕、棉粕差不多，可是国家今年对进口DDGS进行了严格的控制，所以DDGS的进口量大幅度下滑。

去年的菜籽，农民出售的价格很低，大概在 1.6~1.8 元之间，所以造成了油菜籽面积的大幅下滑，据我观察中国的油菜籽种植面积减幅在 35% 以上。在油菜籽大幅减少种植面积的情况下，又遇到了天气问题，都知道南方暴雨连天，阴雨连连，在这种情况下又造成了油菜籽单产大幅度降低。很多地方油菜籽单产的降低在两到三成，所以今年油菜籽减幅大，这就影响了菜粕的供应量，棉粕也是因为上一年棉花价格低迷造成棉花种植者大幅度减少棉花种植面积，去年棉花种植面积其他地方减幅在 40% 左右，新疆减幅在 15% 左右，又赶上新疆去年连续高温，造成了棉花单产的大幅下降，减产幅度在 15% 以上。

所以说综合以上因素，粕在供应方面出现了严重问题，在需求方面又得到了极大的改善，所以才造成了最近两个月以来的两粕大涨行情。

• 做期货不懂基本面，和盲人摸象没有什么区别

现场问答

上面我简单地给大家分享了一下影响农产品供应总量的因素，又结合了豆粕的案例简单说了一下近期的行情。下面大家有什么问题咱们具体交流，希望大家提出自己的疑问。

问题 1：因为"偶然"看到傅老师的书，才更有勇气做期货。我今天想提的问题是，傅老师作为个人投资者，是怎么坚持下来做基本面研究的？因为我自己的感受是，虽然自己相信基本面决定行情的走势，但很难坚持下来对基本面的研究。

傅海棠：我是怎么样对基本面研究坚持下来的，其实我们做期货就是**在做现货，期货的走势完全取决于现货的走势**，价格的涨跌完全取决于现货，现货涨期货涨，现货跌期货也跌，所以我们只要搞清楚了现货的涨跌，也就看清楚了期货的价格走势。**做期货只有研究基本面，才能发现大行情**。如果不懂基本面，想要发现大行情是十分困难的事情，尤其是在行情的级别方面更摸不到头脑。只有把基本面研究清楚，把供需关系分析透彻，才能提前知道行情的级别、行情的幅度大小、级别大小、时间长短、

走势的剧烈程度等。

做期货不懂基本面，和盲人摸象没有什么区别。你只是看到了一个点，只有点点滴滴那是衡量不准的，只有把一个具体品种研究透了，全面衡量综合判断，才能把行情看得十分清楚。

甚至说把整条产业链都搞得很熟悉，哪天开始涨，每一天行情的级别你都可以看得清清楚楚。其实，我也没有打击技术分析的意思，如果你技术分析做得好，真能赚钱的话也是可以的，但一般情况下很难。所以做期货必须坚持一个正确的理念、正确的思路、正确的逻辑，才能最后走向成功。

比如说前阵子的棉花行情，4月11日涨停板之前，除非用基本面的方法才能分析行情的上涨。在4月11日涨停板之前，用其他的方法能看出来或者其他方法能发现棉花的大涨吗？不能。用基本面分析就可以提前预知，具体分析的过程因为时间关系就不在这儿细讲了。

问题2：华北玉米和华南玉米、谷物、杂粕现状如何？为什么拍卖玉米阻挡不了现货连续上涨？

傅海棠：目前，华北玉米供应紧张，基本上农户余粮见底，销售一空，大家也都看到了最近一段时间山东的玉米天天上涨，目前基本上达到了2000元/吨以上。

华北的玉米造成现阶段紧张的原因主要有以下三方面原因：第一因为今年华北的玉米始终低于国储价，华北玉米有很大一部分都被运到了东北进入了国储。第二，因为今年工业加工需求一直比较良好，需求旺盛，尤其淀粉行业今年的加工量比去年的加工量大很多。第三，养殖业需求也比较旺盛，玉米的养殖需求比去年增加15%~20%左右。

玉米基本全国一体化了，华南玉米主要来自两个方面，一是北方玉米（华北和东北玉米），二是进口，但进口量不太大，所以跟中国其他地方的玉米整体情况差不多。

杂粕的情况，刚刚讲了今年供应比较紧张，今年杂粕的缺口比豆粕还要大，因为棉粕和菜籽减幅巨大，减产的幅度远远大于大豆，所以今年杂粕的价格一直比较坚挺，杂粕和豆粕的价差也是历史最低。

因为拍卖玉米是陈玉米，在淀粉加工行业不太好用，加工中有技术或者质量问题，所以玉米的拍卖也没有阻止现货的连续上涨。加工企业宁愿高价用新玉米，也不愿意低价用陈玉米，因为陈玉米的加工价值没有新玉米高。

问题3：傅老师对投资理念、研究思路讲得很透了。想问问傅老师在仓位管理上是如何做的？有什么心得？浮盈加仓的时机如何选择？

傅海棠：我的投资理念就是研究供求，供求决定价格。

在仓位管理上，要根据行情的具体情况来，根据对行情的把握准确度，如果你对行情把握度很高，那就可以重仓。而如果你对行情判断把握度不高，没有确定性，或者确定性不高，那就要轻仓，或者空仓观望。

关于浮盈加仓，我对浮盈加仓不太支持，一般情况下，在浮盈加仓方面，我十分谨慎。在确定性的行情到来时，我一般开仓的底仓相对比较重，用的是一次性开仓，浮盈我基本上不加仓，或者加仓幅度比较小。

为什么呢？因为浮盈加仓在回调的情况下亏损幅度是很大的，而短期的行情走势是无序的、不好判断的，浮盈加仓在大幅度回调的情况下受的损失会很大，也会对心态造成很大影响，一般情况下我不建议浮盈加仓。

关于浮盈加仓的时机选择，就算想要浮盈加仓，那也要有基本面的配合，或者出了某些重大事件，在行情还没有启动之前可以适当少量加仓。

问题4：请问，老师入场后，行情走反，会止损吗？多大空间？

傅海棠：入场以后，行情走反，会不会止损，这要看基本面的变化，如果说和进场之前的时候的基本面没有发生变化，对原来判断的条件没有变化，是不会止损的。比如说，这一波豆粕行情，我大概在2580时吃进，吃进以后回调在2500左右，也被套了几十个点，持仓还是一动不动，因为基本面条件没有变，南美减产，需求良好，过了没有两天，行情就连续地大幅上涨。

所以说入场以后，行情走反，会不会止损，这要根据基本面的变化，若基本面没有变化，一般情况下不会轻易止损。

问题5：我是从大小周期的角度来理解行情的级别，请问在大小周期级别升级交替的时候应该以哪些因素作为判断依据，例如当面临日线级别的行情会不会发展成为周线级别的行情的时候，应该参考哪些因素？

傅海棠：日线、周线我不看，我没有研究，我完全按照基本面来，日线、周线在我的投资理念中是没有得到重视的，对技术分析不太感兴趣。

问题6：今年对糖的看法，傅老师这两年调研糖挺多，原糖也在涨，内盘基本面支持力度怎样？

傅海棠：白糖的基本面情况是这样的，白糖在今年首次进入了产不及需的年份，这是过去几年来的首次，根据报告，全球的供应缺口达到700万吨以上。

按照外盘的价格加上各种费用，只要超过了国内的销售价格，外盘对内盘的影响就会比较直接，跟豆粕一样，外盘涨多少，内盘涨多少，外盘跌多少，内盘的跌幅跟外盘基本上同步，你可以计算一下当前关税的情况下外盘的糖的进口价格。

这个白糖，国内的生产因为这几年价格的低迷，产量的下降幅度是较大的，基本上从前几年年产1300万吨左右下降到900万吨，中国的需求一般1500万~1600万吨，年缺口在600万吨左右，缺口巨大。

问题7：同问刚才玉米的问题，现货报价玉米价格1800的时候，期货一直在1500左右徘徊，1600买了多单又不涨，反而跌，这样的情况怎么处理？

傅海棠：现货1800期货1500，这是近期和远期的价格，玉米1800是现货价格，期货玉米1500是远期价格，当时是因为国家对玉米的政策做出了重大调整，因为接下来国家停止了玉米收储，所以造成了1500的期货价格。

最近一段玉米的上涨有两个原因，第一受豆粕影响，豆粕上涨玉米被

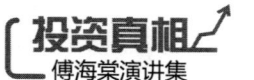

迫上涨，第二是因为国家玉米的超量收储，去年是8000万吨左右，今年是1.26亿吨左右，比去年多收储4000多万吨，所以造成了现阶段玉米的供应紧张。还有可能有人预测今年的天气情况不好。所以每一阶段不同的基本面情况是对期货价格影响的重要因素。

问题8：傅老师对目前棉花的当前的状况和下一步走势会是什么样子？

傅海棠：这个棉花行情，目前是这样的情况，从国际上看，在接下来新棉上市前这几个月的情况，全球都出现了供应紧张的状况，这个与去年棉花减产有直接关系，因为去年全球棉花大减产。印度的减产幅度在100万吨以上，官方数据70万吨，巴基斯坦官方数据70万吨，其实减产幅度也应该100万吨以上，美国减产幅度也不小。中国的减产幅度达到了200万吨以上，去年棉花全球的减产幅度在500万吨以上，去年减产幅度巨大。

不过毕竟中国国储还有1000万吨棉花，目前棉花的行情走势主要取决于中储棉的抛储态度，如果加大抛储棉花可能会有回调，如果每天2万吨的抛储量，棉花可能还有上涨空间。

问题9：长绒棉的走势您怎么看？

傅海棠：长绒棉，今年的走势不看好，因为去年的长绒棉产量很大，但是细绒棉出现了一个情况，因为码值偏高，长度偏短，达不到纺高质纱的要求，所以很多纺纱厂勾兑长绒棉进行配比，来纺高质纱，去年长绒棉的收益大于细绒棉，所以新疆播种长绒棉面积进一步扩大，今年很可能出现供过于求的情况，所以今年长绒棉的行情不被看好。

傅海棠：商品涨跌是有规律的

2016年8月6日

2016年8月6日，由郑州商品期货交易所支持、永安期货成都营业部主办、七禾网协办的"2016年下半年商品期货投资策略研讨会"在成都顺利举行。以下是傅海棠演讲内容的文字整理。

观点摘要

从2000年以来我的投资方法就一直是价值投资，一直用的是最简单最接地气的方式——供求关系分析。

在我的投资理念中，一直认为供求关系最可信。

如果你做一个商品，都不知道这是何物，瞎蒙的话，你的钱也就不知道被谁蒙走了。

研究农产品重点在产，工业品侧重点在需求。

我们简单地把通胀归结为货币超发有失偏颇。

不要相信所谓的经济规律、经济周期，经济本身没有周期，都是人搞出来的。

我看到不少人现在都有这么一个观点：现在价格涨或跌与基本面无关，都是资金在炒作推动。实际上这个说法是不太符合实际情况的，价格涨跌就是基本面的体现。

产能越大经济越好，产能越多财富越多。

房地产不是现在才出现的，地球上有人类开始房地产就没有停止过发展，本质是一样的，只不过形式不一样，盖了拆，拆了盖，但是从来没有萎缩只有发展，未来也会是发展的。

做期货最要不得的是表面看问题，一定要从本质上去看问题。

毕竟筹码不变，你的钱虽然越来越少，但是买的货价格越来越便宜了，暴利的机会越来越大。要想发财就得精准抄底，习惯性做空就是死路一条。

螺纹钢我大概是1640点入的，要是铁矿敢跌到240点我会把房子车子卖了去买入。

降库存说明需求超过生产，没有需求只是一个误导，感觉价格低没人要货。

西方国家都建设了三四百年了，你看到哪个大宗商品是在萎缩的？需求量是一年比一年大。

中国发展好了，印度才刚刚开始，还有非洲，未来大宗商品总体还是要涨的。

当时我预判豆粕要涨，第一是因为价位低；第二是因为阿根廷减产500万吨，虽然说起来对于全球3亿吨年产也无所谓，不过这也成了导火索；第三主要是需求。

我预判玉米可能涨不上去了，最多就是短期有一点反弹。

• 我的投资方法是价值投资，用的是供求分析

很高兴来到成都和各位投资者分享投资理念。我2000年开始做期货，到现在也有17年了，中间并不是一帆风顺，风风雨雨也经历了不少，不像传说的那么神，过程中也有曲折。从2000年以来我的投资方法就一直是价值投资，技术分析图表我看不懂，到现在也看不懂，所以一直用的是最简单最接地气的方式——供求关系分析。

在我的投资理念中，一直认为供求关系最可信。供求关系也是相对的，要看生产量比较大还是需求量比较大，像产能过剩只要需求稍微调整一点，产能可能就不足了。一个商品价格处在低位，需求大产出低，价格就肯定涨；一个商品有较大盈利，价格处在比较高的位置，但是消费量没有生产量大，库存就会上升，价格就肯定要跌。这看似是一个很简单的方式，但是研究分析的专业性也比较强，需要花很多的功夫，最起码你要懂行，隔行如隔山，外行肯定不行。

如果你做一个商品，都不知道这是何物，瞎蒙的话，你的钱也就不知道被谁蒙走了。可能你也会有一次两次赚钱的时候，时间长了你肯定要输给懂行的人。有一个故事叫瞎子摸象，很大一部分投资者可能连象都没摸着，做豆粕，都不知道豆粕是大豆生产出来的，这样可不行。懂行是其中很重要的一方面，其他也有一些重要的因素，比如国家政策、宏观因素、市场心理等，这就是一个系统性工程。这几年有人和我交流，他们说他们不能像我这样去田里考察。我听了心里堵得慌，硕士博士都能念、美国澳大利亚都能去，田里怎么就去不了？其实就是不愿意去田间地头做研究。想要成功就一定要下功夫，接地气，把所有事情都搞清楚，搞不清楚最后吃亏的还是自己。

到底怎么去搞清楚？接下来我就介绍一下我的投资经验，特别是今年（2016年），结合上半年的行情具体说一说怎么抓住行情。所以我今天演讲的主题是"大行情时间节点的把握和投资逻辑思维分享"。

我们做交易期望的最好是今天做空，今天就跌停。这种情况出现之前感觉遥遥无期，突然有一天发现机会就在眼前。其实经常会出现，而且周而复始。

我做商品主要是农产品和工业品，但分析和研究也各有侧重点。研究农产品重点在生产，虽然现在科学技术发达，抗灾能力较强，但是很大程度上还是受制于天气，要看天吃饭。工业品侧重点在需求，当然也不是绝对的，价位在不同的阶段、不同的时间节点侧重点还是不同的。但是从大的逻辑来看，**农产品看供应，工业品看需求。**

按照我的研究方法，影响工业品需求的主要原因就是国家政策，包括货币政策和投资政策。想压制需求就会减少货币流通量。**货币就像是筹码，发多少是政府决定**，一般情况下是控制好数量的，没有意外的情况不会少，发多了也能收回去，提高存准率，存款到了银行不准贷出去，市场上流通的钱自然就少了。如果筹码流通的速度要加快，也容易产生通胀；一个人如果拿着筹码不动，筹码就是无效的。货币不流通就是没有消费动力，**消费动力较大方面来自国家可控的基建投资或是其他项目的支出，这些都能加快筹码的流通速度。**所以有的时候**我们简单地把通胀归结为货币**

超发有失偏颇。过去两年经济不太好，就是因为货币流速减慢，降息降准效果也不大，主要原因就是国家的宣传效应，给人形成了一致的心理预期——经济不好，国家经济发展速度降慢，要发展第三产业了。后来意识到这个问题，李克强总理也很英明，去年（2015年）年底说要加强心理预期。

不要相信所谓的经济规律、经济周期，经济本身没有周期，都是人搞出来的。经济上产生的结果都是由国家战略和国际博弈引起的，所以从这个角度来看是政府调控经济。国家的各种规划，比如在五年内要修多少高铁，怎么去投资，都是管理和调控。美国也是一样，要宽松，央行要降息，要扩大购买资产规模，都是管理和调控。有时候国家一看到经济不好了进行一些干预，很多人还很反感为什么又来干预市场，其实国家干预市场是对的，我们要理解政策，不然做不好期货。

在过去的大半年，行情比较剧烈。我看到不少人现在都有这么一个观点：现在价格涨或跌与基本面无关，都是资金在炒作推动。实际上这个说法是不太符合实际情况的，价格涨跌就是基本面的体现。如果是个火坑，资金为什么要往里跳，为什么要进来？这很明显是基本面的问题。

农产品的需求和工业品不一样，相对来说还是比较稳定，或者说在刚性增长。只是经济好的时候幅度大一些，经济不好的时候幅度小一些。经济在发展，人民生活水平在提高，全球七十多亿人口都要吃饭，而且许多国家对生育也不控制，人口还在持续增加，所以发展空间很大。之前一直在传的产能过剩，经济结构不合理，中国经济好像得了"癌症"一样，其实什么事都没有，**产能越大经济越好，产能越多财富越多**。现在回过头来看开始抢了，产能不是多了而是少了，房价说要跌50%，结果涨了一倍。**还有人说没钱了，我就更不信了，钱就是筹码，筹码可以无限多**。现在都用电子钱包、线上支付，都是些数字，更不会缺钱了。

所以我们要有正确的认识，不要偏信一些所谓"权威"人士的话。很多人表示商品大涨想不通，在正确认识之前看到很多商品处于高位就害怕，觉得要崩盘了，更有极端的言论说要关闭企业，因为废钢都够用了，不需要铁矿了。我觉得这就太可笑了。还有人觉得房地产泡沫要破，几十上百套放在那儿没人住，这是一种静态的视角，但其实这件事应该用动态的观点来看。**房地产不是现在才出现的，地球上有人类开始房地产就没有停止过发展，本质是一样的，只不过形式不一样，盖了拆，拆了盖，但是从来没有萎缩，只有发展，未来也会是发展的，所以我们不能静态地看，把房地产看死了。**国外搞了几百年的房地产现在也挺好的，国内才几十年，未来也会一样好。**做期货最要不得的是表面看问题，一定要从本质上去看问题。**

● 棉花行情的启示：一定要理性，不能靠感性和惯性

以上说的是理论，接下来说具体时间节点怎么去把握。郑州商品交易所过去几年的工作还是比较到位和务实的，有利于投资者。棉花4月11日突然涨停，9个交易日上涨约30%，这是第一波。第二波从13000点涨到16000点，幅度之大、时间之短，属历史罕见。棉花从3月9645的低点涨到7月份16185的高点，也有70%~80%，出乎了大多数投资者的意料。尤其是在头一波涨到13000点的时候，大量不懂行的贸易商在说"这都是资金炒作，不是基本面"。按道理说"春江水暖鸭先知"，他们身处这个行业却还这么认为，其中也有问题。很多人问我研究基本面有什么用，大行情一来套住的都是产业上懂基本面的，一开始我也不好回答。后来我想到一个词叫"惯性思维"，是感性一直在作祟，懂行不叫懂基本面。

过去三年棉花一直在跌，整体营造了一种氛围，现在突然涨就觉得不对，好像说看多就形成了和市场相反的意见，会被大家取笑。就比如一个研究生临毕业，老师考他一个问题，1+1等于几，他想了半天回答了一大堆，老师说你不能毕业，连1+1=2都回答不上来。研究生也很委屈，不敢相信这么简单的回答，总觉得这中间有什么玄机，回去再想，搞来搞去搞不清，其实很简单1+1就是等于2。做期货的人一直觉得我没有搞错就是要继续做空，跟市场杠上。把大家都顺到一边去了，犯错的概率更高。**所以一定要理性，不能靠感性和惯性。**要是陷在感性中不能转弯，这几年是熊市，逢高做空也能赚不少，但是一旦转变为牛市，三年赚的钱三天就亏完。就棉花这个品种，好多人告诉我前几年赚了七八倍，甚至十几倍，做得挺不错的，结果三天老本就全亏完了。

那天之所以会涨停,从基本面来看很简单,4月8日的棉花期货论坛,让我过去做嘉宾发表一下观点,当时黑色行情比较好,我也重点在研究黑色,对棉花有些松懈了。棉花每天也没什么波动,黑色动不动就出现"板"。7日晚上我在嘉兴入住的酒店邀请几个棉花产业圈内人士喝茶聊天,目的是了解棉花最新的基本面情况。聊天的时候我就问现在棉花是什么情况,我朋友就告诉我棉纱现在排队买。我说棉纱不是有一个月的库存吗?他说都卖完了,库存都没有了。我就觉得这个事情有些不正常。我就问那新疆的棉花现在销量怎么样?他说新疆现在还有90万吨新棉,这90万吨新棉要是新疆的纺织企业留下就没有了,只够新疆的纺织企业用,新疆以外最多还有30万吨。

去年我自己去新疆考察过三次:5月份种植期去过一次;中间高温结束去过一次看长势;国庆节收获前夕去过一次。 每次都是半个月,南疆北疆全走一遍。有一次,交易所组织去北疆考察,但没有安排去南疆,我就自己找个车去考察,有人说太危险了不要去,可是不搞清楚没法做会把钱亏光更危险。其实也不止去年,我每年都会去,对情况会比较了解,所以他们那天跟我一说我就知道有多少产量,到那时剩得也差不多,这是事实。

现货的涨势在4月8日已经启动几天了,我联系在调研期间认识的一个大的棉花商,问他现在棉花涨价了是怎么回事。他告诉我棉花买不着了。期货本来就大幅贴水,现货12000元/每吨,期货10000元/每吨,预期会跌至8500元/每吨甚至6000元/每吨,结果现货不但不跌反而涨了,期货上那100多万手的持仓,空头怎么办?原定国储3月份拍卖,到了4月8日还没发布公告。加上整体商品氛围都在涨,只有棉花没涨,所以氛围也不允许。我8日那天上午带着电脑去参加棉花论坛,就买了一些。下午上了圆桌论坛,我也是直说这样的情况,也没有必要藏着掖着,全中国大的棉花现货商基本上都去了。我告诉他们减产的情况、现货的情况。所有人反馈的信息都是涨不了,库存有多大,基本面有多不好。下一个交易日(4月11日)一开盘就涨了,一下子涨到10600点,空头慌了就赶快跑,谁跑得慢谁就被堵里面了。技术派的人一看突破了也追涨,所以这一涨就一发不可收拾。我就只做了第一波,因为不知道第二波会怎么调整,所以后来转做豆粕。

- **全面跌破成本，整个行业都亏损的品种，要重点关注做多机会**

再说铁矿，我之前也做过多，亏了不少钱。抄底也不是一回两回，越抄越低，越来越亏，不断的止损也就这么熬过来了。虽然钱越来越少了，但是信心越来越大了。毕竟筹码不变，钱虽然越来越少，但是买的货价格越来越便宜了，暴利的机会越来越大。要想发财就得精准抄底，习惯性做空就是死路一条。短期做空可以，短平快，做多则有时间价值。

去年（2015年）铁矿跌下来的过程中，我最后一次抄底铁矿是在308点，我觉得价格已经足够低了，结果又亏5个点跌到303点。我看这样下去不行就平仓，觉得可以跌到280点了再买，结果还真到了。当然我也会想会不会到270点这样更好的价位，那天中午一个唐山钢厂的朋友告诉我，他们中午刚开完会老板都赔哭了，板材、螺纹钢卖1600，铁矿白给都不赚钱。我再分析了一下焦炭，现货700，行业平均亏100；焦煤也亏钱，煤矿企业半年都发不出工资了，还一直说降低成本，敢降到不要钱吗？敢的话，我就敢要货。螺纹钢我大概是1640点买入的，要是铁矿敢跌到240点我会把房子车子卖了去买入。有人看到我站在多头席位上，好心提醒我为什么做多，因为他们大量都在做空。他担心我，我还担心他。虽然铁矿没有像棉花那样一下子拉起来，但是涨着涨着也涨到了340点，幅度也接近20%。二次探底之后再买，大家都会是这个想法，但这时我就有些犹豫，再看暴涨的条件：首先北上广深的房价涨疯了；一月份的贷款增加了2.5万亿，比金融危机的时候还厉害；周小川在上海答记者问说稳健的货币政策略宽松，"宽松"这两个字过去几年是咬牙不说的，这就说明了我们的贷款空间还大着呢。这种说法一出给我的感觉开盘可能涨停，所以就决定不平。当天开盘还低开几个点，但最终收盘还是涨停了。还有一个原因是库存下来了，需求本来就不差。有人说本来就没有需求，我认为这不对。降库存说明需求超过生产，没有需求只是一个误导，感觉价格低没人要货。不能凭感觉看问题，事实是需求很好。需求不好库存根本降不下去，一没扔二没囤，肯定被消费了。库存降下去了，政策又一转向，往上一涨投资者的想法也变了，价格很快就蹿上去了。

年前的时候我去青海、甘肃调研铝，也给我做多增强了信心。当时铝也很惨，跌到不到10000点。上海期货交易所有领导跟我们一起去，说我们去调研一些铝企业，要跟他们说些好话，千万别说做跌，因为企业都要活不下去了。调查了一圈下来最后走到嘉峪关，嘉峪关有个大企业，既生产铝又生产钢，铝厂年产150万吨。开座谈会的时候领导说的话我一听就不对，2015年的铝生产比2014年还增加了9%，至少增加了8%，这是行业统计的，比较准确。我当时就问了不是说关了很多铝厂，亏损了一大批吗？他说淘汰的都是落后的，新建的先进的产能开的还是多，库存都降没了，原来氧化铝库存正常是一个月到两个月，现在变成一个星期，铝锭也没有了。铝的销售形势也变了，原来是做成铝锭拉到制造厂再去加工其他的产品，现在是把铝水倒入一个大罐，在加工企业里直接生产，节省能源节省成本。

原来基本的库存没有了，生产还增加了9%，可想而知需求有多好。后来才知道为什么铝能涨到13000点，原来看着没人要了都往下砸，可是需求从来都很好，价格一下就拉上去了。当时有个空头也在，让他发言他不讲，就让我讲。我就认为怎么看都是会涨，但是我怎么说他们都不相信。企业的领导说我们还算挺好的了，煤炭企业更惨，半年没发工资了，到我们这儿来卖煤，都哭着求我们"你们买点吧，我们半年都没开工资了，孩子的学费都快付不上了"。所以我当时坚定了信心买。不要相信需求崩溃，有人老是觉得我们高铁、高楼大厦都修完了需求就没有了，我说还没有修高铁的地方太多了，但是我怎么说他们都听不进去。西方国家都建设了三四百年了，你看到哪个大宗商品的需求是在萎缩的？需求量是一年比一年大。中国发展好了，印度才刚刚开始，还有非洲、南美，未来大宗商品总体需求还是好的。

• 豆粕上涨的三个原因

再讲讲农产品的豆粕。我豆粕做的比较晚一点，2580点才进的，菜粕也差不多是同时进的。当时我预判豆粕要涨，第一是因为价位低；第二是因为阿根廷减产500万吨，虽然说起来对于全球3亿吨年产也无所谓，不过这也成了导火索；第三主要是需求。一方面，全球过去几年饲料低价，养殖业都是赚钱的，促进了禽类养殖的发展，鸡的存栏量比去年同期高15%左右。另一方面是养猪，肉猪的存栏量虽然没有明显增加，可是母猪的存栏量大幅增加。标准猪出来是100公斤到110公斤，饲料转化率高的话，三元杂交猪，大概在100公斤以前，3斤饲料长一斤毛猪，这就是要出栏了，不能再养了，再养就是5斤饲料长1斤肉就不赚钱了。但是今年的情况比较特殊（不同的阶段看不同的问题），因为饲料便宜毛猪贵，饲料不贵就继续养，复合饲料包括豆粕、玉米、麸皮才一元钱一斤，吃五斤才五元钱。毛猪都卖10.5元一斤，那可不能卖要继续养。所以春天毛猪出现大量压栏，不出货，越压栏价格越高，饲料的需求一下子就上去了。我2580点进的时候被套了一下，跌到2520点左右，接着就来了涨停板，最后涨到3500点。后来出来了也就不敢再进去做第二波了。

现在看玉米的单产比较大，但是后面的情况还得观察。我现在玉米的空单还有，我做空那天玉米1675点的时候差点跌停板。我也不知道玉米当天能跌，我一开始赚了四五百点，后来又涨回来了。涨着涨着我就不赚钱了，我就把仓平了。我一看豆粕要涨，玉米刚收获还没开始种，价格一带就带上去了，就不玩了，把资金抽出去做豆粕了，后来果然涨了。但是**玉米不可能涨这么多，因为国家政策调整，停止收储玉米直接补贴**。所以我当时就打算涨到1800点的话我还卖，结果到1675点就不涨了。那天开盘还是高走，我卖了大概30000手就看电视去了，看着看着朋友就发消息过来了说玉米怎么跌停了。多头本来也想不玩了，一看这样的情况害怕了赶紧平仓。所以市场很好分析，像玉米就是因为国家停止收储。但是现在还有很多投资者不服，**我预判玉米今年短期可能涨不上去了，最多就是短期有一点反弹**。国家现在直接给补贴不便宜了，一吨补400元左右，价格接近1800元了。当然有人说了，价格一跌农民就不种玉米了，那是未来的事，先解决今年的问题再说，三年后要涨和现在也没多少关系。玉米要涨除非国家政策要改，不过话说回来，玉米不跌得一塌糊涂国家政策可能也不会改。目前来看，短期玉米大涨的可能性不大。

傅海棠：需求好，库存少，价格低，会涨

2016 年 8 月 20 日

2016 年 8 月 20 日，傅海棠参加由中信期货、资管网主办的"去产能深化背景下的大宗商品投资论坛"圆桌对话环节。以下是相关内容整理。

观点摘要

经济好坏的其中一个指标就是生产，或者说是我们的生产能力和制造能力。

我可能和大众的观点不同，我认为需求很好，我一直没有认为需求不好。

无论标价怎么调整，物质财富依然不会改变。

什么叫东方经济学？就是中国过去 30 年的经济发展实践中总结的经济学。

经济低迷很重要的原因是老龄化，这是经济学界的普遍观点；在我看来，这个观点有失偏颇。

管理不得当就造成低产，管理得当就是高产。

国家干预市场是对的，国家不干预市场就会推倒重来，自然规律就是推倒重来，那个效率是很低下的。

有库存是正常的市场行为，它是市场的稳定器，去库存本来就有问题，没有库存，市场就不稳定。

如果把库存都去掉了，一旦需求超过了产量，那价格会一飞冲天，多高的价格都可能买不到货。

• 需求好，去库存，生产能力跟不上，容易上涨

主持人： 在需求没有发生很大变化的情况下，商品在上半年普遍出现了50%左右的大幅上涨，您认为是基本面起了变化，还是资金面炒作的作用更大？

傅海棠： 肯定是基本面发生了变化，资金是顺应基本面的。过去几年不断炒也炒不起来，还是往下走的，为什么现在涨起来了？而且还是在大部分人看空的情况下涨起来的，这个力量不可小视。如果大部分人的观念转过来的话，价格远远不是这个价，还会比现在高20%~30%，就是因为观念转不过来，价格被压着。

很多人对前几年经济的解读脱离实际，实际上不是我们想的那样。经济很好，为什么说好？我们生产量这么大，企业没有几个停产的，产能都在不断释放，这就说明只要我们的生产量在加大，并且生产的东西都消费掉了，我们的经济就很好。经济好坏的其中一个指标就是生产，或者说是我们的生产能力和制造能力，所以我们对经济好坏的评判标准多少有点偏差。比方说前面3个月开发商房子稍微卖得不好就说要崩盘了，这是不切合实际的。

再说需求，我可能和大众的观点不同，我认为需求很好，我一直没有认为需求不好。为什么说需求好？需求不好我们的库存怎么去掉的？需求一定要超过产量，才能去库存。库存是原来累计起来的，现在我们把它消耗掉了，而且我们还在继续生产，又没有停产，那就说明我们需求好得很，比原来都好。正是因为需求好，库存又去掉了，然后生产能力就跟不上了，所以就造成供不应求价格上涨了。所以我们一定要认清事实，需求好得很，价格才涨起来了。

关于供给侧改革，现在我们确实要小心一点，我的意思是小心价格，供给侧改革要是来真的，可能价格会被扭曲得很严重。煤炭行业276个工作日是来真的了，下一步钢铁行业我看也要来真的。如果要动真格，就得要小心一点，价格可能会被扭曲。大家也都知道我们钢铁产量是很大的，几乎创了历史新高，在这种情况之下我们的库存还累不起来，而且还在下

降，甚至5、6、7月淡季都在消化。需求这么旺盛，如果把生产能力稍微削弱一点，可能价格就要变化。真要是关掉，那价格肯定要涨，涨到多高不知道，因为往上涨从来没有顶，往下跌从来都有底。

就像现在房价尽管越来越高，但是房价不会崩盘，就算真崩了也没事，因为价格和价值没有联系，房价20万元一平方米，就算明年卖5000元一平方米，那一平方米也不少，它的功能并没有消失，只是价格调整了一下，调整也不代表经济崩盘。只要开发商不倒闭，人能住上房子就可以了，**无论标价怎么调整，物质财富依然不会改变**。所以，很多人对经济的认识有问题，按我的话说，经济学有问题，西方经济学很荒诞，东方经济学我看还比较靠谱。**什么叫东方经济学？就是中国过去30年的经济发展实践中总结的经济学**。为什么我们30年都不出事？哪怕再过100年经济也崩不了盘。其实很简单，地旱了就浇水，人饿了就吃饭，问题自然就解决了。我种过地我知道，天不下雨浇水就行了，东西多了没人要，调控一下促进消费就行了。

主持人： 再问傅老师一个问题，房地产7月新增贷款是4636亿，其中住户贷款就增加到了4575亿元，这种数据显示企业的投资意愿明显下降，而住户的贷款成为中流砥柱。这对大宗商品市场会带来什么样的影响？

傅海棠： 这个肯定有影响，**贷款增加，上涨的动力就大，贷款减少，上涨的动力就下降**。实际上还有一个看法我们要注意，国家公布的数据不能说不准，但是不可能完全准。这个数据只能看一下而已，不能完全信，也不能完全不信。企业贷款减少了应该也是真的，可能下降幅度不一定正确，因为国家也不敢多贷，国家是求稳。

但筹码这个问题它是一个谜，我说的筹码就是货币，发多少筹码是完全掌握在国家手里的。原来前两年说缺钱了，其实永远缺不了钱，因为筹码是无限的，只有钱多没有钱少。为什么少了？为了配合政策银行不想放给你，要去产能怎么办？筹码少发一点，消费动力减少了，价格就下去了。很明显，黑色这一波上涨，贷款出来2.5万亿，房地产政策首付降低到20%，那房价肯定要涨。

很多人转不过弯来，还沉浸在经济要崩盘的概念当中。经济怎么会崩盘？我过去一直讲，生产能力这么好，财富这么多，产能到处都是，怎么会崩盘呢？所以说做期货，如果对这方面理解透彻的话，赚钱还是相对比较容易的。

● 经济不好与老龄化关系不大，而是政策有问题

主持人： 关于未来人口老龄化的问题，请傅老师发表一下观点。

傅海棠： 经济低迷很重要的原因是老龄化，这是经济学界的普遍观点，在我看来，这个观点有失偏颇。有一个问题咱们需要看清楚，老龄化的原因首先带来的是生产能力下降，也就是丧失了劳动力，丧失劳动力应该是产能不足，不是产能过剩。老年人也有需求，但是没有生产能力，那就造成供给不足，而不是供给过剩。再一点，现在科技手段提高，科学技术、生产能力提高了，所以经济不好与老龄化关系不大，而是政策有问题，思想有问题，理念有问题，首先从逻辑上出现了重大的错误。

其实，从来没有过完全自由的市场经济，都是计划经济，全世界各个国家都是计划经济。不要迷信市场经济。为什么要计划？计划就是按照我们的规则来调控，使得高产、稳产，更快更稳定地发展。

主持人： 那要是计划本身有问题呢？

傅海棠： 虽然计划可能错，但也比不计划强，也比放任自流的市场好。就跟农民种地一样，虽然管理水平有限，但是也比自然生长的好，管理不得当就造成低产，管理得当就是高产。可能管理出现了偏差，有一定的误区，但是也比不管理好。还有一点，国家干预市场是对的，国家不干预市场就会推倒重来，自然规律就是推倒重来，那个效率是很低下的。

● 库存是市场的稳定器，没有库存，市场就不稳定

主持人： 那原有的库存咱们怎么解决？

傅海棠： 有库存是正常的市场行为，它是市场的稳定器，去库存本来

就有问题，没有库存，市场就不稳定。需求相对稳定，有一定的库存，这是很正常的市场行为，不可或缺的环节。如果把库存都去掉了，一旦需求超过了产量，那价格会一飞冲天，多高的价格都可能买不到货。

现场提问：下半年有没有比较好的品种可以关注？豆粕下半年包括明年（2017年）上半年会怎么走？中国管控DDGS进口对豆粕的基本面有什么影响？

傅海棠：豆粕目前的基本情况是供需两旺，需求没有问题，今年（2016年）起码比去年至少好10%以上。可是生产这一块也很好，虽然美国农业部的库存数据不准，不准归不准，目前大豆长势还是很好。现在测算的单产是48.9蒲式耳/英亩，这个是创了历史单产新高。当然面积今年比去年多，总产根据现在的测算是创历史新高，供应也在扩大，所以造成这段时间的价格下跌。

DDGS控不控这个量也不是太大，主要是针对国内大量的玉米库存，因为国内玉米供应过剩，所以不光控DDGS，玉米、小麦、高粱都要控。我看下半年不控也进口不多了，因为国内玉米价格低了，自然就挡住了进口，有一定的替代性，谁跌得狠就先用谁。

豆粕需求没有问题，目前价位也不高，2900~3000元/吨之间震荡，这个价位不高。当然美国问题就这样，产量大需求也很旺盛，不光中国旺盛，全球需求都很好。我现在豆粕是空仓，没做多没做空，感觉暴跌也不太可能，目前看也不太可能暴涨，可能维持上下稍微宽幅一点的震荡。

现场提问：我想问一下玉米和鸡蛋的问题。玉米是农民最倾向于种的，因为抗灾害能力强，那玉米怎么去库存？因为玉米和鸡蛋需求都偏稳定，但是鸡蛋很多都是散户养，真是要亏损到成本线以下才大量去产能吗？

傅海棠：你说玉米怎么解决库存问题，其实玉米库存好解决。今年采取的措施是"市场定价，价补分离"，第一批拨款300亿已经下去了，还有第二批，就是直接给种玉米的钱，你到市场销售多少钱我不管，所以之前跌了，因为它过剩。后续是涨是跌，还是要看国家政策。

鸡蛋这个问题，鸡蛋消费没有问题，现在基本成本是2.2左右，短期要跌到这个成本线比较难。因为现在鸡蛋在农村你不知道消费能力有多强，根据早先预期，鸡蛋早就该跌到 2.2 以下去了，结果就是没到，就是因为消费能力太强了。在农村刚跌到 2.7 的时候，农民都去买，刚跌到低点 2.4 左右又拉上去了。所以真跌到 2.2 或 2.4，可能短期很快又会被拉上去，要想跌到 2.2 或者 2.4 长期维持一段时间，目前阶段不太可能，还得扩大产能，早晚有一天会跌到亏得不能养。如果玉米生产成本又下降了，农民消费能力又大幅提高，那就继续扩大产能，就是这么一个循环。

傅海棠：2016 年波澜壮阔的行情，史上少见

2016 年 12 月 24 日

2016 年 12 月 24 日，由 CCTV 证券资讯频道主办、五矿经易协办的"天纵期才"期货电视大赛第五届开幕式暨第四届颁奖典礼在北京举办。以下是傅海棠主题演讲的内容整理。

观点摘要

过去的一年（2016 年）是期货行情波澜壮阔的一年，应该是期货这么多年以来，像过去一年的行情波动如此之大的很少见，应该说未来较长时间之内可能也不会发生这样的事。

理念和方法没有错，老是亏，自己就给自己安慰，那个苦还没有吃够，苦吃完了，好事就会来。

做期货做对了赚钱很快，不能老怕亏钱，期货就是一个跌宕起伏的事儿，本身就有杠杆的放大，不放大就不稳定，一放大更不稳定。

行情为什么涨？肯定是供不应求，价格低。为什么跌？肯定是供大于求，价格高。没有其他原因。

知道了成本，才能评判价格的高低。

如果是生产者巨亏的情况之下，又发生了供不应求的情况，价格就会上涨。

一般情况下，工业品都是需求上出问题，农产品都是从供应上出问题。

掌握了真实的数据才知道行情是涨是跌。

说一千道一万，供求决定价格，这是核心和本质。

索罗斯当时说要做空中国，我一看就笑了，这是找死。

狭路相逢勇者胜，期货就是对手相逢，谁的理念正确，谁研究的方向准，谁的底气足，谁就赢了。

• 过去的一年，期货行情波澜壮阔

很高兴有机会能和各位投资者面对面进行分享和交流。过去的一年是期货行情波澜壮阔的一年，应该是期货这么多年以来，像过去一年的行情波动如此之大的很少见，应该说未来较长时间之内可能也不会发生这样的事，太波澜壮阔了。短短的一年时间之内，大宗商品几乎全面上涨，有的甚至涨了200%、300%。

我做期货，现在做了整整17个年头，我2000年进入投资圈，原来就是在家里种地、养猪、喂羊，没事儿做个小生意。进入期货市场也没有那么顺利，做了八九年时间，持续到2008年、2009年，就是赚赚亏亏，亏来亏去亏得差点倾家荡产，当时亏得快活不下去了，都感觉没有去"那边"好，"这边"活得很难受。

还好，我的信心一直没有丧失，我对期货投资的信心一直都在，因为我的投资方法没有错，可就是不赚钱。理念和方法没有错，老是亏，自己就给自己安慰，那个苦还没有吃够，苦吃完了，好事就会来。

终于2008年苦吃完了，2009年就挣钱了，第一桶金就是电子盘上，是大蒜，不叫期货，叫电子商务，实际上就是期货。淘来了第一桶金，接下来就做郑州的棉花期货，经过18个月的时间，从5万做大蒜，到最后棉花行情结束，那时候赚了1.2亿左右。

2011年投资没有赚钱，打了一个平手，过程中资金回撤程度也很大，因为我做基本面，做长线的，有时候资金会有较大回撤。我在2011年虽然没有赚钱，资金来回波动，下去然后再上去。2012年还好，参加海通笑傲江湖的比赛赚了一个亿左右，2013年、2014年也不挣钱了，多少是亏点的。2015年就亏大了，我比较习惯逢低做多，就一直亏损，大概去年（2015年）这个时候，比这个时候早一点，连续的资金回撤，亏了不少。

2016年，大行情来了，我一看这个价格这么低都不要钱了，经过深入分析和研究，确定很多商品价格要涨，当时我就很有信心，你敢白给我就敢照单全收，再跌就没有了，再跌就归零了，你敢不要钱，你有多少我就要多少。逢低做多，见什么买什么，还好，运气还不错，过去一年还好，赚了接近10个亿。**做期货做对了赚钱很快，不能老怕亏钱，期货就是一个跌宕起伏的事儿，本身就有杠杆的放大，不放大就不稳定，一放大更不稳定。**

当然了，这个不稳定最后还必须能有方法让它回得来，如果用的办法回不来了，下去了就麻烦了。**我是怎么回来的？我有自己的投资办法，那就是基本面研究，供求分析，价值规律，供求决定价格。**这个行情为什么这么走？市场运动遵循天道规律，价格趋势源于供求动力。**行情为什么涨？肯定是供不应求，价格低。为什么跌？肯定是供大于求，价格高。没有其他原因。**

当然了有一个前提条件，供不应求的情况之下，价格处在高位也不行，你得知道它的成本。**知道了成本，才能评判价格的高低。**很多人说高抛低吸，什么叫高，什么叫低？高了就是生产者暴利，低了就是生产者巨亏。**如果是生产者巨亏的情况之下，又发生了供不应求的情况，价格就会上涨。**我们做期货是做未来的价格走势，今天做着未来的事情，一定要看今天以后会发生什么事情，今天这个商品巨亏，随着时间的推移未来发生了供不应求，一定会大涨，毫无疑问。就像今年（2016年）的黑色，尤其是煤炭，本来就巨亏，煤矿工人半年都拿不到工资，老婆孩子都快没办法吃饭了。

一年330个工作日，突然来276限产政策，未来不涨才怪呢。煤矿上确实按照这个276执行的。你要不买就没有想通，如果再放空，这个事儿就太不像话了，钱就没有了，你不要想不通，不要总感觉过去的几年就没有涨过，以为以后也不会涨。后来发改委又对276政策放开了，因为发生了供不应求。

供求决定价格，只有这个办法最可靠，不要追求一时的波动。国家出的"276政策"的时候，焦炭才700多块钱，这就是典型的供求决定价格。

- **掌握了真实的数据才能知道行情是涨是跌**

当然了，研究供求说得挺简单，想要分析清楚，还是比较难的。今天给我的时间有限，就半个小时，只能简单地说一下大的框架。研究供求，做商品期货，大概就是两类品种，一个是工业品，一个是农产品，要研究这两大类品种的时候，是不一样的。农产品主要是在供应上会出问题，工业品则是在需求上出问题，当然也不一定，但**一般情况下，工业品都是需求上出问题，农产品都是从供应上出问题**。因为农产品生产靠天，发生干旱，发生水灾，看不见的原因造成大幅度的减产、增产，产量的起伏很大。除此以外，还有"天年"，没种过地不在农村待过都不知道这个事儿，我看农业专家也不太了解这个事儿。有的时候没有什么干旱、洪灾，单产也会急剧下降。

以前不说，就像今年的玉米，整个华北，包括河北、山东、河南、安徽、江苏的北部，这是中国的玉米主产区，今年的单产就大幅下降，平均比去年（2015年）的单产每亩下降了150~200斤，减少15%左右，这是我亲自调查的，全面走了一圈。你要按国家的数据不是这样，和去年持平，大差不差，上下波动幅度0.3%。所以很多做平衡表的都不准，平衡的数据不准，所以自己要有一套。我们做平衡表是对的，但是基本的数据要准确，你不要依赖农业部的数据。农业部不能说波动幅度太大，那会造成人心惶惶。那么，美国的农业部报告准不准？也不准，全球的玉米结转库存没有中国自己的多，肯定不准，中国自己目前2.5亿吨的库存，美国农业部的报告全球还没有超过2亿。美国自己的就不算了，其他国家的也有库存，所以看他们的也不准。油脂也是这样，全球油脂结转库存没有中国自己的多，你说他做平衡表能做准吗？不准。我听说中国国家农业部和美国农业部一起开会的时候就说，你这个不准，我们自己的怎么比全球的都多，但他们回去还是不改，下一个月还是那个数据。

还有一个就是公布的单产数据，你不能全信，这个也不准，你自己心里也要有数，每年的波动幅度很大，由于效益问题，农民种植和管理的积极性起伏也很大，波动剧烈的时候，一年相差30%都很正常。我们坐在办公室里面，也不出门，看看平衡表，看看权威机构发布的数据，这都不准。

最典型的，今年的棉花行情。2015年，最权威的机构，说去年的总产是520万吨，事实上是450万吨，多说了70万吨，需求也不准，国家说的还好一点，700万吨，实际应该是800万吨，但很多的研究机构和投资机构都按600万吨算，这两边一年的数量接近200万吨左右的悬殊。所以很多的投资机构把整个产业链全线看错，当价格从一万出头一口气涨到一万六，他们亏了钱还不服输。他们认为基本面还是那个基本面，怎么就涨了？也不想想自己错在哪儿了。你数据不准，有个周末我说减产、库存减少的时候，他们都笑话我，这个姓傅的胡扯，怎么可能呢？结果星期一就涨停了，后悔了。怎么分析它也不会涨，其实就是因为数据不准。按他的数据怎么都不会涨，外面的皮棉太多了，还有几百万吨，怎么会有这么多需求呢？

  问我怎么知道的？我可以告诉你一个方法怎么分析出来的。原来国家有收储，感觉这个办法不好，不能进行收储了，国储1100万，太多了，收储制度要改革，怎么改呢？目标价位补贴，我们定的19700元/吨，农民收了棉花到市场去买，便宜了怎么办呢？政府给你补贴，最终到手还是19700元/吨，不让农民吃亏。国家给钱得有一个数，就想了一个办法，指定一部分库，收完棉花过来报，国家验完等级再上报。可当年还有一部分没有进入入库的，头一年很多环节没有跟上，耽误事儿，皮棉加工好了，纺织厂不能用了，最后纺织厂断粮了，出高价，有一部分没有进入公检的就直接进入棉厂了。新疆产了450万吨，其他地方说的是220万吨，其实其他地方没有220万吨，比说的下降的面积还要多。他们就是不相信供应少、需求好，最后就吃亏了。到了2014、2015年产量又下去了，一算账到4月份就没有棉花了，国家抛200万吨根本不够，一抛就涨，大家都往那儿跑。所以你要有办法，**掌握了真实的数据才能知道行情是涨是跌**。必须有明确的把握，才能赚大钱。这才是供求分析。

  因为时间有限，说一千道一万，**供求决定价格，这是核心和本质**。其实很简单，饿了就吃饭，渴了就喝水，热了脱衣服，冷了就穿，不管你怎么搞，只要偏离这个核心，结果就不会太好。长期投资，你一定要找到本质，核心就是你要研究供求，研究价值规律，研究价值规律就是研究它的成本，目前是在成本线以上，还是成本线以下，生产者是暴赚还是暴亏的。暴亏是要回来的，有人说成本是浮动的，浮动的也有一个最低成本线，一个产业链上中下游都活不了，像螺纹钢卖1600元/吨，铁矿卖280

元/吨，挖煤的半年不开工资，26美元的原油较多生产者都亏损了，这太不像话了，不能往前走了，上中下游都活不下去了，要往上拉才有活路。所以有的时候很明确要上涨，反而在那个时候市场上都是看空，**索罗斯当时说要做空中国，我一看就笑了，这是找死**。所以你要在最疯狂的时候清醒，才能赚到大钱，才能抓到根本性的转折点，才有底气，**狭路相逢勇者胜，期货就是对手相逢，谁的理念正确，谁研究的方向准，谁的底气足，谁就赢了**。这个底气不能是凭空想象，要找到你的依据，这个依据必须是真理，那样你的底气就来了。

傅海棠：我百分之百明确，行情是能够确定的

2017年3月11日

2017年3月11日，由杭州玉皇山南基金小镇指导、七禾网主办的2017私募基金年会暨2016七禾基金奖颁奖典礼在杭州成功召开。傅海棠受邀做了主题演讲，以下是对傅海棠演讲内容的文字整理。

🔊 观点摘要

> 我对期货市场从来没有失去信心，我确信我这一套投资方法是正确的。
>
> 我（亏钱还）高兴是因为这些东西跌得都快不要钱了，白给，那赚钱就是一定的。
>
> 做期货第一是相信老天，第二是相信国家，第三是看看人心。
>
> 行情就是这样，你只要确定了它往哪儿走，什么走势，你的心态自然会好，持仓问题等也都可以解决。
>
> 最大的风险来自对行情的看错，只要行情看对了，没有大的风险。
>
> 有时候，我十次可能有九次是错的，可是我错的九次的损失都是小的，我对的一次却是赚大的。
>
> 期货做的就是预期，谁的预期准确，谁最后就成功了。
>
> 我可以百分之百明确告诉你，行情是能够确定的。
>
> 势是怎么来的？供求决定价格。供不应求，价格就涨，那就是牛市；供大于求，那就是熊市。
>
> 期货是对手交易，不是单方面交易。
>
> 有人说我误导投资者，我看按我的办法，投资者死得还少一点，无论你选择多还是空，只要是确定的行情，死扛还能活下来，止损止来止去的最后都没活下来。

> 做期货不亏钱是不正常的。
>
> 如果认为经济有周期，有规律，那就大错特错了。
>
> 他们（经济学家）把财富看作累赘，但其实东西是越多越好，没有才不行。产能过剩，就说中国经济有问题了？短缺才有问题。
>
> 我才不相信楼市有泡沫，房子是缺少，不是过剩。
>
> 只有物资不足、财富不足，没有过剩。过剩的是我们的思想和理念，物质没有过剩。
>
> 生产者不赚钱的时候，看哪个行业亏得最惨，就要盯住哪个行业。只要盯住它，不愁找不到机会。
>
> 长远来看，空头不是多头的对手，因为期货市场对空头是不公平的。
>
> 尽量少做空，多做多，逢低做多，找确定性的，最好确定的是多头行情，空头行情不太好确定。
>
> 在分析行情时，库存是一个重要指标。库存最能反映供求关系，库存增加说明生产量大于实际的需求。

● 早年做期货的经历和感受

很高兴有机会和各位投资者进行面对面的分享。今天我演讲的题目是"5万到10亿的投资之路"，那我就简单地说一下我做期货的过程。

从2000年开始进入期货市场做期货，到今年（2017年）也算是18个年头。我为什么做期货？那肯定有投资和投机的思想在里边。**以前没有期货的时候，天天在想，看哪个东西便宜了我就囤起来，过一段时间涨价了再卖出去**，感觉这样发财发得快。打个比方，就像农村的小贩，东边买西边卖，最后赚不了几个钱，还要早上起个大早，晚上睡不好觉，因为竞争是很激烈的。当时虽然有这个思想，但是条件不具备，你要买很多的货物，就需要占用大批的资金。当时没有这个本钱，就在农村里务个农。虽然我父亲做个小生意，在村里算比较富裕，但是那时候就算家里拿5000元钱的存款出来，也搞不起来。以前看到几次大的机会，大蒜、大豆、辣椒等。我当时才20岁左右，让有钱人去买，但是没人听我的，一看是个乳臭未干的黄毛小子在说这个要涨价，那个要暴涨，根本没人相信我。

后来发现有期货了，就去对期货大致了解了一下：杠杆交易，用保证金签合同，5%保证金就是20倍的杠杆（当年期货的杠杆高）。这解决了我没有钱的问题，可以以小博大。我看到哪个商品要大涨，我买进一个合同就行了，不用找仓库，也不用找人收货、保管。电脑上一敲就可以实现买进卖出，钱就赚到了。一开始在农村不知道，从1996年一直找到2000年，终于找到有地方做期货了。

我兴高采烈地进入了期货市场，但进来后却发现钱没有那么好赚。一直到2009年以前，基本是赚少亏多，最后的结果是亏得死去活来，**亏着亏着明白了一句话，活着没有走了好**，当时感觉世界上最美好、最幸福的事就是去那边了。那为什么没有去呢？两大原因：

第一，主要的原因是**我对期货市场从来没有失去信心，我确信我这一套投资方法是正确的**，没有其他方法比这再好了。我这一套方法要是赚不了钱，就没有其他更好的赚钱方法，我确信还是有希望的，这是一个原因。

第二个原因，**人得要负责任**。你自己走了好办，但是上有老下有小，并且还借了一点邻居的外债，你不能坑人，你一走了之，借了别人的钱怎么办？那不行，得咬咬牙往前走。基于这两大主要原因，当时的精神状态还是挺好的，人前还是笑嘻嘻，只是背后有点难受。对投资一直没有丧失信心。

• 从五万到十亿

大概到了2009年我看到了大蒜的行情，就像刚才主持人介绍的，拿着5万三个月赚了600万。再用600万马上投资郑州的棉花期货，在2009年赚了1000多万，2010年不到一年的时间赚到了1.2个亿。2011年没赚钱，到2012年赚了大约9600万，2013年打了平手，2014年小亏，到2015年就大亏了，到下半年的时候，就亏得只剩1500万左右。当时我期货上有8000万的资金在账户里，做多大豆和棉花，仓位也比较重，感觉要涨，结果都往下跌。棉花从1.2万多开始买，往下打，亏了800点左右，空头氛围太重了，有些人不怕死，前赴后继地跳火坑，价格这么低了，还要做空，没有办法，打不过他们就跑了。做多大豆，虽然减产，但国家短期大量低价抛储，原本4000抛储变成3000抛储，结果期货受其影响也跌了。棉花大豆一亏，钱就变少了，8000万到了4000万，一下子亏了一半。后来4000万又进行抄底，做铁矿、螺纹等，又亏了2000多万，还剩1000多万，连续多次的累计回撤了80%，这时候的钱亏得有点重了。

虽然我的学历水平不高，但是这个账我会算，回撤80%。你别看钱亏得不少，但是我底气越来越足。别人问，钱亏那么多，你高兴什么？**我高兴是因为这些东西跌得都快不要钱了，白给，那赚钱就是一定的**。焦炭都跌到580元/吨，动力煤跌到280元/吨，棉花跌到9600元/吨，螺纹钢跌到1600元/吨，很多品种就是不要钱了，我一看快不要钱，你敢不要钱我就敢收，照单全收，赚钱的机会就来了。于是就出现了**2016年翻天覆地的行情**。随便抓一个品种都是百分之几百，过去跌了几年的行情，三个月就涨回来了。我操作了豆粕、棉花、黑色、天胶、玻璃等，我做的品种比较多。第一个赚到了钱，马上又发现另一个品种的机会，做了马上涨，做完换另一个品种的时候，那个品种又马上涨。这样1500万赚了近10个亿。

其实，我做得还不够好，为什么说不够好？最大的一个失误就是在国家出了煤矿挖煤限制，出了一年330个工作日减少到276个工作日的政策，我没有足够重视这一点。如果重视起来，盈利远远不上这个数，可能还要大几倍。因为当时我对这个事没有重点去考察，我还是有点疑虑，国家说276，不见得有人执行，结果就是执行了。

2016年最强行情是黑色系，不说螺纹和铁矿，焦煤、焦炭、动力煤，330个工作日，虽然价格一直下跌，亏得煤矿半年发不出工资，但库存越来越少，后来就搞276个工作日。价格明显要暴涨，共求决定价格，这个行情是最好确定的。330天，没见多的煤放在哪儿，搞个276天，明显要短缺。

2016年取暖季节来的时候，煤短缺严重，价格疯涨，发改委就及时地放开了工作日限制，还限制企业涨价。第一次开会，没有人听。第二次开会，也无所谓。第三次开会，价格开始往下跌，国家的政策起作用了。有人说发改委说了不算，肯定说了算。我是相信国家的，那个时候我就开始放空了动力煤，一过 670 元/吨、680 元/吨就放空。当然是国家说了算，你要相信国家。动力煤价格一定会下去，最后就下去了。所以做期货一定要关注国家的政策。**做期货第一是相信老天，第二是相信国家，第三是看看人心。**

• 行情是可以确定的

我的投资之路就是这么一个过程。**做期货就是要做确定性，一定要确定，你对行情不确定，那其他的问题都解决不了。确定性没解决，心态怎么会好？**有人说，时间长了就好了，我说下辈子也好不了。**艺高人胆大，胆从哪儿来的？确定了才有胆。**

我举一个最简单的例子，我一个小个子，三等残疾，来两个大汉，他们要是揍我，我肯定打不过他们，我就很害怕，撒腿就得跑，跑了之后才不会被挨揍。但是你要是确定，如果对方动手不是你的对手，那胆子就大了。行情就是这样，你只要确定了它往哪儿走，什么走势，你的心态自然会好，持仓问题等也都可以解决。

有人对我的评论，说我不懂风控，好像我在瞎搞。我说，你风控再好，也是亏钱。**控就是控制风险，最大的风险来自对行情的看错，只要行情看对了，没有大的风险。所以，我们要研究对行情，把握准趋势。第一把精力放在研究确定的趋势上。第二是风控**，如果把风控放到第一位，把研究行情的确定性排到第二位，那就颠倒了。**风控不是不重要，但不是最重要的，最重要的就是确定行情走势。**

自己研究确定不能代表每次都准，你们经常问我这个行情往哪儿走？大多数我是回答观望，我做十次可能有一半是错的。但是这与确定不矛盾，**做确定不代表每次就得对，但是我们在做行情时要尽可能地确定，甚至是百分之百。如果你百分之百确定，那你钱赚得就快了。**有时候，我十次可能有九次是错的，可是我错的九次的损失都是小的，我对的一次却是赚大的，我一逮就是大鲨鱼，漏网的都是小鱼。千万别逮的都是小鱼，见到大鱼却逮不住，这就麻烦了。**赚了好几十次的钱，一次亏完就没有了，这样最后就不会成功。想成功，尤其想赚大钱，就不能害怕错的时候多，对的时候少。乍一听可能理解不了，但的确如此。因为在很多试错的过程当中找确定的，不做就没有感觉了，就像开车、游泳一样，长期不练，技能也会退步，俗话说"三天不练手生，三年不念口生"。

万世万物都是一个道理，宇宙的规律都是一样的。同理，期货亦是如此，你不做它就没有感觉了，就是各种利多利空的消息来了以后不敏感。所以，**不确定的时候小做，确定的时候大做。**有人问我仓位怎么控制的，我说不一定，这要看对行情的确定性，我百分之百确定了会重仓，我既然确定了行情，那就在控制风险的前提下，能多买一手就买一手。所以没有定论，可能5%，可能10%，也可能重仓。**跟行军打仗一样，仗怎么打，要根据敌我双方的形势而定。**

期货市场长期流传一句话：期货市场唯一的确定性就是不确定性。那你别来做期货了。还有一句：千万不要预测行情。千万别预测行情来做期货干吗？期货，期货，做的是一个预期，没有预期做什么期货？我就弄不明白他们为什么会这样想。可能我智慧不够？！所以我们要好好想想，不能预测在逻辑上就讲不通。无论是长期预测，还是短期预测，就算赚一个点跑，那也得有预期在。所以，**期货做的就是预期，谁的预期准确，谁最后就成功了。**你预期不准确，你最后就失败了。为什么我们心态不好？本来看对了行情，被对手一吓，吓跑了。但是回过头来一看，做的其实是对的，为什么？因为**你不确定，心态就不好。**

其实行情是有办法确定的，**我可以百分之百明确告诉你，行情是能够确定的。因为宇宙之间的万事万物都是因果关系，先有的原因后有的结果，毋庸置疑。**开花才能结果，种瓜得瓜，种豆得豆，谁家的孩子就像谁，如果先有果后有因，那就完了，就不能预测。你找到了原因就知道了结果，所以我们要把精力放在找原因上。

- **供求决定价格，这是根本**

我们都说顺势而为，顺势而为的前提是得找对趋势。高抛低吸，这等于没说。顺势而为，你得知道哪个是熊市，哪个是牛市，如果不知道势，你顺什么。势是怎么来的？供求决定价格。供不应求，价格就涨，那就是牛市；供大于求，那就是熊市。当然还有一个条件，供不应求，尤其是低于成本的东西，肯定要涨。虽然供不应求，但出现暴利了，那也不行，后续就要跌，为什么？因为明天可能就供大于求了。期货是一个演化的过程，所以不能光看眼前。这就像2015年年底的行情，好像明天地球就要炸了，最后把索罗斯都搬出来，说要做空亚洲、做空中国。物极必反，当时看是供大于求，演化之后变成供不应求了，所以要预期和研究。但记住，供求决定价格，这是根本。

不是说其他的方法不好，只要你能赚钱，你就继续用你的办法。前两天在上海交大有一个朋友让我去跟大家交流交流。最后一天的课，到下午快讲完了，有一个同志，他听课听了一天，说不行，你这样说我有意见。你好像不对，我得控制风险。我说你控制什么风险，你看到了几条线就能够控制风险？这不对吧，你考虑过出得来，进得去的问题吗？我要抄底，我看涨，你敢买吗？他就不说话了。还是想不开，不务实。期货是对手交易，怎么控制风险？他老感觉期货市场是无限成交的市场。

我们首先得记住，期货是对手交易，不是单方面交易。你模拟交易十把，对着图形打进打出，个个都是神枪手，但进入市场后，靶子都变成了神枪手要来打你，看谁先把谁放倒。所以，为什么有人做模拟就赚钱，因为模拟账户是没有对手的。你进入实盘就有对手了，你买一手，同时就要有人卖一手，你卖一手，同时就要有人买了你一手，你们俩就干起来了。它是阴阳共生的，阴与阳是同时生的。所以有很多说法是不合实际的。怎么没有做多的了？这一段时间没有做空的了？这话本身就不对了，没有做多的人，持仓量从哪里来了，多空持仓的数量永远是对等的。可能有时候做多的气场压制了做空的气场，价格就涨上去了；做空的气场压制了做多的气场，价格就跌下去了。就看阴占了主流，还是阳占了主流而已，可以多研究研究《道德经》和《易经》。

毛主席语录里有句"星星之火可以燎原",期货市场也是这样,如果是对生活影响不大的钱,那就不怕亏,回撤一些很正常,回撤就回撤,有人说我误导投资者,我看按我的办法,投资者死得还少一点,无论你选择多还是空,只要是确定的行情,死扛还能活下来,止损止来止去的最后都没活下来。一个空一个多,即便瞎蒙活的概率也挺高的,而你控制风险,控制来控制去,最后也没活下来。很多人都没有想明白,**做期货不亏钱是不正常的**。

● 经济发展在于国家的政策调控

期货的这个道理就不再多讲了,我讲讲做期货的两大平衡,工业品与农产品的侧重点。研究**农产品,侧重点在于供应,它的需求比较稳定**。农产品的需求相对稳定,吃饭、穿衣比较正常。当然,经济好的时候,需求会增得多一点;经济不好的时候,增速会慢一点。总归来讲,农产品的需求就没有下降过,因为城镇化进程推进、经济的发展都能稳住需求。但供应这一块不行,经常出问题。受制于天,老天爷今天要旱了,你无论怎么求雨都没用,这是一个宇宙的规律。比如今年农民种大豆赚得多,种玉米亏了,明年就开始大批种大豆,玉米的产量一下就下去了,大豆的产量一下就上去了,它俩供应的起伏是很大的。就像 2016 年的玉米产量,减产 5000 万吨,这些都必须得你自己亲自去调研。

工业品就不同了,工业品的侧重点在需求,生产相对稳定,它是按天生产的,不管刮风下雨,它都能够正常地生产。但是需求是不稳定的,这个不稳定主要是来自国家的政策,而不是经济周期。经济本身没有周期,都是人搞出来的。这个一定要看清楚,如果认为经济有周期,那就大错特错了,2016 年的行情你就抓不住,反而你还在放空,钱就没了。按 2015 年的说法,2015 年年底,全球经济不好,中国经济周期到了,结构有问题,人口老龄化,产能过剩,债务危机,三期叠加,还说房地产有泡沫,等等,说得天昏地暗,马上就完了的样子,过了一段日子,也就一百多天,又好了。

所以你想,哪儿来的周期?**解决经济的问题太简单了,无非是两样,**

投资或金融政策调整一下，货币流速快一点。房子没人买，首付从30%降到25%，再没有人买变成20%，再没有人买零首付。一看房子没有了，抢光了，限购，首付提高到50%，外地人不准买，不交3年社保、6年社保，不准买。楼市的泡沫也没有了，都卖光了，现在抢不到了，哪儿还有泡沫？

房子就是用来住的，那是财富，越多越好，我就不信经济学家的鬼话。**他们把财富看作累赘，但其实东西是越多越好，没有才不行。产能过剩，就说中国经济有问题了？短缺才有问题**，吃什么没什么，喝什么没什么，穿什么没什么，住什么没什么，晚上睡到大街上去，那才是有问题。一不缺吃，二不缺喝，三不缺穿，四不缺住，要什么有什么，出门坐高铁，有什么危机，我们国家好得很。2015年的时候我没少跟经济学家辩论，与高大上的人士辩论，无论是哈佛来的，还是哪里来的。天天说中国不行了，世界要完了，一点好话也不说，现实那还不是好得很，尤其是中国。他们又说泡沫、过剩。在我看来越多越好，多了才没有问题，要是短缺才有问题，多了是好事，生产都是有效的。

2015年中，北大的一个培训班，我到那儿跟他们交流了一天。我当时说千万别相信经济周期，商品这么便宜了，应该逐步寻找机会做多。但是他们听不进去，晚上开车去吃饭还跟我辩论，说我们要有效投资，我说哪个投资是无效的？你看看过去的若干年，是修的高铁没人坐，还是修的广场没有人去跳舞？他们想了一圈也没有想到。你说要增加有效投资，言外之意，过去都是无效的。那无效在哪儿？他们也没有想出来。他们还说我们要增加有效生产，有效产能。但是哪个生产不是有效的？是生产的东西没有人要，还是生产的衣服拉到大海里扔了？生产的汽车我们也都开了，哪个是无效的？瞪眼说瞎话。

我们做期货投资，要是糊涂，钱就没有了，眼睛一定要雪亮。这个事明白不了，投资就投不成功，因为**很多商品的价格与国家的政策和措施都是连着的**。这些看不明白，2015年年底，你敢抄底吗？你感觉周期到了，感觉产能过剩，感觉楼市要崩盘，房子十年卖不完，没有人住了，那你就不敢买，钱就赚不了。你要看得清清楚楚才有底气，为什么我敢买螺纹钢，我才不相信楼市有泡沫，房子是缺少，不是过剩。

有人说如果达到每人一套房了呢？每家一套房了也缺？可以再改善。80平方米的换160平方米，160平方米的换350平方米。我之前在深圳看了一套房，在50多层，470平方米，风光特别好，我一看要6000万，装修完得7000万，我不舍得买，太贵了。为什么贵了？是因为房子太少了。所以怎么会过剩呢，原来80平方米的拆了，盖160平方米的，家家一套的160平方米拆了，盖350平方米的，350平方米的又拆了，盖480平方米的，那才牛。美国人民来了，认为中国同志住房条件好，他们才住在百十平方米的，在中国500平方米都是小的，都是800平方米的住房，那美国就汗颜了，奥巴马退休了之后来中国就不走了。所以永远没有过剩一说，过剩不了。人的欲望是无限的，我们一定要想明白。**欲望不封顶，所以没有过剩。**只有物资不足、财富不足，没有过剩。过剩的是我们的思想和理念，**物质没有过剩**，这个道理想通了就明白。不要以为前途是黑暗的，前途肯定是光明的，放心，**经济发展越来越好**，我们一定对未来充满希望。

昨天还有一个朋友给我打电话，说今年基建投资是下降的，房地产开工率可能是上升的，我说别听这些瞎扯。高铁甚至可以造到你家和我家直通，我到你家去做客，专线直达。所以这些问题想明白了你就明白了。你想不通，就老感觉害怕。所以，**我相信经济是国家主导的**。我去年（2016年）敢抄底，第一是价格低，就像不要钱了，基本上白送了。第二，最重要的一点，是我们的总理在2015年年底，说过一句话："要改变人民的心理预期"，我一听就明白了，促进经济发展的政策要来了。当然，后来条件一步步地叠加，我280元/吨买的铁矿涨到330元/吨，一看330元/吨也涨了不少了，但人的观念和心理还没有转变过来，就往下回调。本来我想先出来，等跌了我再买，但后来我没有出，因为周小川在上海开了一个会议，答记者问。他说中国的首付空间还大着呢，言外之意我一听就知道。还说贷款空间大，有的国家50%，我们现在才百分之十几，为房地产打气。他讲完话，一线城市房价继续涨。还有1月份的贷款数据出来了，增加了2.5万亿，有人评论比2008年金融危机的时候还要多，量还要猛。我一看，这都不用想，铁矿肯定还要涨，330元/吨才哪到哪，随着一个个条件出现就是一步步支撑。所以，**你要盯着国家的政策，心里才有底气。**

当铁矿在 330 元/吨的时候，郑州有几个朋友还去拜访我了。他知道我铁矿做多，但他没有敢买，最后没有做。我和他聊到晚上 12 点，比 1 个小时的课长得多。和他讲经济怎么回事，国家怎么回事，别相信经济学家瞎扯，黑色的需求会很好。他在这边听了一上午戏，听完戏之后，找了一个地方吃饭，他中午就变了，又开始和我抬杠，回到经济学家说的那套去了，又聊到晚上 12 点，可算想过来了，结果睡了不到半晚上又回去了。所以他还是什么也没有做，不敢做。千万不要相信经济周期一说，特朗普上台，我们都很清楚，他要大搞基建，那是周期吗？明明是人说了算，签个字，输油管道就开始修，而之前奥巴马为了环保，就不能修。

所以说**全世界各个国家都有政府对经济的管理**。为什么要计划，要管理？政府管理经济高效、安全和稳定。有人说美国是 100% 的市场经济，哪来 100% 的市场经济？美联储管加息吧？美国的汽车制造商福特，国家也要救它。这个必须要想通，不要以为全部是市场主导，我们要盯住国家政策，像前面我说了，国家搞 276，煤价那就得涨。所以我们做商品期货，尤其是工业品一定要盯住国家的政策。像去产能，把地条钢都给关了，生产量就少了。看执行力度，如果执行到位，就跌不成，就供不应求了，这些都是国家调控管理的。盖一栋楼，也是国家说了算，地如果没有这么多，就盖不成，自家的地也不敢盖，盖了叫违建，要拆除。总理在两会上说了要对部分住房紧张的城市增加土地供应量，中央政府报告都说了多给地，多给地就多盖楼，国家说了算。当然，农产品也要关心国家政策，因为国家有库存、有收购价。

• 长远来看，空头不是多头的对手

还有一点，**我们要抓大行情，首先要盯住哪一个商品价格不合理**。什么是不合理的？就是亏得受不了。快亏钱的时候就要盯住它，等到亏得受不了了，关门的关门，跑路的跑路，跳楼的跳楼，喝药的喝药，上吊的上吊，那就快了。生产者不赚钱的时候，看哪个行业亏得最惨，就要盯住哪个行业。只要盯住它，不愁找不到机会。天下无难事，只怕有心人，你天天想着它，分析它，不愁逮捕不到机会。我比较喜欢做多，一般不做空。

做空仓位重的话我晚上睡不着觉,尤其做大了的时候,一旦被对手逮着,死路一条。这些是我的经历和经验,公开分享,不收费。

期货市场的交易周期不能说一天、一个月、一年就结束的,长远来看,空头不是多头的对手,因为期货市场对空头是不公平的。所以一直以来有些政策往往是保护空头的。你想想,做空和做多是两回事,如果不加杠杆,有多少钱就做多少钱,做多永远死不了,假设铁矿1000买的,跌到280,我也不追加保证金,保证金也够了。铁矿2015年年底跌到280,我不用加保证金,哪一天涨到1000又赚了。做空的话,280涨到560,又涨到1100,还得多拿一倍的钱,又没了,可想而知做空有多危险。你做了空,价格往上涨了,既亏钱又要多交保证金,价格越高,保证金就越多,很快就爆仓。做多虽然做错了,亏本,从500跌到280,但是5000元一手的保证金变成了2800元,爆仓时间就慢,有足够的时间和空头对抗。还有一个,跌能赚50%,而涨就是赚100%,比如棉花,我从1.5万做到3万,和3万到1.5万,同样的本金赚钱不一样,有人就不明白了,其实很简单,3万的棉花卖一手的保证金可以买两手1.5万的多单,所以同样的钱在价格1.5万时买多单的手数是价格3万时卖空单手数的两倍,赚钱也是两倍。

只有做多可以发大财,可以看到,每次赚钱赚得多的都是做多的,从2012年到2015年的三年大熊市没见谁赚了多少钱。2016年一个牛市,很多人赚了大钱,但同时对空头来讲也是败得最惨的。2016年以前对很多人来说也没有受多大的损失,毕竟多空是不一样的。做空的时候,本来是希望供大于求的,希望市场上货是没人要的,你就要到处去市场上找货,结果马上把现货价格抬起来,这是自己跟自己过不去,老是帮对手的忙。你得交货,就得买货,这就改变了供求关系,这就是搬起石头砸自己的脚,很多情况都是这样的。

小单子也无所谓,跑得快,只要头寸做得足够大,若时机不对,做空必死无疑。所以,做空有天然的劣势,做多有天然的优势。而且找底好找,商品总是有成本的,到了地板上就跌不动了。做空就不行,做大了,被多头逮到了,用三个涨停板扫你拉爆了再下来。而往下打了就不敢了,商品跌不动,他也不敢打。所以,尽量不要卖出你没有的货物,这是我在微信上看到一个投资大师讲的。2016年以前的三年是熊市，2015年下半年我到处讲不要轻易做空，没有人听，我都着急，告诉别人要小心一点，注意一点，这么低的价格不能再做空了，但几乎没有人在意。做多不怕亏，一个反弹，钱就回来了。结果很多人赚了三年的钱，三天就没有了，这样的人一抓就一大把。有个人过去三年赚了八倍，我一听觉得挺厉害，结果三天老本都没了。当然，我也做空，但做得少，一般不轻易做空。尽量少做空，多做多，逢低做多，找确定性的，最好确定是多头行情，空头行情不太好确定。

• 在分析行情时，库存是一个重要指标

还有一个交易要点，在分析行情时，库存是一个重要指标。库存最能反映供求关系，库存增加说明生产量大于实际的需求，这是一个很明显的指标。如果库存下降，说明需求好于生产。就像2016年为什么涨？在2015年的时候，虽然价格跌得那么深，但库存一直在降，这就说明一个问题，需求是很好的。我记得2015年12月13日，东航金融和上海期货交易所联合考察，当时东航金融研究院的马院长（马明超）带队，我们到甘肃青海考察了一圈回来以后我做多的底气就来了，我本来就做多，心想这次铁定要赚钱了。有的企业很困难，铝企亏得厉害，佴有国家补贴，还在正常生产，甚至增产，而库存不多。最后到了酒钢，年产150万吨的铝。我们开座谈会，领导说他们2015年的铝产量比2016年多9%。我说经济那么不好，怎么生产量还多9%？但这就是行业内统计的，是事实。生产量多了9%，库存从原来的一个月降到了一个星期，可想而知需求有多好。而我们还一致认为没有需求，产能过剩。我一看一定会涨，生产量还在加大，需求又那么好。原来的库存都没有了，说明2015年的需求比原来都好得多。所以，我们要相信事实，不要相信我们的感觉和说法。

于是那会儿我就做多，看见什么就买什么，只要便宜就买，因为太有需求了，后来价格就上去了。跟这次玉米也是一样，前一段时间我去华北、黑龙江转一圈，发现农民的玉米库存几乎没有了。很多人就会问玉米跑哪儿去了，但没有必要管玉米去哪儿了，事实是没有了，别想原因。事

实是已经发生的，没有了就只能说明一个问题，产量减少了，需求变好了。我就马上相信了，在价格还没有涨起来以前，我就把空单平掉了，第一时间就跑了。2016年我做空了三次玉米，赚了两回，亏一回，前两波赚了，最后一波亏了60个点，本来想着过了年以后，东北有一个集中收粮，赶过去看，结果已经卖完了。只要你卖不完，国家还得全包，那还跌个什么劲。所以要**相信事实，紧跟基本面**。

我前两天去黑龙江、吉林转了一圈，观察到这么一个情况。有些地方的大豆种植面积增加一倍，玉米的种植面积大幅度地减少，实在是伤着农民了。一元钱3斤，个别地区是一元钱4斤。今年中国的大豆面积肯定增加了，玉米的面积，全国来看可能下降20%。黑龙江很多地区大豆种子被抢了，而玉米种子没有人要。做玉米种子的大老板以前一年赚一个多亿，今年大亏，天天哭。座谈的时候就说了，求求你买一点玉米种子吧，我说你求我也没有用，我买了烂家里也没有人要玉米种子。这也是预期，因为上一年，我去黑龙江调研玉米的时候，我们在哈尔滨开座谈会的时候，我当时就说了，2016年秋天，推大豆种子，千万别搞玉米种子，明年（2017年）要大批地改大豆了，这是可以预期的，因为价格低就不做了，没有人种了。所以，今年（2017年）的玉米产量，预计比2016年至少减5000万吨，这还是在天气正常的情况下，肯定有大幅度的减少。

这只是一个因素，还有其他的因素，像国家也有很多的库存，不过库存也好消化。估计2018年再拍卖玉米，国家的库存一年就消耗得差不多，肯定要留最基本的库存。但现在国家对于玉米的深加工，淀粉企业在整个东北全部铺开，大批上马。原来国家对深加工企业是控制的，现在国家为了消化库存，大批地建企业。企业建起来了，玉米没有人种了，造成的一个结果是两年以后又缺粮。除非今年的玉米价格到今年秋天再涨上去一点，那农民再继续回来种玉米。到了农村，问农民玉米还种不种了？不种。所以，农民这次伤心伤透了。即便能种上玉米，管理也可能跟不上，所以还要根据实际情况来变化。我们去的时候，大豆还没有太跌，当时觉得一号大豆要跌，随着商品普跌，一号大豆一下就下去了。

因为时间的关系，我的分享就这么多，谢谢大家！

傅海棠：谈供求，要结合成本

2017 年 4 月 28 日

以下是 2017 年 4 月 28 日东方财富网对傅海棠访谈的内容整理。

观点摘要

> 我说的天道，就是不以人的意志为转移的自然规律。就是在特定的时空、情况之下，有些行情不是以人的意志为转移的。
>
> 我说要遵循天道，因为我们是散户，这样才有高度的确定性和准确性。
>
> 不谈成本单纯谈供求，即使往前看，也可能会看不清楚。
>
> 相对来讲，我更喜欢做多，就是逢低做多，寻找机会，有选择地做多。
>
> 很多参加调查的团队考察以后，会说考察一圈，得不出结论来。没有结论，其实就是他们没有找到调查的方法。
>
> 一般来讲，要是种植面积下滑，副产区下滑的幅度是远远大于主产区的，而增加种植面积的时候，正好是反的，副产区增加的幅度，要远远大于主产区。

● 有些行情不是以人的意志为转移的

东方财富网：我们第一个问题特别想跟傅老师交流一下，在您那个年代，2000 年，作为一个农民，您是如何来接触到期货的？

傅海棠：说起来还比较有故事。因为大概 1997 年的时候，我走亲戚，在亲戚家的地上，有一张破烂的杂志。因为亲戚家都出去了，就我自己在家里面待着。一个人感觉无聊，正好脚底下踩着一张杂志，捡起来一看，上面有一个小栏目，是介绍期货，大概说了期货是以标准化的合约进行交易，保证金5%。我一看就吸引住了。因为在这个之前我没有看到过期货这个词。

之前我就想如果发现便宜的货物要涨了，就把货买进来，价格涨上去，把货再出手，赚取价差。可是这个事做不成，因为苦于没有资金，需要很大的资金做这个事，所以做不成。而做期货5%的定金（当时的保证金低），解决了我没有钱的问题。

东方财富网： 说到分析方法，有关您的操作，还是有别于市场普通的那些分析师和投资者。您的那一套能简单跟大家讲一下吗？天道到底是怎样的一个思想？

傅海棠： 我说的天道，就是不以人的意志为转移的自然规律。就是在特定的时空、情况之下，有些行情不是以人的意志为转移的。

原来有电子盘，现在大部分都取缔了，不合规的一些电子盘，他们自己开的交易所，自己在里面操纵和坐庄，一般散户进去，就跟散户对着干。不过有些行情，他们左右不了，天定的行情他们左右不了。所以我说要遵循天道，因为我们是散户，这样才有高度的确定性和准确性。

- **不谈成本单纯谈供求，即使往前看，也可能会看不清楚**

东方财富网： 您交易的核心到底是哪些？

傅海棠： 交易的核心，就是分析和预测价格的核心思想，主要是供求关系和价值规律，供求决定价格，所有的逻辑和关联，都是围绕供求和价值规律去讲的。其实供求是在成本基础上谈涨跌，他们大部分也都知道这个观点，就是供求决定价格，经济学上也这样讲。不过，这个还得结合成本，它俩孰轻孰重说不清楚。不谈成本单纯谈供求，即使往前看，也可能会看不清楚。

为什么这样说呢？因为一旦在成本基础上上浮很高，就暴利了，就为贵了。什么叫贵？就是生产者赚钱赚得多了就叫贵。**贵了以后，生产积极性就起来了**，就会增加生产。在一定的时间之后，就会转为供大于求。而**低价就会刺激需求**，价格低了，消费积极性就会上来。因为便宜，生产这一端就会受到强烈的压制，随着时间的推移，就会转成供不应求，价格从跌到涨。

东方财富网：在成功的时候，您的思路的运用，策略的运用，肯定都是得心应手的。在比较失败的那一段时间里面，有没有调整、完善自己的策略以及相关的核心思想呢？

傅海棠：**不管赚钱亏钱，都是原来的那套理论**。为什么亏钱了还是那套理论？这是有原因的，相对来讲，我更喜欢做多，就是**逢低做多，寻找机会，有选择地做多**。因为当时的价格比较低，看起来价格比较低了，我就找机会做多。

而继续跌以后，又很便宜了，最后实在是跌得惨不忍睹，在这个过程中，我就连续做连续亏。可是我有信心，价格是越来越低，我就一个方向不改，方便储存的商品肯定不会跌到零，商品是有价值的。

东方财富网：傅先生，您的核心或者说取胜之道，前期的工作肯定是非常关键的。在前期调研上有没有心得可以分享一下？因为大家一说去市场调研，去寻找一些比较靠谱的一手资料，好像一眼摸黑，不太会做。简单指点一下好吗？

傅海棠：你问的问题很好，很多参加调查的团队考察以后，会说考察一圈，得不出结论来。没有结论，其实就是他们没有找到调查的方法。比如我们做的商品，基本上就两大类，一个是工业品，一个是农产品，农产品和工业品这两类，各有侧重点。你要调查农产品，还有主产区和副产区之分。一般来讲，要是种植面积下滑，副产区下滑的幅度是远远大于主产区的，而增加种植面积的时候，正好是反的，副产区增加的幅度，要远远大于主产区。

为什么叫副产区？副产区是摇摆不定的，主产区就是收了这个东西，没人要，往沟里扔，也会继续坚持种，主产区永远都是主产。副产区是摇摆不定的，有利了我就一头冲进云，没有钱赚了，我就种其他的，我不玩了，这叫副产区，不是主流。所以我们调查的时候，这两个都要抓住，副产区和主产区的比例，各占多少要弄清楚，这个要是没弄明白，它们变化的幅度，就不能匹配到一块，就没法做衡量。

傅海棠：什么是正确的经济学？如何理解钱和财富？

2017 年 7 月 7 日

2017 年 7 月 7 日，在由上海直达软件、资管网、上海"第二场"联合主办的"上海第二场"衍生品论坛上，傅海棠发表演讲。以下是演讲内容整理。

🔊 观点摘要

> 如果将宏观经济学和微观经济学分开来讲是不对的，宏观和微观它们本身就是不能分开的。
>
> 什么叫经济学？经济学，首先，我们要看怎么发展得快，发展得稳定，发展得好，不能让它出事；其次，出事了以后，赶快把它治理好，继续发展，就跟医学一样。
>
> 财富从哪儿来的呢？劳动。没有生产，就没有财富。
>
> 我们恰恰要搞清楚这个误区，不是因为价格而买不起房，而是房子的数量不够多。
>
> 人人去买衣服，衣服也没卖完。数量足够了，价格自然会平衡。
>
> 效率的提高，节省了大量的劳动力，去创造更多的财富，那我们衣食住行就有保障了。
>
> 货币就是劳动的凭证，它有天然促进人们劳动效率和积极性的功能。
>
> 是政府的规划和管理让我们的市场更健康、更稳健。
>
> 政府放水没有用？肯定有用！水涨船高这是千古不变的规律，一放水需求就会起来。
>
> 要改变人民的消费信心，政府就要引导正确的舆论导向。
>
> 生产的财富源源不断，只要我们生产不停，一切问题都不是问题，

> 只要生产一停，没问题也会出问题。
>
> 我们害怕的是什么？我们害怕的就是短缺，就是不够。
>
> 我们看问题一定要看到本质，经济危机怎么产生的呢？通货紧缩。
>
> 适时地对症下药，没有不能解决的问题，凡是问题都能解决。经济的本质就是这样的。
>
> 钱不是财富，钱是促进财富生产和劳动交换的一种媒介和工具。
>
> 经济学家还错在哪？他们把家庭和个人的赚钱模式照搬到国家。
>
> 生产企业的钱少了，我们消费者的钱就多了，无非就是它亏给我们，无非就是他们的钱转移到我们兜里了。
>
> 钱是不管用的，最终，还是努力劳动、努力创造最管用。

• 什么是经济学？财富从哪里来？

很高兴有机会能和各位老师进行交流，今天演讲的题目是"政府管理与市场经济"，在这个题目上还有一个更大的题目叫作"中国崛起"。这个题目确实很大，为什么叫"政府管理与市场经济"呢？大家请看这张图，中国崛起的奥秘，其实都在这张图上。这张图看懂了，每一个国家都会飞速发展，不光是中国。

其实，经济学有个误区，每一个经济学科研究的是一个点，这无异于瞎子摸象，本身就是错的，经济是合多为一的。如果将宏观经济学和微观经济学分开来讲是不对的，宏观和微观它们本身就是不能分开的。

什么叫经济学？经济学就是为经济发展服务的学科，解决经济发展中的问题和矛盾，促使经济快速、稳定、高效地发展，谓之经济学。经济学是管理的哲学，是人文科学，而不是自然科学。首先，我们要看怎么发展得快，发展得稳定，发展得好，不能让它出事；其次，出事了以后，赶快把它治理好，继续发展，就跟医学一样。医学是干吗的呢？医学是治病。没有病要怎么样呢？要防病。万一得了病，就要对症下药，保持健康。这叫医学。经济学也是这样，没有问题我们防备问题，如果没有防住，万一出错了，我们马上对症下药把它搞好，这就是研究经济学的作用和意义。

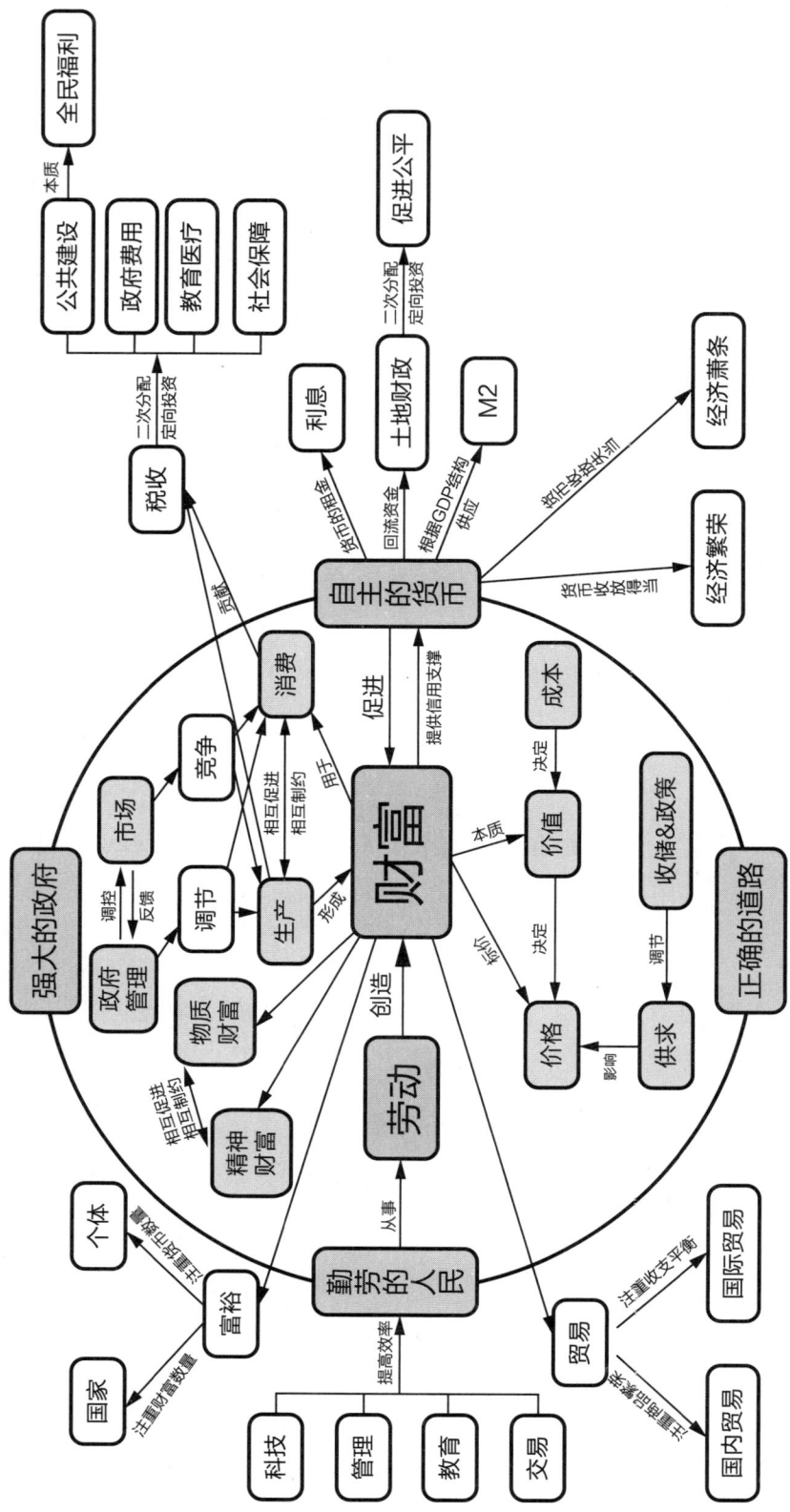

其实，经济学就围绕一个中心——创造财富。中心就是我们怎么样更多、更好、更快创造更多的财富，只有财富多了，国家才能富强，人民才能富有，这是中心。如果财富不多，数量不够，你说啥都是白扯。如果你没有，说什么都没用，只要你多了，不好的也会变好，好的那就更好。

财富从哪儿来的呢？劳动。没有生产，就没有财富。 那首先要看产量，我还是那句话，多了，人人有份。为什么房子现在很多人没有？因为数量不够，不是价格问题。**我们恰恰要搞清楚这个误区，不是因为价格而买不起房，而是房子的数量不够多。**

为什么人人能买手机？人人能穿衣服？都是数量问题。**人人去买衣服，衣服也没卖完。数量足够了，价格自然会平衡。** 要么钱多，要么降价，就是数量够了价格就会便宜，这是中心。所以现在主流的经济学有很大的误区和错误。

劳动创造财富，就是要提高劳动效率，保障劳动，解决生产与消费之间的矛盾和问题。有人说经济危机是因为工业革命的技术进步导致大量的工人失业，这是一派胡言，无稽之谈。就是因为有收割机的出现，才解放了大量的农民工劳动力，他们才能去盖房、修桥、铺路、搞服务、开饭馆，我们才能享受到很多方面的服务，最终他们失业了吗？没有。

之前还有人批判马云，说他不好，造成很多人失业。他节省了多少中间的流通环节？创造了多少财富？要不是有互联网服务，要不是有互联网应用，我们都要去银行排队，银行的工作人员就要增加 N 倍不止，还要增加 N 倍的门面，我们现在也不用排队，一分钟，手机上完事。这个就是效率的提高，节省了大量的劳动力，去创造更多的财富，那我们衣食住行就有保障了。

那劳动积极性和效率在哪？政策，货币。政策是保障，货币是媒介。货币促进生产，现在的**货币就是劳动的凭证，它有天然促进人们劳动效率和积极性的功能。我们不要把货币看成钱**，现在货币有很多的功能，就是运用货币这个工具，利用它提高劳动积极性。货币还有什么功能呢？还有税收、正常投资等，我就不细讲了，因为这张图两个小时都讲不完。

那经济危机是怎么来的？经济效益主要来自货币数量，这是主要原因，还有次要原因，财富的本质不是标价，标价不等于真正的价值。供求影响价格，收储政策的调节也会影响价格。

• 正确的管理让经济变好，错误的管理让经济变差

下面讲讲劳动效率和货币汇率问题，政府调控和市场经济的问题。现在我们总是说市场经济，我们有一个误区，说要市场不要政府管理，我们又有误区了。其实，**是政府的规划和管理让我们的市场更健康、更稳健。市场经济是国家管理经济的一种手段和方法，名曰市场经济，不是说放任自流，国家不能管。不管是市场经济还是计划经济，都是国家在管经济。**

计划就通过管理和调控，让市场秩序更稳定，而不是反对市场，这个我们要想通，就是让市场更好地发挥作用，提高效率。这啥意思？比方种玉米，行距、株距、种多少苗、施多少肥，这都是计划。但计划太死了，就坏事了。合理地计划和管理，然后让市场更好地竞争。当然，要满足生长的条件，不施肥、不浇水、不拔草、这样竞争，那就要坏事，市场就不能良好运行，要经过人为的管理，市场才能稳定运行。

政府调控和管理经济，有些经济学家就说政府不按套路出牌，不按经济学规律办事，市场就会出问题。这是不对的。只要知道金融危机怎么产生的，就知道用什么办法施救，那就一定会见效。**政府放水没有用？肯定有用！水涨船高这是千古不变的规律，一放水需求就会起来。**

2015年年底，政府说了这么一句话，要改变人们的心理预期。我一下子听明白了，我的信心就来了，赚大钱的机会来了。有些人现在终于知道错过了什么，这跟过去几年市场的言论有关系。人民的信心在减弱，该消费的不消费，形成恶性循环，**要改变人民的消费信心，政府就要引导正确的舆论导向。**

政府又说房地产去库存，加大贷款额度，拆了旧房子，货币安置，那不快了？房子很快就要被抢了，不是说崩盘吗，后来房子还是被消费了。

还有一个问题，生产的问题，这里有一个小插曲。我上海有个好朋友，我也不提是谁了，在微信上给我发：你是我见过的最乐观的投资家。我跟他回复：你看我不乐观也不行呀，高楼到处在建，我们的工厂盈利，到处是工厂。他说，高楼大厦到处在建，工厂盈利怎么你就不悲观了？他最后回了一句：到了哈尔滨我向你请教。对啊，为什么呢？**我们的地铁、高楼大厦、轻轨、机场噌噌从地上往上冒，我们怎么会有问题呢？我们哪里不好了？**我们的工厂生产又不停，2015年12月13日，我到了甘肃和青海调研，然后去了上海交易所，还开个小会，让我帮忙说点好话。不需要我帮忙，本来市场就很好。

生产的财富源源不断，只要我们生产不停，一切问题都不是问题，只要生产一停，没问题也会出问题。我就跟你们讲，又不缺吃也不缺喝，有啥问题？总比我们饿着肚子不够吃强吧。如果短缺不够呢？中国是个古老的文化之国，古老的文化都传下来了。自古以来都是希望多一点，有点余量，多了没事，短缺，那就麻烦了。**我们害怕的是什么？我们害怕的就是短缺，就是不够。**

所以这些的主流经济学家们，他们错得太大。**我们看问题一定要看到本质，经济危机怎么产生的呢？通货紧缩。**那通货紧缩怎么来的？不是市场的问题，货币发行权在国家的手里。**适时地对症下药，没有不能解决的问题，凡是问题都能解决。经济的本质就是这样的。**

现在经济学上有这样一个误区，就是认为经济危机是周期性的、必然的，还当成它潜在的规律，也不想想金融危机是怎么产生的，是什么原因产生的经济萧条，为什么萧条，也不想一想，财富有缩水吗？它是因为治理有问题而产生萧条。

举个例子，本来我没有病，很健康，过去三四十年里都没什么问题，一个很著名的医生有问题，他说："你这不符合规律，三四十年了，胡吃海喝的，也太健康了吧，你要控制风险。"我听了很伤心，还不是他一个人这样说，都这么说，那怎么办？我不控制也要控制，总要控制吧。就给我少吃饭，少喝水，少穿衣服，搞了几颗药，人也消瘦了，直到有一天我没有抗病能力了，真的得病了。这时候医生又来了，说："有问题了吧，生病了吧，早就跟你说要注意，天天胡吃海喝的。"你活活地把我搞出问题了，你还有理了你。

经济学也是这样，本来经济很好，发展得很好，就因为防止风险了，收缩货币，减少投资，最后活活把经济搞坏了，所以说这是人为地搞出来的。为什么产生像2008年的金融危机？金融危机是怎么产生的呢？在经济上升时期，它经过一个时间阶段，大概3~5年持续向好，基本上产品都是盈利的，产品是供不应求，比如企业赚了5000万，它就会继续扩大生产，产能在不断增大，供应在不断增加。后来呢，它在投资的时候，通胀比较多了，后来通胀再加剧，加剧以后，所有的人都认为要控制了。你看，前几年让你控制你不控，现在加剧了吧，有风险，我们控制吧，然后达成了一致性。殊不知在这个时候，加剧投资以后，使供应面不断增加，当然供应量不断增加，需求量也应不断增加。但因为收缩货币，供应量上升，需求量却萎缩，原来的很多需求没有了，因为货币收回去了，利息等都提高了。好了，供应量急剧膨胀，需求量急剧萎缩，非常不平衡，坏事儿了，突然发现供应面过剩了，严重的过剩，它还不说因为这个事产生的过剩。如果不缩水，使货币充裕，就是有一点通胀也不要害怕，价格不一定马上就会上去，因为产量大了，价格自然会平稳回落，而不会产生断层式、崩塌式的跌价，它会平稳回落，因为供应量增加了嘛。

跟小孩一样，慢慢长大，鞋就穿不下去了。经常可以看到，我们的商品不管是存量还是生产速度都在加倍，货币不增加就有危险，还要回收？所以大家要明白这个道理。

• 钱不是财富

钱不是财富。我们还有一个误区，经济学家认为钱是财富，包括各个国家，好像都犯了这个错误。如果增加产品附加值，那是对出口而言的。一国之内，增加什么附加值？增加附加值不增加附加值，能增加财富吗？增加产品附加值，那是对国外说的。国内价格越低、量越大越好，附加值多了可能导致我们还消费不起，并没有增加财富。

不能天天谈如何增加产品附加值这个概念。国家是如何增加财富的？是劳动创造财富。附加值增加了你卖这么贵干嘛？钱都被你赚了去，不像话了，那不行。**钱不是财富，钱是促进财富生产和劳动交换的一种媒介和工具。**

还有一个，**经济学家还错在哪？他们把家庭和个人的赚钱模式照搬到国家。**其实这是两个概念。我们个人如果想增加财富，肯定是想以最少的投资和投入获取最多的劳动凭证（货币）。而国家不是这样的，关键是如何促进财富数量的增加。国家不需要挣钱，你说国家亏了，它什么时候亏了，国家是一个整体，它要促进数量的增加，物质财富和精神财富多了才是好。

有人批评国家的收储政策，为什么？棉花两万多收的，现在卖一万多点，储存费用还不算，国家亏了，两千亿就亏出一千个亿。国家什么时候亏钱了？它不亏钱，货放了好几年了，两万多手现在卖一万多点，国家哪儿亏了？一千一百万吨的棉花少了没有？没少，没少就没有亏钱。**国家要的是一千一百万吨的棉花，而不是要钱这个数字。**国家怎么能亏呢？都是在国内循环，无非是当年的棉农多赚了一点钱而已，那还是在国内。就是我们的肉烂在了锅里，没有跑到美国去，没有跑到英国去。而且棉农至少会继续种棉花，适度的价格收回来，市场不就协调了，通过政府这只手协调了。如果价格一呼而下，都不去种棉花了，怎么进行纺纱？下一年还穿棉袄棉裤吗？那就不稳定了。

通过国家这只手干预市场进行稳定，让棉花能继续生产，国家收储。国家亏吗？国家不亏，白送给纺纱厂也可以。**市场上商品太多了，其实就是货币少了，国家出钱收储，就相当于投放货币，缓解市场货币不足的问题。**

有时候售价太低企业亏钱了，你说企业亏钱亏给谁了，亏给我们消费者了。我们钱多了就好办了，你钱多了买豪车，美国卖100万元的在中国就300万元；买房子，5万元/平方米变10万元/平方米。你消费之后钱又回到国家手里，然后再给企业进行补贴，补贴完了再修地铁修高架，公园免费，晚上跳广场舞，灯火通明，一片繁荣。

这很简单，生产企业的钱少了，我们消费者的钱就多了，无非就是它亏给我们，无非就是他们的钱转移到我们兜里了，通过价格问题转移到我们兜里了，那我们就赚多了，钱多了就消费嘛，最终都回到国家手里边。

讲到收税，有人说，在中国奢侈品为什么就贵，在美国奢侈品都不贵。那就对了。有钱人钱太多了，钱什么时候能花完？在中国就好，在美国买包10万在中国就20万，进口的好车，在美国100万在中国就300万，你不有钱吗？房价高是有道理的，北京、上海、深圳都贵一点，你不钱多吗？在上海买个房几千万钱没了。那正好，跟在农村盖个房50万是一样的，这个50万的房子和你的3000万的房子，居住功能是一样的，富人和普通人都能住上房子。

重要的是，中国土地国有，有货币回流功能，美国没有，美国土地都是私有化的，这不对。中国之所以能发展，就是实现了有时间先后的富裕。虽然有时间差，回头一看，都一样了，80年代末、90年代初的万元户，现在一看啥也不是，也就20多年不到30年。你看现在你有1000万、1个亿、2个亿，再过20年、30年的，你就什么也不是。**钱是不管用的，最终，还是努力劳动、努力创造最管用。**

傅海棠：中国崛起的奥秘，在于四大支柱一大核心

2017 年 9 月 24 日

2017 年 9 月 24 日，由七禾网主办、国泰君安期货协办、傅海棠频道微信公众号和扬韬略微信公众号特约支持的"《中国崛起的奥秘——财富论》公开研讨会"在杭州召开，以下是傅海棠的演讲实录整理。

🔊 观点摘要

经济学，顾名思义，目的应是指导经济怎么样更快、更好地发展，减少问题，有了问题马上解决问题，上一次出问题了，未来如果有同样的问题，提前把它避免过去，这是经济学的意义。

指导经济更好、更快、更平稳地发展，创造更多的财富，提高人民的生活水平，建设强大的国家，这是经济学的目的。

有人说政府别管，让市场自己来，这是不对的，首先政府肯定想要管好，现实中可能某些环节管得好，某些环节管得不够好，但即使管得不够好，也比不管好。

在一个时间点，无论价格高和价格低，没有房子的人数量是不会变的，房子的总数也不会变，该有几个人有房还是有几个人有房，这和价格没有关系，有关系的是数量问题。想要买不起房的人有房，首先得增加房子的数量。

无论房价高低，只要房子数量够了，我们肯定家家户户都有房，那买房就不用愁了。

经济学研究不好，投资也做不好，我做投资这么多年，几次大的机遇都是从研究宏观经济上抓住的。

经济要发展、人民要富裕，必须有一个前提——要有一个强大的政府带领，这是第一要素，中国经济发展得好的原因就是共产党领导

得好。

我们劳动本来就是为生活提供便利的，盖了房子我们好住进去，改善我们的生活，修造了高铁，改善我们的出行。

一个国家没有自主的货币，经济根本就发展不起来。

全球经济真正腾飞，很重要的原因就是废除硬通货，实行纸币。

我们做期货也是劳动，是脑力劳动，引导商品的合理价格，也有正面作用。

研究经济学的时候要想尽办法怎样促进劳动，怎样促进生产效率的提高，快速致富的办法是多生产物质财富。

实实在在的物质财富是根本，财富靠生产，有生产能力绝大部分问题都能解决。坏账、经济周期、不可持续、人口红利、地方债等，都不是大问题。

货币收放得当可以使得经济繁荣，货币收放失当可能会导致经济危机。

经济学的前提不应该是假设，而应是一种确定性。

货币是经济发展的命脉，货币是各个经济环节的纽带，是推动财富创造的源泉。离开了货币，经济就成了无源之水。

中国是制造业大国，生产钢铁、修建铁路都需要货币来交换和支撑，我们M2的增加不算多。

货币供应促进生产，促进收入提高、消费提高。

没有通货膨胀，就没有经济高速增长，但是不能是恶性通胀，只能微量通胀、温和通胀。

货币自主，要对症下药，增发对应货币量，提高生产效率，但不能过度增发，要以促进生产为目的。物价平稳或微涨，消费平稳或有促进，企业利润增加，促进财富生产，经济就发展了。

货币不自主，货币量不够，可能引发物价下跌、通货紧缩，企业利润减少或亏损，消费意愿下降，财富生产减少，经济就萧条了。

货币政策错误，调节失当，才会引发危机；货币政策正确，调控得当，就能保持经济景气。

要不断地促进生产，千万不要压制生产。搞经济，只有生产增加，经济才能好，这是最大的根源。

劳动创造财富，财富的创造过程就是生产。

经济繁荣，主要来源于生产的繁荣。

生产能力富余，好于消费能力富余，生产能力略微超过消费能力是好事。

财富多了不是罪，不够才是罪。

需求是旺盛的，并且会越来越大。

库存就是蓄水池，类似稳定器，有库存，市场才能减少大幅波动。

我觉得北京的房价、上海的房价，若干年以后，会继续上涨。

一项商品，能否让大家都消费得起，表面上在于价格的高低，而实际上在于生产量的多少。

只要生产量足够大，价格会自动匹配到大家都买得起的范围。

市场是政府建立的，市场来自政府，没有政府，就没有市场。

经济活动最大的管理者是政府，政府的有效管理和干预就是"管理调控"，管理是纲，市场是目，纲举则目张。

整个社会的劳动组织者是政府，政府就是经济这艘大船的船长和舵手。

个人考虑问题的出发点，很可能以私利为基础，政府考虑问题的出发点，则是以公利为基础。

• 研究经济学的目的是什么？

首先非常感谢七禾网和国泰君安今天搭建了这个平台，让我们能在一起相互敞开心扉地交流，今天的会叫研讨会，我们今天在座的相互学习了，就相互提高、取长补短了。我和孙成刚博士和沈良先生正在合作一本书，书名叫《中国崛起的奥秘——财富论》，研究的是经济学，我们三个亲密地合作，只要一有时间，我们就在一起相互交流。

今天研讨会我就从我个人理解的角度，讲一讲对经济的看法和理解。关于经济，目前以西方为主的叫西方经济学，也是社会的主流观点，我自己的观点认为它存在很多问题，不只是说它套中国经济套不上，它本来就有问题，不只是说它指导中国经济不行，它指导西方也不行，它存在漏洞。

经济学是为了干什么？比方说，医学无非就是治病，我们得病了最好的办法是把人搞健康了，医学越来越发展、越来越进步，攻克疑难杂症，最后人就不容易得病了、有病也容易治好了，大部分人都超过百岁，最终肯定会实现这个目标。

种地叫农学，怎样让我们所种的庄稼高产、稳产、丰产，采取恰当的措施，旱了就浇水，涝了就排涝，肥力跟不上我们就施化肥，长草了就把草除掉，生虫了就打药，风刮倒了就扶起来，冬天冷空气来了、条件不匹配了就搭棚，照样冬天结茄子、西红柿，不断地采取及时合适的措施，让农作物保证生长，这叫农学。

经济学，顾名思义，目的应是指导经济怎么样更快、更好地发展，减少问题、减小问题，有了问题马上解决问题，上一次出问题了，未来如果有同样的问题，提前把它避免过去，这是经济学的意义。

那些所谓的主流观点认为，经济学问题应让它自由竞争、自发行动、自我调整、自生自灭，甚至认为死了也该死，这叫不破不立、推倒了重来。那得了病就该自生自灭，还要医生干吗？明显这样的思路是不对的。经济学就是用来指导经济发展的，有了问题我们要解决问题，这样的经济学有用，即便今天没有更好的办法，可能明天或者后天有，我们这一代没有更好的办法，期望后一代有更好的办法。

指导经济更好、更快、更平稳地发展，创造更多的财富，提高人民的生活水平，建设强大的国家，这是经济学的目的。

从这个角度讲，现在的主流经济学有问题，我们做期货投资、股票投资，多少和经济是沾边的。也听过很多的宏观经济学家讲过，自生自灭，这是周期，是不可避免的问题，这类观点是不对的。周期是可以改变的，现在冬天也有新鲜蔬菜吃了，老天影响的部分周期都改变了，何况是人搞出来的规律？

经济学有问题本身就是人搞出来的，比较粗俗地讲，车下沟了是驾车技术有问题，不是车有问题，你不能说那是规律，车就该下沟，开了20年了，怎么样也得下一次沟，这是规律，只有下了沟了，破了再立。一个司机开了20年他失误了，下沟了，我们要做的是怎么在未来提高驾驶技术，注意这个风险，不能再开到沟里去了。从这个角度去衡量的话，现在的主流经济学观点肯定有问题。

西方经济学，还可能对社会有害，比如他们认为水往低处流、人往高处走，你别管，让它自己来。管理出效率，完全让市场自己来哪行？大到一个企业，小到一个家庭，都要有规划，我们有句俗话说得好：一天之计在于晨，一年之计在于春。没有规划、没有很好的目标，怎么去实现？

国家有"十三五"规划、"十二五"规划，**市场经济是规划出来的，效率是管理出来的**，所以我们要有这种明确的观点。有人说政府别管，让市场自己来，这是不对的。首先政府肯定想要管好，现实中可能某些环节管得好，某些环节管得不够好，但即使管得不够好，也比不管好。

就跟种地一样，种地的农民对他所种的农作物进行管理，虽然有的人会种地，有的人种地差一点，就算是不擅长种地的，他的管理也比让庄稼自生自灭要好得多，可能有人玉米单产搞到1000斤，有人搞到300斤，你要不管，50斤也说不定。经过人们的管理，单产快速提高，尤其是近些年来，有了更好的技术，生产力的提高、水利设施的建设，几乎旱涝保丰收，年年高产，这都是管理出来的。

有人说应该靠市场自己竞争，长草了别管，让庄稼自己提高抵抗力，最后两败俱伤谁也好不了。这就是我们要认真思考的一个问题，不要一听他们讲，就被他们带到沟里去了，听他们的话不买房，房子要崩盘，那就不合算了，本来可以买一套房子，现在首付都不够。

所以我们要树立正确的观念，本来这个事也很简单，就是要解决问题，我们怎么解决问题？比如说现在房价高，买不起了，难道房价低了就买得起了？在一个时间点，无论价格高和价格低，没有房子的人数量是不会变的，房子的总数也不会变，该有几个人有房还是有几个人有房，这和价格没有关系，有关系的是数量问题。想要让买不起房的人有房，首先得增加房子的数量，数量不增加，说啥都白扯。你说因为价格高你买不起，就算降到不要钱，你该没有还没有，你说价格低了就有了，可能吗？价格低了，房子自己不会长出来。要解决问题就是要增加房子的数量，无论房价高低，只要房子数量够了，我们肯定家家户户都有房，那买房就不用愁了。

为什么现在白馒头家家户户都吃上了？吃白馒头在旧社会那是很奢侈的事，大地主都不能一年四季吃白馒头，穷人更不用说了。那时候白馒头很奢侈，为什么现在要饭的给他白馒头都不成了？就是小麦丰富，数量够了，就能人人吃白馒头，这是数量问题，不是价格问题。

我们要解决问题就是要促进数量的增长，天天在价格上纠结，最终不解决问题。有人希望让房价大跌，那开发商就亏损了，钢厂就亏损了，开矿的就亏损了，明天谁还给你盖房？没房的人更住不上房了。让开发商赚点，开矿的赚点，钢厂赚点，有积极性去生产，房子还能多一点，我们还能买上房，这才能解决问题，我们要正确地看待这个问题。

有人说你做期货的研究经济学干吗？经济学研究不好，投资也做不好，我做投资这么多年，几次大的机遇都是从研究宏观经济上抓住的。

• 中国崛起的奥秘：四大支柱和一大核心

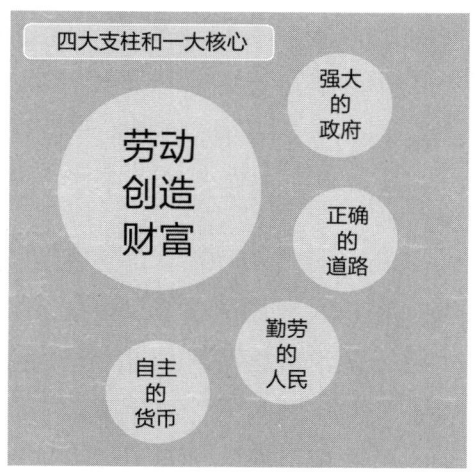

关于中国崛起的奥秘，有四个支柱（强大的政府、正确的道路、勤劳的人民、自主的货币）、一个核心（劳动创造财富）。

首先是强大的政府。在中国改革开放之初，印度比中国条件都好，它当时的技术、资源都比中国好，人口也不少，那为什么过去的三十多年，中国突飞猛进了，印度发展却比较慢？还有南美洲的阿根廷和巴西也是这样，经济起不来，论资源比中国还好，人口也不少，那是什么原因？强大的政府。

这就跟庄稼一样，好坏是在种地的人，企业好不好在老总的管理好不好，为什么马云做得这么好，不在互联网技术，也不在这个社会，而是马云有本事，要不是马云、马化腾，中国在互联网方面的应用可能就会落后一些。

经济要发展、人民要富裕，必须有一个前提——要有一个强大的政府带领，这是第一要素，中国经济发展得好的原因就是共产党领导得好。就是国家、政府好，我们的政府是英明的，是伟大的，是有为的政府，虽然我们有时候对政府有这样或那样的看法，这是另一回事，这都是次要的。政府强大，社会就能稳定，我们搞生产就有条件了，国泰民才能安，安居乐业，这是经济发展的前提。

政府强大了，还得有正确的道路。政府再强大，走的路不对也不行，就像马云，如果他选择的道路不对，不去搞互联网，他可能也没有现在的名气大，当然，马云的发财对整个社会是造就了很大的贡献，他个人发财那是表象，实际上还是在为社会谋福利，很大地提高了效率，节约了很多的人工。中国走的道路正确，这个道路正确就包含公有和私有并存发展、政府有效管理和市场高效竞争相结合的二元经济。

西方为什么发展这么慢，就因为它跑偏了，以市场为主、政府为辅，甚至忽视政府的管理。在一个国家的所有企业里面，不能相互协调也不行。中国为什么发展那么快？**所有的企业都是小企业，国家是一个大企业集团，国务院就是董事会**，综合管理、相互协调，中国所有的企业都是国家的子公司，只有这样才能相互协调，才能把效率充分发挥出来。要是放任市场，国家对企业没有协调能力，没有统筹规划，就会跑偏。

你有一个企业，我有一个企业，我们就追求自己利益最大化，只要我的利益最大化，好像你死了与我无关，可是最后，你死了对我也好不了，互惠互利才是最终的目的。可是自由竞争讲私利，只要我好就行，要是按照放任自流的自由市场就是这个结果。放任自流的自由化不行，像俄罗斯转向自由化就经济崩盘，中国为什么没有崩溃，就是因为没有完全自由化，大型的支柱产业还是在国家手里，小的产业在个人手里。

银行都是国家的，银行是国家的金融系统，它有好处，不像美国，银行大多是个人的，只有美联储算是国家的，相当于中国的央行，其他银行很多是个人的，个人的银行就有问题了，政府不好协调。像中国，银行是国家的，有些国有大型的企业也是国家的，前几年价格往下跌的时候，有些煤矿据说亏了几十亿，到底数字有多大，咱们不得而知，要是国家不管，企业就关门了，工人就下岗了，工人下岗了就没有收入了，然后他消费就不行了，那其他企业，生产的商品买的人也少了，它也亏损，这样恶性循环就坏了。

2015年12月13日左右我随团到甘肃青海，去大垫铝的企业调研，企业连亏三年了，企业中午请我们吃一顿饭都快请不起了，上万人甚至数万人的企业，都请不起一顿饭了。可是活还是要干，铝没少生产，量还在增加，只是它卖的价格低，亏了也卖，也被我们消费了。政府不让关门，为了当地的就业，亏钱咋办？政府给贷款，那就继续干呗。这就是中国的特色，路很正确，这就对了，亏了就亏了，国家给你补贴发工资，反正活没少干，财富没少创造。

不协调就通过政府这个家长把它搞协调了，我们要相互协调、互惠互利才是最终的目的，最后都要好，所以这就是共产党正确的道路，正确的道路还有其他体现，中国这个特色就解决了很多阻碍经济发展的问题。

金融危机、长期的经济下滑，在中国不会出现，政府是四两拨千斤，解决大问题在于政府，不在市场。

2015年的时候，我记得当时的宏观经济学家都说是癌症后期，谁搞也白搭，不管用什么样的方法也躲不过这个周期，很轻松就躲过了，房地产的"泡沫"那个时候也被说成是中国最大的问题，事实证明，后来一年多的时间可售的房子几乎被抢光了，事实证明供不应求，不是供大于求，说明原来我们的看法有问题。曾经我也不断参加会议，也碰到不少的首席宏观经济学家，我一听他们讲话，有时候气得饭吃不下去了。

2015年1月有一次在一个闭门会议上，有人讲，中国经济马上要崩盘了，香港要崩盘，地产要跌价，股市要崩盘，那个时候香港的股指是最低的时候，我想他那个时候放空恒指，早爆仓了。当时我这样说，"你的家业，留下的旧房子都是财富，何况我们现在开发的盖的新楼盘，你家里那个旧房子都是财富，开发商盖的新的就不是财富，就是泡沫了？"房子盖好了，才能让更多的人住进来，要是没有那么多的楼盘，怎么解决老百姓的住房问题，大家都想住城里，怎么住？只要房子多了，想要住进去这问题还不好解决？房子多了，让老百姓住进去不就完了，当然不能白给，白给就没有劳动生产积极性了，住进房子以后继续劳动创造财富，继续为没有房的人解决问题，住进来不能不跟你要钱，你不干活了，那你住进来别人怎么办？

我们劳动本来就是为生活提供便利的，盖了房子我们好住进去，改善我们的生活，修造了高铁，改善我们的出行。

我们劳动的目的如果是为了拿到一大把钞票，有啥用？那最终是虚的，实物才是真正的财富，我们的劳动结果就是创造财富，提高我们的生活质量。有天晚上我在上海看见东方明珠周边，整片灯火通明，马路四通八达，我就很自豪，这种民族的自豪感、国家的自豪感油然而生。这就是我们劳动的结果和财富。

有人说我们劳动有压力，你光去旅游、去打麻将了，老讲究享受不讲究劳动，你倒安逸了，国家衰落了，家庭也衰落了，其他的国家发展起来了，有什么能直起腰来？**不能太安逸，拥有物质财富是最大的幸福**，你买了个车多高兴啊，虽然你在买车以前，劳动付出了很多，你买个房住进去，多自豪啊，感觉以前流的汗也值了，这才是真正的自豪和幸福，所以**物质财富是幸福的基础**，有人说追求物质财富不对，你没有物质财富怎么幸福？每天饭都吃不饱，饿得要死，何谈幸福。

中国有底子，过去五千年在中国人的心目当中，我们都是勤劳的，游手好闲像欧洲人那样，是被打击的对象，那叫碌碌无为、游手好闲、一事无成。都不愿意好好工作，你说他们这样怎么发展起来啊？欧洲衰败了，它能不衰败吗？不干活，天上不会掉馅饼，没有免费的午餐。

中国人民就挺好，不能闲着，想尽一切办法去找工作，中国人民勤劳，这个不用说，全世界这么多的民族当中，可以说中国人的勤劳是首屈一指的，比其他的民族更能干、吃苦、耐劳，这是被事实证明了的。

东南亚很多国家现在也懒，去上班，工资还不能一个月一发，还得一个星期一发，一个月一发就不干了。干了一个星期，拿一千块钱，可能明天不来上班了，游手好闲去了，过了一个星期，钱花光了，他又来了。这样的人多了，怎么能发展起来？

勤劳是我们发展的根本，劳动创造财富，我们有勤劳的人民。

中国人有攀比的心理，你家买了车，放在门口了，我感觉回家没面子，本来我也不开车，明天借钱也要买，买了放门口，这也促进了消费，促进了生产。还有丈母娘的要求，有车子、还得有房，没有的话我这姑娘不能嫁给你，这也是攀比，逼着去买房、买车，实际上背后是发展了，如果丈母娘没要求，他可能就不买了，那开发商的楼就卖不出去了，就不继续造楼，有人买了，他就去干活，楼卖完了，他继续造新的楼。还有相互请客，比如儿子考大学、女儿结婚、小孩子生日、老人大寿，总体来讲都要请客，少则几十桌，多则上百桌，轮流做东，促进了消费，提高了生活水平。

所以**很多的中国特色，也辅助了中国经济的快速发展**，当然不同的角度可能会得出不同结论。

有人可能说，这不对，应该反对铺张浪费，啥叫铺张浪费，哪浪费了？都是我们吃了的，提高我们生活水平，你说吃不完，有点吃不了也没事，喂猪了，无非是人比猪高级，人先吃，吃不完让猪吃，猪吃了长肉再让人吃。天天吃咸菜，勤俭节约，这有用吗？什么时候生活水平能提高？我们这样消费，还没消费完，何况不消费了，有这个生产能力我们就要消费，**只有消费得多，我们生活水平就高，你不消费生活水平就不高了**。但是如果你有5条鱼你吃不了，你扔了，大部分的人穷得吃不上鱼，那不行，这就不对。如果人人吃都吃不完，这就对了，那我们就使劲吃，使劲搞生产，打麻将快乐，我看养鱼、养猪、上班也快乐，打麻将可能造成不快乐，我们上班后会成就更多快乐和幸福。这些讲的是勤劳的人民。

自主的货币，这个话题更大。为什么要有自主的货币？实际上有些国家没有自主的货币，尤其比较小的国家，流通美元，经济肯定发展不起来。东南亚某些国家，流通人民币，流通人民币中国人民就得到利益了，最好全球都流通人民币，肯定我们就得到利益了。

一个国家没有自主的货币，经济根本就发展不起来。中国有自主的货币，少受外围因素的影响，我们有自己的一套完整的体系。包括外汇的监管，也有人提出反对的意见，认为汇率不自由，特朗普说中国操纵汇率，我们操纵汇率，他就没有操纵？他操纵比我们还厉害，他为什么反对我们外汇管控？如果美国的钱往我们国家跑，你看看他管控不？他马上就控制。他宣传自由汇率，无非就是让我们的钱跑到他那去。

所以我们管控汇率是对的，我们不要有偏见，不要受西方人的影响，他们可能别有用心，宣传那一套经济学，无非是让我们的钱跑他那去，汇率要管控。

为什么要有自主的货币？比方中国自己发行人民币、自己制定人民币政策，我们的财富要增加，生产量要提高，我们生产能力提高了，比如增加60%，需要货币流通和交换，是需要用钱的，没有钱不能交换，产量高了60%，流通量就得增加60%，那就需要多一些货币流通用于交换。以前叫印钱，现在不用印了，数字货币了，原来还得造纸，污染环境，现在纸都不用造了，都扫二维码了，很方便，这个货币制度，有调控空间。没有自主的货币是不行的。

现在主流经济学的观点对货币的认知，是远远不够的，我们老认为钱是货币的根本，把钱看成财富的第一标志，这是不对的。**货币最多算是财富的象征，它不是真正的财富。**

比如说马云有很多钱，只是一个财富的象征，真正他拥有的财富是他吃的、喝的、他住的房子。像宗庆后，生产了很多娃哈哈，据说宗庆后很节俭，一天消费就几美元、十几美元，娃哈哈都被我们喝了，他能喝多少？所以说，钱多只是个象征。怎么利用货币，促进人民的积极性，去劳动创造更多财富。

还有很多人认为企业亏了就对经济不好，前几年钢厂亏损，但工人也没少干活，钢也卖了，楼也盖了，高铁也修了，可是因为售价低，本来成本就是2200元/吨，卖的1600元/吨，从账面上看它是亏了，但是东西没少生产，没少创造财富。要是把钱直接给工人让他花，把工厂关了，没有商品产出了，那人民币真变成泡沫了，真要坐等喝西北风了。所以想办法让它能盈利，采取措施，扩大需求，改善人民生活，让价格上去，让生产正常地进行。长期亏不行，年年亏，连续亏很多年，肯定不行，短暂地亏几年没问题，后续价格上去了它就赚钱了。你如果把钱直接给工人，工人也不干活，财富不增加，没有可购买的商品，拿了钱有啥用？国家怎么发展？家庭怎么富裕？所以我们对经济的认知一定要从本质上去看问题，最终的结果是**我们生产的商品多**，这才是真正的财富，货币的数量、企业短期的盈亏，这都是表象。

改革开放初期的一个万元户，当时很厉害，没过30年，万元户啥都不是。那个时候在农村有一万块钱，以为在农村待着，一辈子不用干活，存款的利息都够用了。但是不干活行吗？没过几年，还得继续劳动。因为如果发点财的都不干活了，那社会财富就下降了，就没法发展了，都坐享其成，那社会怎么发展？

现在社会为什么发展就好了，再有钱的也没像旧社会那样有一大堆丫鬟，虽然也请保姆，那是为了提高自己的效率，不是为了安逸和享受，不是旧社会那一套，所以社会就发展了。像我去年（2016年）赚了一点钱，我不继续努力工作，30年后可能只买得起几袋大米了。我自己要好好工作，还让我的儿子、孙子好好工作、上班，创造财富，不能坐享其成，这就对社会做出贡献了。要接受一定的通货膨胀，不然发展速度快不了。

这些事我们要看得明白，就要理解通货膨胀，有人说通货膨胀是剥削人民，这个看法是不对的。更多是把有钱人的钱稀释，再分配。有一个亿的人，在上海买个房如果只花 100 万，钱什么时候花完？在上海买个好一点的房子，一下子好几千万，买个房钱就去了一半，国家拿着他买房的钱再去修高铁、再去造公园（老百姓低价或免费享用），让工人赚了，工人又买房，又回到国家手里去了，明年再去建企业，再去补贴医疗，照顾老年人。我们要看清楚，背后是这样的，不是我们表面上理解的我们赚的钱都被国家弄去了，这不对。

如果我们腰包都很鼓，家家都是十几亿，都没人去劳动，到餐厅吃个饭炒个大白菜也要 15 万一盘，那就麻烦了，所以买房钱回去了，大家继续劳动，商品的供应才源源不断。我们的动力来自赚钱，干活感觉赚钱了，农民工赚了 50 万他感觉也挺幸福的，他买个车、买个房，这样他还去劳动。他要是赚了 50 万，买个房就只花 10 万，明天不干了，很多人不干了，你吃的菜、吃的馒头也没了。

国家的政策和管理我们要理解，为什么中国经济发展得快，中国有一套办法回流货币，促进货币的运行效率，促进劳动生产。如果你说这样不好，那你给个更好的办法，如果没有更好的办法就按这个办法来。发展经济也是这样子，你要是没有更好的办法，目前就按这个办，所以你得明白这个道理，就知道经济怎么发展。

为什么经济过去五千年都不怎么发展？科技水平没有现在这么高不是主要原因，主要就是没有纸币，流通的是硬通货，硬通货有个缺点——财富增加，货币不能同步增加。这就带来了问题，财富增加了，我想劳动，我想去干活，可是你创造了这个财富，你没法去交换，因为钱没有增加，钱不增加，财富增加，商品相对于货币就得跌价，一跌价卖的商品就不够本钱了，工厂就得倒闭。

比方你造个车，10 万的成本，但因为钱不够，别人只能花 5 万块钱买你的车，你本来要卖 15 万，还赚 5 万，现在别说赚钱了，卖 10 万也卖不了，货币不够，只能卖 5 万，下一次再也不生产了，就造成通货紧缩，阻止生产的发展，妨碍财富的增多。

所以没有广泛应用纸币以前，就是这样，过去几千年经济始终都起不来，咱们也看看经济发展的历史，**全球经济真正腾飞，很重要的原因就是**

废除硬通货，实行纸币。

我们要理解，**货币是促进经济增长的主要核心力量之一**。所以不要指责国家发钱，我看发得太少，发货币是个无成本的事情，又能促进经济的发展，何乐而不为？不放，经济倒退，你选择是让经济发展，还是让经济倒退？如果说国家发钱不对，你有更好的办法，让经济照样高速发展，那也可以。很多经济学家说不行，但他也没有更好的办法。

货币是财富的容器，发钱相当于不断地将高速公路拓宽，不断新建高速公路，交通运输才能发展起来，没有宽的公路经济怎么发展？

购买力不足的背后是通货不足、受一些主流观点的影响而消费意愿不强，不过国家想要增加购买力，不是光增发货币就够了，要多措并举。像2015年年底开始降低首付，增加原有货币的流动性；像拆迁直接给补贴款，也没有增加太多的货币量，但是增加了流速。这些举措都是在千方百计增强购买力，是我们强大政府规划出来的，全靠市场自己协调肯定不行。

讲完四个支柱，回到本源上还是劳动创造财富。但是这里的劳动要正确地理解，不是下地干活才叫劳动，劳动有分工，分体力劳动和脑力劳动。

有人说傅海棠说的不对，农民工辛辛苦苦劳动，还是买不起房子，买得起房子的都是不干活的。这种想法就不对了，科学家在劳动，企业家在劳动，国家领导人也在劳动，而且劳动强度、劳动效率比我们普通人高得多。

我们都知道科学技术才是第一生产力，发明机器的人当然能发财，他们解放了多少的劳动力，所以他们也是在干活，不要狭义理解劳动只有把腰弯下来下地才叫劳动。像我们做投资也是劳动，是脑力劳动，引导商品的合理价格，也有正面作用。

我们要正确看待财富的来源是劳动，天上不会掉馅饼，没有免费的午餐。我们研究经济学的时候要想尽办法怎样促进劳动，怎样促进生产效率的提高，快速致富的办法是多生产财富。

有一个形容贫穷的词叫家徒四壁，没有财富是因为没有劳动，没有劳动的原因是没有地方去劳动，主要还是没有企业。企业越来越多，我们都去参与生产，财富越来越多，经济就越来越好，关键就在于"多"，达到人人有份的级别。

像李嘉诚不断盖楼，就会不断有人住进去，他本人赚钱亏钱都是表象，更多的人会拥有房子这才是根本。但是为什么还是有很多人买不起房子，那是因为房子数量还不够，我们要想尽办法多盖房子，也就是要多生产钢、水泥、玻璃、PVC。有3倍的生产量就能有3倍的房子、3倍的高铁，那中国就进一步腾飞起来了。

美国发展也是一样，大搞经济就把全美机场、高速公路都修一遍。但是也可能说说而已，特朗普上台也有一段时间了，还是没有真正落实。之所以搞不成是因为没有基础产业，物资都没有，不像中国，需要生产，工人多加两个小时班就够了。我们的钢产量世界第一，每年十亿吨左右的生产量，美国就几千万吨，当然是中国牛。这背后的意思是**实实在在的物资是根本，财富靠生产，有生产能力绝大部分问题都能解决。坏账、经济周期、不可持续、人口红利、地方债，等等，都不是大问题。**

很多经济学家都认为货币发多了就是泡沫，盖了很多房子没人住就是鬼城。大错特错了。没有盖房子一片空地才是鬼城，现在很多城市所谓的"鬼城"慢慢地很多人住进去了，都变成豪华小区了。郑州东区前几年是著名"鬼城"，现在是郑州最贵的房子。之前济南高铁站那一片也是很多房子没人住，但是不要担心，没房子住的人还多着，现在成了济南市很好的房子。

地方债很正常，政府没有债务才说明这个地方没有钱，政府债务越大老百姓腰包越鼓。政府投资地铁、公园、修天桥、改造河道，这里产生的财富都让老百姓赚去了。政府卖地盖了楼，老百姓购买，政府造了高铁，老百姓花钱坐，一部分钱又会回到政府，然后政府再扩建楼房，再造更多的地铁、高铁。就在这种循环中，我们的财富不断增长。看通这些事，你就不会再受传统经济学那些唱衰中国说法的影响了。

2015年的时候有些经济学家就觉得经济要大崩盘，某些人聊天时都说中国经济分分秒秒要崩，结果最后什么事也没有。如果在他们说之前就能想清楚我说的这些道理，就会明白无非是国家政策稍微调控一下，马上就好了。

比如说你原本能吃六个馒头，先给你吃三个馒头，没吃饱，就给四个，还没吃饱就给五个。五个还没吃饱就怀疑了，中国降准降息增加投资了，经济还不好，就说放水不管用，其实是力度不够大，措施不到位，**吃馒头就是能解决饿的问题，而且永远有效。**

有个词叫边际效应递减，就像有抗药性，但是抗药性是有对立面的情况下，一次两次三次用同样的方法进攻敌人，敌人就知道你用什么方法了才会有抗药性。但是**金融不一样，搞经济是单方面的，没有对手，就跟饿了吃饭渴了喝水一样**，有人说饿了再吃馒头也不能解决问题了，因为边际效益在递减，这是不对的。

前一段时间上海有个论坛里有人说"鱼和熊掌不能兼得"，要么搞市场竞争，要么搞政府管理，但是不能兼得，鱼和熊掌犯冲，市场竞争和政府管理根本就不犯冲，为什么不能兼得？两者能够合二为一，既遵从自然规律又有政府有效管理，既要反人性，又要顺从人性，宏观层面和微观层面同时考虑，那效率就提高了。

• 经济发展原理的核心逻辑图

这张是沈良根据我们的讨论画的图，**核心就是财富。财富来源于劳动，来源于勤劳的人民，背后是效率的提高。提高效率的办法有科技、管理、教育、交易。**

仔细看这张图，发展经济的较多方面都在这里了，当然不同的时期要采取不同的措施。这里有四个支柱一个核心，其中有个支柱是自主的货币，土地财政形成部分货币的回流。有人认为土地财政不可持续，其实通过二次分配是促进公平了。有钱人买房子很贵，把钱交上去，政府花钱修了地铁，方便更多农民工享受便利、便宜的交通，这些钱较多来源于土地财政。税收也是这样，有利于普通民众。富人买个300万的车要交很多税，普通人买个10万的车交税很少。如果等比例收税，那可能穷人永远不能翻身，有钱人的钱也会增长得越快。

傅海棠：中国崛起的奥秘，在于四大支柱一大核心

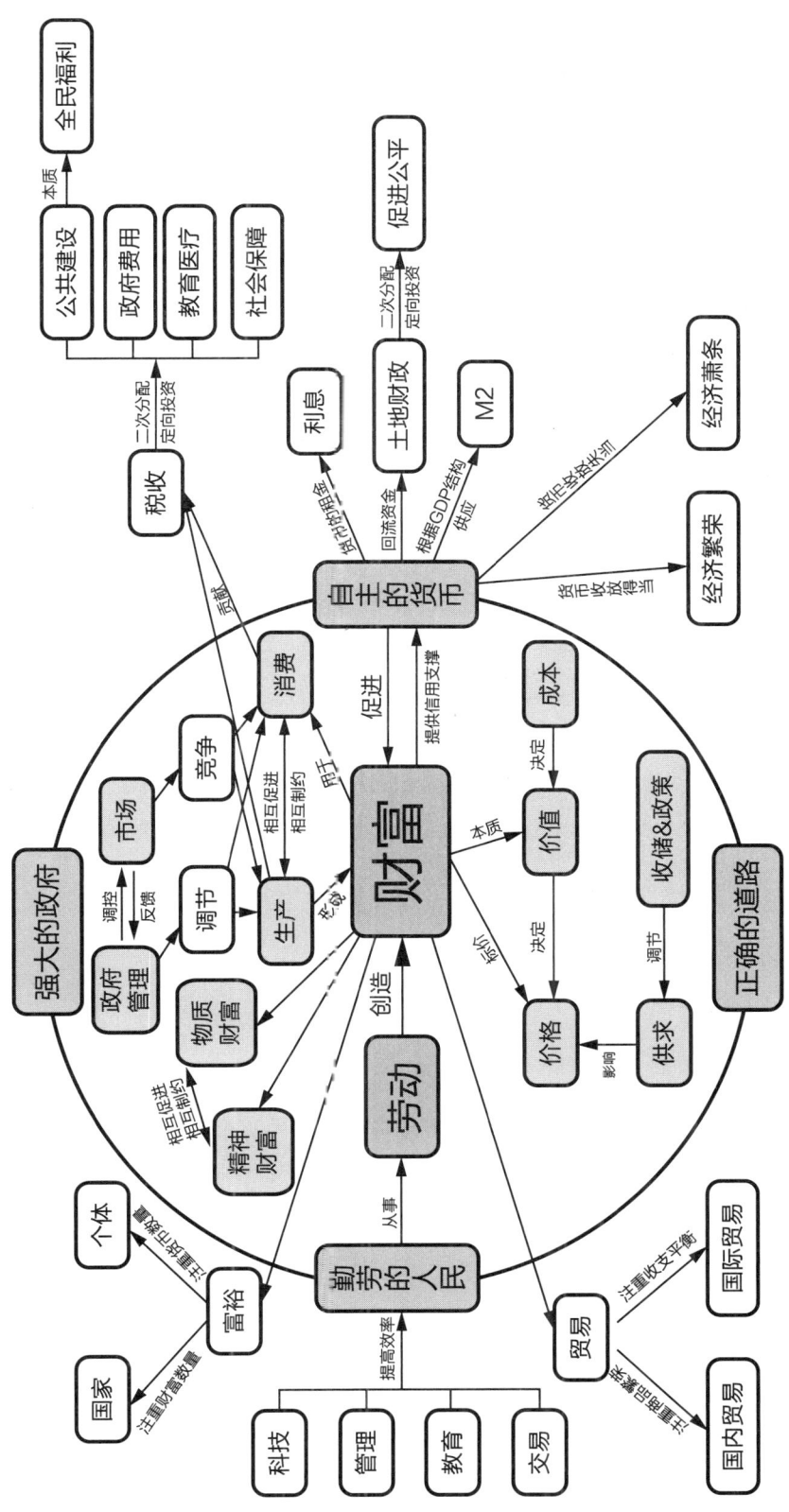

货币收放得当可以使得经济繁荣，货币收放失当可能会导致经济危机。大家可以仔细看图，是经济发展的模式，不像西方的数学公式，而是哲学经济学。

- **人性无限追求美好**

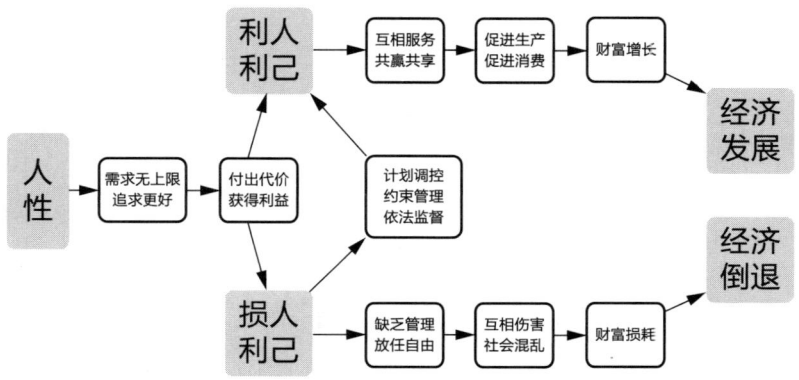

经济学的前提不应该是假设，而应是一种确定性。所以西方经济学存在的问题就比较多，他们老是假设，假设人是理性或者不理性，其实，应该实事求是，经济学是高度矛盾的相对统一，应辨证施治，对症下药。

"假设上路开 50 公里"，你都还没上路，不知道前面出事故没有，不知道车流量大不大，这个假设完全没有用。

西方人会假设人是理性的，其实**人性是无限追求美好的**，在理性中有不理性，他们会付出代价获得利益。当然在获得利益背后，利人利己都是相互服务，共赢共享。所以**先利他再利己是最大的利益，先利己再利他往往难以发展**。但是这个利他是需要国家管理和约束，因为人的本性是不利他的，在不竞争中是可以利他的，比如看见穷人看见重病患我们也就帮一把，在竞争中人就不一样了，会以争取自己的利益为目的，若只要保持利他就必须要有国家管理。

如果国家对市场没有有效管理，不干预，那经济一定好不了。不要听那套所谓的"大市场，小政府，国家千万不要管"，只要国家不对市场进行管理，很快就玩完。**我们要的是"大市场，大政府"**。促进生产、促进消费，财富就增长，经济就发展；损人利己、缺乏管理、放任自流，社会就混乱，财富就无法增长。看清这些经济发展的问题，你再去做投资，容易抓住大机会。完全顺从人性就会乱，完全反人性就会没有活力。

• **货币的全方位功能**

货币功能：
- 货币是经济的血液。
- 货币是发展的命脉。
- 货币是各个经济环节的纽带。
- 货币是推动财富创造的源泉。
- 货币是一切经济活动的总轴。
- 货币是一切财富的容器。
- 货币是记账的工具。
- 货币是交换的媒介。
- 货币是劳动凭证。
- 货币能促进财富创造。
- 货币可以平滑贫富差距。
- 货币能促进生产和消费。
- 货币的收和放是关键。
- 货币适度宽松能维持经济繁荣。
- 利息是货币的租金。
- 货币的信用由财富支撑。

刚刚讲了不少自主的货币，再补充一些。货币是经济的血液，货币是发展的命脉。这是从毛主席说的"水利是农业的命脉"演变而来，他说的是很对的，所以建水库、挖河道，水利建设是旱涝保丰收的保证，天气旱了就给水，下雨多了就排涝。

货币是经济发展的命脉，货币是各个经济环节的纽带，是推动财富创造的源泉。离开了货币，经济就成了无源之水。货币的增长速度一定要略超过财富增长的速度，也就是适度的通胀有利于经济的发展。温和通胀有利于大部分人盈利，生产积极性有了，消费动力也多了。

因为有了纸币，过去六七十年中，全球经济呈"火箭式"发展。

货币是交换的媒介，是劳动凭证，能促进财富创造。货币能促进生产和消费，消费要有购买力，购买力来自消费能力，消费能力来自货币。

利息是货币的租金，这是我们给的定义，就像租房租车，货币也有租赁，到期收到租金再还回来。

货币的收和放是关键，经济危机往往是因为收货币收过头了，经济发展史上的大萧条往往是因为通货紧缩。经济发展的过程无非是从经济萧条后开始放水，激发经济活力，增加投资、基建，五六年后经济就渐渐向好，大多数企业就盈利了，有企业赚了几千万，就去银行贷款一个亿，银行评估后觉得企业有盈利能力就贷款了，这一亿多就投入再生产，这就出现了通货急剧膨胀的情况。然后银行就开始加息，减少投资，控制需求，消费减少。但是这个时候忽略了生产能力已经急剧扩张，供应量马上会激增，这些生产出来的财富需要货币去交换，交换不了就是白生产，企业要倒闭。在这时紧缩货币、压制需求，导致供需的严重不平衡，就产生了金融危机。

2008年前，通货膨胀达到一个新的高度，全球对经济的理解都是控制通胀，控制需求。因为物价上涨企业都在赚钱，就不断扩张产能，产能一上去，消费能力反而因为控通胀而下去了。有时候我们看到没有消费了，其实是国家在控制通胀，贷款减少，投资项目减少，出了事一看不对了再拐头。如果货币不收，很可能就没有2008年金融危机的事。

这说明**在涨价的过程中产能扩张，需要更多的货币去交换，这时候不能贸然收紧货币**。一次次金融危机出现主要就是这个原因，如果能理解透了，经济就能快速平稳地增长。

货币的信用由财富支撑。我举几个例子，是保房价还是保汇率，每次一放水经济学家就提意见，说人民币会贬值。其实，这是大错特错的，不放水汇率才保不住。2008年金融危机如果国家不放4万亿，很多的企业都要倒闭，如果没有生产能力，原来的货币都变成废纸了，汇率还是保不住。虽然放了4万亿，看似货币增加了，可是背后保住了大批的企业和生产力，货币发放了4万亿，但是财富的生产能力增加了20万亿都不上，有财富的支撑汇率才能保住。有了财富，货币才值钱。有人觉得钻石、翡翠才是财富，其实粮食才是真正的财富，房子才是真正的财富。到了超市一看琳琅满目的商品，才觉得货币值钱，可以买很多商品。所以放水人民币不一定贬值，不放水也不一定不贬值。货币，货币，有货才有币。

一个朋友在群里转发了人民币要贬值的理由，说过去十年美国的货币 M2 增加了 5 倍，我们增加了 15 倍，得出的结论是人民币要贬值。

我一看这个结论就不对，美国他们很多是搞服务业、搞金融的，互相服务，没有增量财富留下，不太需要增发货币。**中国是制造业大国，生产钢铁、修建铁路都需要货币来交换和支撑，我们 M2 增加不算多。迟早有一天人民币兑美元会大幅升值，美元会大幅贬值。**

我们生产钢材、玻璃，我们种地、建房，财富就增长了，中国一年实际的 GDP 远远超过美国。中国的一套体系已经形成了，是全球生产和财富制造中心，将来也会是世界的、地球的城市中心。你现在去看看美国，一到那儿心都凉了，千万别移民，办张美国绿卡很容易，再想回来就关门了。美国现在就是靠原来还比较强，世界承认美国的地位，所以美元还比较强势，但是这种地位会随着时间的推移进入加速削弱阶段，我估计这个过程不会超过 20 年。

欧洲衰弱比美国还明显，你到慕尼黑去看看，和石家庄差不多。俄罗斯现在在受到经济制裁，其实不是美国经济制裁它，是他们自己经济衰落。他们的第一大产业是原油，油价高的时候，中国人民干一天活拿 100 元，他们干一天活拿 200 元、300 元，也就是出口原油的价格高，有溢价，同样的劳动他们的报酬比较高，原油就用来出口，赚了钱再从国外买回来生活必需品。可是有一天原油不溢价了，甚至亏本了，我们就会突然发现俄罗斯经济衰弱了。崩盘的原因是，原来溢过价，后来不值那个价格了，甚至有时连正常价格都不值了，突然发现卖原油的钱再也买不回原来那么多的生活用品了。

现在我们是谁也离不开谁，**全球经济一体化，反全球化反不动，就算特朗普也反不动，谁反谁吃亏。**

美国靠美元溢价吃饭是长久不了的，随着经济的发展，随着对手的强大，美元溢价会慢慢削弱。

从经济发展的角度来看，美国和中国竞争，长远来看是要输的。别说他们没有中国人民勤劳，就算他们像中国人民一样勤劳也不行，美国不过是3亿人口，中国是14亿，人多才是基础，所以中国的计划生育政策还是要放开，努力生，人多了，就有创造更多财富的基础。

• **货币促进生产和消费**

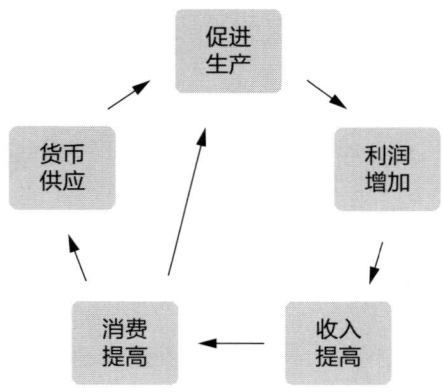

货币供应促进生产，促进收入提高、消费提高，大家可以这样推演。只要货币供应增加，投到生产端，生产就增加，货币供应增加也会引发涨价，涨价的结果是企业盈利。企业盈利了，收入增加，工人福利也跟着提高，大家收入提高，消费就跟着提高。消费提高，企业就不愁销售，然后扩大再生产，继续招工，经济就成长起来了，这是通货膨胀推起来的。

可以直接这样说，**没有通货膨胀，就没有经济高速增长**，低速增长都很困难，经济高速增长来自通货膨胀。**但是这个通胀不能是恶性通胀，只能微量通胀、温和通胀**，国家希望的数据是每年不超过3%，原来是2%，现在目标提高，几年后还可能会继续提高。通胀得有限度，大家可以看看经济史，美国历史上的经济快速发展也出现在温和通胀时期，但国外经济学家很多不承认这个问题。

不要相信经济学家说的周期论，就是平稳发展，这和种地一样简单，年年保丰收，旱涝都保丰收。以前常说的"3年旱，3年淹，不淹不旱又3年"的规律都被打破了，那么为什么不继续按照这个规律？因为现在我们采取措施，做到旱涝都保丰收，保证粮食的生产，社会经济就发展了。

• 自主的货币更能推动经济发展

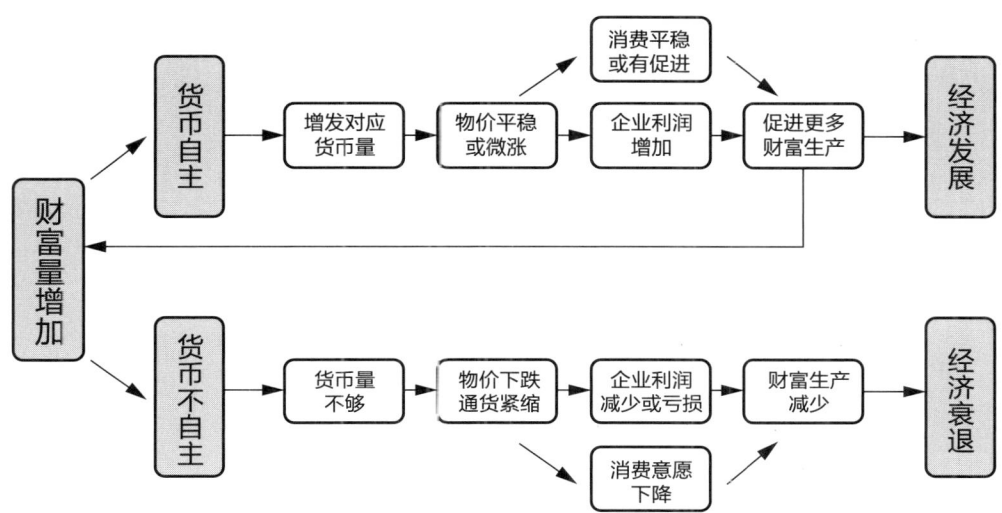

财富量增加的背后，首先是货币量的增加。货币自主，要对症下药，增发对应货币量，提高生产效率，但不能过度增发，要以促进生产为目的。物价平稳或微涨，消费平稳或有促进，企业利润增加，促进财富生产，经济就发展了。

如果货币不自主，货币量不够，可能物价下跌通货紧缩，企业利润减少或亏损，消费意愿下降，财富生产减少，经济就萧条了。其实这个道理很简单，一点都不复杂，所谓的西方经济学没搞清楚，他们不愿意承认事实，说金融危机不可避免，其实只要政策得当，金融危机可以避免。

• 不恰当的货币紧缩导致经济萧条

2014年年底的时候，我和几个朋友在一个论坛讨论，铁矿当时是500

多元，焦炭是 1100 多元，有一个朋友演讲，他说还要再跌一半，结果最后真跌了很多。但他给出的理由是金融危机，我不赞同，后来由我发言，我说金融危机是通货紧缩造成的，国家调控稍微放点水，增加消费，马上就好了。**事实上，可以没有金融危机，只要驾驶技术好，堵车我就停下，车多就慢一点，车怎么会出事呢？**只要技术达到了，肯定没有事。

无奈经济学家非常相信周期，所谓的"10 年周期"到了，认为 2018 年一定发生金融危机，我认为中国不会发生，当然其他国家可能发生，但发生的原因绝不是他们所说的周期论。这是货币原因造成的，增发货币就可以了。我之前举的例子很简单，饿了就吃，渴了就喝，冷了就穿衣服，热了就脱掉，我们要解决问题，找出问题的原因，然后对症下药。

现在主流观点的经济学家不找原因，直接认为是周期，是必然。或者我们做投资，在期货上亏了钱，总觉得不是自己的问题，是对手不讲理，是国家政策问题，但他不说自己没看准，不从自身找理由，总觉得是别人的错，这是不对的，我们要从自身找问题。

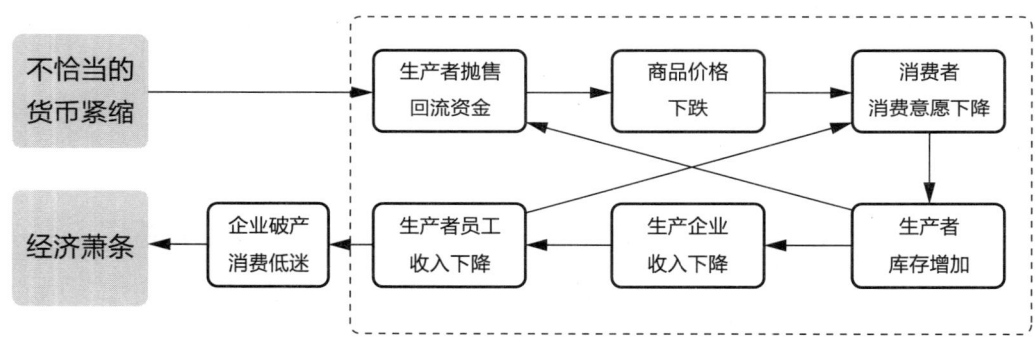

不恰当的货币紧缩，生产者抛售回流资金，消费者意愿下降，生产者库存增加，生产企业收入下降，生产者员工收入下降，企业破产，消费低迷，就会造成经济萧条。

- **正确的货币政策，能让经济保持繁荣**

货币政策错误，调节失当，才会引发危机，货币政策正确，调控得当，就能保持经济景气。

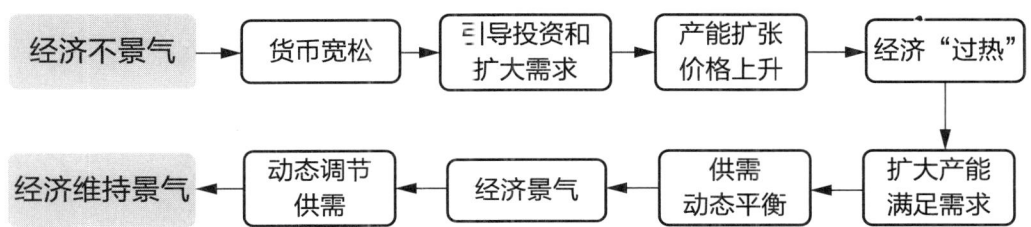

经济不景气，需要货币宽松，引导投资和扩大需求，国家就是这么做的，一看不对了，就加货币，加投资，搞基建。到处在修高铁、地铁、公园广场等，所以谁说投资拉动经济是不可持续的？产能扩张，价格上升，经济"过热"（过热一词是对经济繁荣的偏见性词语），需求旺盛，就扩大产能满足需求。过热就扩大生产，增加供应，想办法提高效率，促进更多人去生产，财富增加，动态调整，供需动态平衡，这样做就能维持经济景气，不会发生经济危机。

道理很简单，一点都不复杂，我们一次又一次地犯了同样的错误，其实我们投资也是这样，总是感觉找到规律了，但今天还是犯着昨天的错，在不同的环境中犯着同样的错。**世界上并没有新鲜事，不断地重复着过去的故事，每天都一样**，为什么我们会犯同样的错误，因为外部条件一变，就找不到定位了，在不同的环境当中，犯着同样的错误。

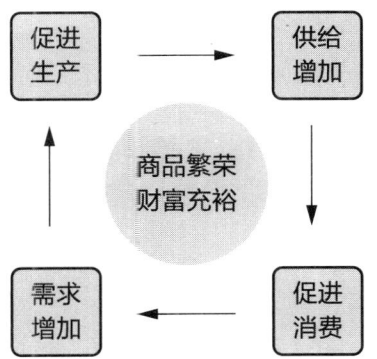

商品繁荣，财富充裕，无非就是这样循环，需求增加，促进生产，供给增加，促进消费。**要不断地促进生产，千万不要压制生产**。搞经济，只有生产增加，经济才能好，这是最大的根源，只要生产在，一切问题都不是大问题。重点是保证生产，促进生产，当然促进生产，最大的点是提高效率，科学技术是第一生产力，所以国家政府要重奖科技，例如袁隆平这

样的科学家。

劳动创造财富，财富的创造过程就是生产，要明白这个道理，就是财富的根就是生产，所以如果生产环节出了问题，一定要想尽办法保证生产。

有的经济学家研究周期，研究规律，让政府不要插手，说一旦插手市场就不健康了，说自由经济有利于优胜劣汰，培养竞争力。这个观点是错误的，就像人得了病，一定要到医院看病，如果让人自生自灭，还需要医院干吗。如果庄稼长草了，也不除草，难道要培养庄稼的竞争力？这种观点不正确，有病治病，对症下药，保证生产，促进生产，我们要正确地认知这个道理。

有一个教授，说中国过去对世界没有贡献，我说贡献很大，过去几十年，中国人民劳动创造财富，全球大部分的小商品都是中国生产的，世界人民离开中国人民就不能好好生活，中国人怎么就没有对世界做出贡献？

经济繁荣，主要来源于生产的繁荣，要理解这句话，什么叫经济繁荣？就是生产繁荣、消费繁荣，这个繁荣包括精神层面，例如旅游、娱乐也是正常的，精神层面，也有生产和消费。大家不要以为，只有到企业上班，生产帽子袜子才叫生产。大家都生产，都挣钱，经济就繁荣了；大家都不生产，经济就萧条了；生产不繁荣了，经济就不繁荣了。采取一切措施，保证生产，例如冬天，蔬菜不能生产了，通过塑料大棚，改善生产条件，就可以生产了，冬天照样吃辣椒、吃西红柿。

生产和消费互相制约，互相促进。 生产能力越大，国家力量越强。中国的强大，来源于生产的强大，现在中国是全球生产制造中心，全球的很多财富都是从中国出去的，只要生产没问题，一切问题都不是问题。富裕，体现出来的是财富充沛、消费能力强。什么是富裕？不是说你有10个亿，我有100个亿，货币多少只是一个表象，真正的有钱是拥有财富。

贫穷，体现出来的是财富匮乏、消费能力差。为什么这么贫穷？因为没有搞生产。增发货币投向生产了，最终有利于消费。过剩和不足，如果让我选择，我会选择过剩。粮食吃不完存放着也不能不足，宁可暂时吃不完也不能不够吃。**财富多了不是罪，不够才是罪。**

有些专家打击国家收储，如果国家没有库存，万一遇到不好的年份，那该如何。所以说，过剩不是罪，淘汰的是落后、环保不达标的产能，保证的是先进产能的生产，只要生产能力增强，国家稍微采取一点措施，增加消费，就不过剩了。

商品为人民服务，才真正实现了其价值。**生产能力富余，好于消费能力富余，生产能力略微超过消费能力是好事。** 财富的生产，没有泡沫，当然这指的是可储存类，如果全部生产大白菜，储存3个月就烂了，所以不用生产那么多。我想说的意思是各种行业要相互协调，不能跑偏。如果说大部分行业萧条，大部分行业都不景气，是措施有问题，主要是通货紧缩引发的。而只有个别行业过剩，那是正常的，稍做调节就能解决问题。

需求是旺盛的，并且会越来越大。 生产几乎没有泡沫，房子前几年一直在不停增加，这很正常，不能说盖多少套房子马上就卖多少套，可能前几年库存少一点，这几年库存多一点。生产商品，不能要求生产多少立即卖多少，这样就麻烦了。生产需要过程，比如房子，不可能一天就为我们全部生产出来，但需求的增加是很快的，生产是循序渐进的，而需求受预期和消费实际情况的影响，有爆发性和阶段性，所以有一定的库存是很正常的。**库存就是蓄水池，类似稳定器，有库存，市场才能减少大幅波动。**

20年前手机很贵、房子很便宜，而现在手机不贵，房子却越来越贵。为什么手机的功能强大了很多很多，而价格反而更便宜了？个别城市房子的售价（高）和居民的平均收入不匹配，为什么价格还在上涨呢？为什么经济学家一再被打脸？

我记得好像在2012年，那时候上海的浦东的房子大概3万/平方米，买一个100平方米的房子才300万。经济学家算账，大概几十年甚至上百年，工薪阶层才能买一套房，上海的房子太贵了，然后对比日本，对比美国，怎么对比都觉得上海的房价贵，认为要跌下来。这肯定不对，他错在没有想到上海的房价不是以上海普通工薪的收入水平计算的，上海是人口净流入地区，想进入上海的全国人民谁的收入高就按谁的收入算。为什么上海的房价跌不下来，就是因为他没有想到这个问题，所以说他的逻辑基础就不对。想清楚这个问题，就会明白，以后上海房价10万一平都不贵，杭州房价5万一平也不贵。

如果一线二线城市都不许外流人口进入，那么房价自然降下来，但不是这样，上海是人口净流入地区，全国人民谁的收入高就按谁的收入算，这样一想就明白了。如果是四线城市，人口流入很少甚至人口流出，则是以当地的收入线算，大概四五千左右，有些可能七八千，这个房价肯定是合理的。所以为什么要上涨呢？它是有原因的，当然不排除未来国家会采取其他措施，大方向还要涨。**北京的房价、上海的房价，若干年以后，会继续上涨**。房价这么多年一直在涨，中间虽然有调整，但不断创新高。

一项商品，能否让大家都消费得起，表面上在于**价格的高低**，而实际上在于生产量的多少。上面我讲了，买不起的原因不是价格问题，前几天有一场会议，在会议开始前，我和一个朋友对话，他说北京的房子四环已经过十万了，我回答四环房子十万不算贵，他就说，你是觉得不贵，但我买不起。我回答你买不起的原因是房子不够，不管你买得起还是买不起，房子不会多，如果你买得起，别人就会买不起，买不起的原因不是价格问题，是数量问题，数量多了，自然就买得起。

为什么大家都买得起手机，为什么人人都能穿得起衣服，因为数量多，买不起绝不是价格问题，一定要正确理解这个问题。价格太低其实不好，因为价格低，没有人愿意生产了，就买不到了，要吃没吃，要喝没喝，只有价格高了，生产者愿意生产了，我们才买得到。价格高，企业生产加大，最终，只要你在努力劳动，你的收入和价格是匹配的，价格高，你的收入也高。只要生产量足够大，价格会自动匹配到大家都买得起的范围。

不要害怕商品生产越来越多所伴随的温和通胀。增加生产，加大供应，对物价的上涨是有抑制作用的，对人民消费能力的保障和提高是有正面作用的。不要害怕产能增加，这是一个误区，我们明白这个道理就可以了。

● 管理出效率，经济活动最大的管理者是政府

我们总是认为美国是市场化，中国不是市场化，其实中国市场化更高，

比如农村在老宅上盖个房，美国要审批，要打报告，要严审，没有很长时间批不下来，而中国审批的速度很快。例如开个饭馆，手续少，几乎可以随便开，如果在美国，非常慢，没有效率，这些是微观方面。宏观层面，如果建一条高铁，美国讨论和审批时间长，20年都建不好，中国这方面非常迅速。

所以说，计划就是规划、管理、调控，是政府的有效管理；市场就是整个财富生产和交换的体系。**市场是政府建立的，市场来自政府，没有政府，就没有市场。**经济的发展，不要认为是市场的功劳，其实就是政府的功劳。

管理出效率，管理是经济发展的纲。**经济活动最大的管理者是政府，政府的有效干预就是"管理调控"，管理是纲，市场是目，纲举则目张。**毛泽东说过，路线是个纲，纲举目张。就是要抓住关键和要害，一切问题迎刃而解，只有抓住要领，四两拨千斤，抓住纲，纲举则目张，纲来源于政府的管理，**没有政府的管理，市场就乱了**，就像国外一样发展不起来。欧洲文明，原来它们比中国要强很多，区区三十几年的时间，他们就被我们甩到后面了，所以说，中国发展快是有原因的。

政府有效组织，人民勤劳致富。**整个社会的劳动组织者是政府。政府就是经济这艘大船的船长和舵手**，一定要弄明白这个道理。

市场经济，是劳动创造财富的自由和权力，而把劳动往哪些领域引导是规划管理。美国、欧洲，也都有政府管理和干预，例如美国的缩表和加息。苏联"休克"疗法的失败，证明了放任自流的市场化是行不通的。苏联经济失败的主要原因是产业单一。

一个产业的发展，是政府规划出来的，而每个企业的竞争则是市场行为。

个人考虑问题的出发点，很可能以私利为基础；政府考虑问题的出发点，则是以公利为基础。为什么有些人总是指责政府？总是觉得政府不对，因为我们和政府的角度与立场有分歧，我们一定要站在政府的角度考虑问题。政府像家长，我们像小孩，小孩总感觉家长不对，我们总感觉政府不对，父母对儿女关怀，儿女总会感觉被管太多，所以我们一定要理解政府，要站在政府的角度，站在整个社会的角度去看待问题，心里就敞亮了，就能明白很多问题。我们就是一个大家庭，要相互和谐，政府是对的，个体和政府因为出发点不同，难免会有分歧。

一个国家的经济强不强，在于劳动效率和人口数量。邓小平说"科学技术是第一生产力"。邓小平是最伟大的经济学家，不止对中国，甚至对全球做出了巨大的贡献。他追求实事求是，注重结果，要解决问题，不管是黑猫、白猫、花猫，逮到耗子就是好猫。

要鼓励生产技术的更新换代，去的是落后产能，留下并发展先进产能，由此"去产能不去产量"。去除落后产能，例如现在的地条钢。只能去落后产能，不能去先进的产量，如果去了产量，没有钢材，如何修高铁、如何搭建房子？

玉米用良种亩产就高，织布用先进的设备每个纺织工人的生产率就能提高。同样种一亩地，低产的玉米 500 斤，高产的 1500 斤，先进的生产工具，能够创造更多的财富。如果最先进的纺织工具与以前相比，效率提高了 10 倍，相当于财富也提高了 10 倍。

最后是税收，谁消费多，谁交的税就多，税收平滑贫富差距。

傅海棠：强大的政府才是经济发展的关键

2017 年 10 月 28 日

2017 年 10 月 28 日，第二届农产品全国分析师大赛颁奖盛典在苏州举行。以下是傅海棠部分演讲内容的整理。

🔊 观点摘要

> 我们为什么读不懂宏观，因为现存的经济理论是个大误导。
>
> 经济学是管理的哲学，是人文科学，而不是自然科学，"教条主义"就会框住我们。
>
> 经济学是解决问题的，而不是预测什么所谓的周期。
>
> 强大的政府才是经济发展的关键！
>
> 研究经济学，不能假设，而要确定。
>
> 经济就像"和面"——水多了加面，面多了加水，越和越大，这就是经济的发展。
>
> 经济发展无上限，没有过多一说，只有不足。
>
> 货币不仅是大家理解的"钱"那么简单，货币兼具了很多功能，正是这些功能的存在，从而推动了经济繁荣的景象。
>
> 难道为了防止"病从口入"，就要"因噎废食"？
>
> 放任自流的经济体是混乱的，也是不可能存在的。
>
> 政府举债是对的，是为了发展经济，促进生产，服务人民。
>
> 短期来看，做空有利可图；长远角度，做空后果不会好。
>
> 高位时供小于求也不要追多，低位时供大于需也不要追空。

• 政府是经济的管理者和组织者，是政府的管理带来效率

我们为什么读不懂宏观，因为现存的经济理论是个大误导。经济学是管理的哲学，是人文科学，而不是自然科学，"教条主义"就会框住我们。所以要"解放思想"，放大你的格局！按照主流的经济学，2015年人口老年化，人口红利下降，是不是要发生经济危机？！经济学是解决问题的，而不是预测什么所谓的周期。生病了应该对症下药，而不是讲什么自生自灭的周期和规律，难道是让病人等待自愈吗？那些所谓经济学家严格意义上只是经济史家，因为他们研究的是过去，而不能正确展望未来，对过去的照搬硬套，去预测未来所谓的大概率事件，根本就不能解决问题。

他们总结了经济发展的四大要素：人力资源、自然资源、资本、技术。但忽略了一个根本性的要素——政府。**强大的政府才是经济发展的关键！**第二次世界大战之后日本落后于菲律宾，现在呢？巴西和阿根廷几乎同样的起步，现在呢？

我们有强大的政府，这是毋庸置疑的。发展之路在大方向上不能走错——要靠政府的方向性指引和管理。

研究经济学，不能假设，而要确定。经济就像"和面"——水多了加面，面多了加水，越和越大，这就是经济的发展。经济不好就"放水"，美国先放了几万亿，中国紧跟其次，谁先学会谁就发展，反正就是一个核心——劳动创造财富！经济发展无上限，没有过多一说，只有不足。

货币不仅是大家理解的"钱"那么简单，货币兼具了很多功能，正是这些功能的存在，从而推动了经济繁荣的景象。除了自然灾害之外，经济萧条均是政策问题——不恰当的通缩造成的。中国2010—2013年通缩，一直到2015年年底，才开始转变路线——"放水"，由此增大需求量。我一直在等，等它回头，我知道它肯定会回头的！2016年回头了，好了，我重仓捕捉各个品种的上涨机会。**发展经济只有适度通胀才行，通缩只会带来一系列问题。**把里面的道道想明白了，赚100个亿都有可能；想不通，赚了迟早也是赔进去。

通胀有弊端，我也知道，但是在没有更好的办法之前，又有什么更好的对策？难道为了防止"病从口入"，就要"因噎废食"？这是一个道理。比如最大的问题就是债务，债务高了又能怎样？做个不太恰当的比喻：国家与企业之间，那叫家长与儿子；国企与国企之间，只是左手换右手！不用杞人忧天，10万亿债务算什么，100万亿、1000万亿都无所谓，那只是一个数字！

风险都是人为防出来的。经济发展就是生产的发展，只要生产没有问题，经济就不会停滞，所以2018年是不可能出现经济学家所说的经济危机！**分析问题都要见其本质，不要纠结表象**，这和做期货是一个道理。什么叫市场或者说是市场经济？简单来说，就是整个财富生产和交换的体系。

根基还是在政府，**政府是经济的管理者和组织者，是政府的管理带来效率**。放任自流的经济体是混乱的，也是不可能存在的。

"科学技术是第一生产力"，量变带来质变，数量的累积才是核心！试想一下，遍地是物资，会有衰败的景象吗？肯定不会！所以，**政府举债是对的，是为了发展经济，促进生产，服务人民**。银行储蓄过多，不贷款放出去，钱不流通，生产的衣服、食物就卖不动，由此引发供大于求，物价下跌，企业亏损，工人失业，恶性循环后会变成经济萧条。

• 高位时供小于求也不要追多，低位时供大于求也不要追空

回过来说期货。自然情况下，做多力量是做空的3倍有余！**短期来看，做空有利可图；长远角度，做空后果不会好**。如果不用杠杆，买入任何期货商品都不会跌完，因为任何商品都有其内在价值。我以前获得了市场的称号"死多头"，但我也不全是做多，因为我也会做些短期的空头。但是价格如果太低的话还怎么敢去空呢？2015年底那样的行情，我就要找机会做多，就算不做，我也不会胆大到去放空。

索罗斯当年做空英镑，做的是外币兑的上涨，据说他近期做空道指，亏大了。长久做空是一条死路，做多可能还有活路，做空一定要更加谨

慎，做多可以相对大胆一些，当然也要关注价位的高低和供求关系，而不是盲目做多。巴菲特很聪明，他是很懂经济的，他的话我是可以听出一二的。选品种上要注意，生产者爆赚或许可以，爆亏肯定不行，一定有底线。**功夫在盘外，不在电脑上。**实地去看看，心里就有底，单子才能拿得住！很多人担心的泡沫是没有的，有也不会在中国发生。做期货看的就是供需，但是要有自己的原则——**高位时供小于求也不要追多，低位时供大于求也不要追空。**没有原则，迟早也是被市场淘汰！

傅海棠：寻找安全的做多机会

2017年11月11日

本文为2017年11月11日由大有期货主办，七禾网、牛钱网特别支持的"湖湘在此看世界——第二期农产品期货投资论坛"中傅海棠的发言整理。

观点摘要

> 期货是一门非常深奥的"生意"，我们今天交易的是未来的货物。
>
> 我对技术面一窍不通，一些技术指标的名称都不知道。
>
> 技术派是右侧交易，交易的还是自己不确定的东西，而基本面分析则要找到左侧的确定性机会。
>
> 期货的高杠杆意味着爆发，要么飞升要么沉寂，平淡如水是理想状态，也是不太可能存在的。
>
> 做单只是3分钟的事，真正的功夫在盘外。
>
> 追在半山腰，一旦回撤，就会陷入交易的漩涡，进出两难。
>
> 供大于需，只要生产者利润高，100%会跌，只是时间问题。
>
> 分析一定要实事求是，一定要接地气。
>
> 做期货，有点回撤不用怕，怕的是没有正确的方法。
>
> 我一般做中长线，也会根据基本面少量做一些小波段的倒腾。
>
> 只要基本面恶化，我就立刻离场，尽快平完。
>
> 世界经济发展的前五十年是美国模式，现在则是中国模式，十几亿人口的进步带动全球发展。

- **做期货要用基本面分析，用供求关系法则**

我从 2000 年开始做期货投资，做了八九年才真正实现盈利。**期货是一门非常深奥的"生意"，我们今天交易的是未来的货物。我做期货一直秉承"供求关系法则"，就是基本面分析。**我对技术面一窍不通，一些技术指标的名称都不知道。基本面分析，研究的是"因果"关系，这与市场主流观点"不要预测行情"是背道而驰的。**技术派是右侧交易，交易的还是自己不确定的东西，而基本面分析则要找到左侧的确定性机会。**

做期货一定要做 100% 的确定性。技术上的概率容易让人进入思想误区，高胜率导致的人性膨胀，99 次盈利，1 次的亏损，会让你不服，从而雪崩式爆仓，这个现在看来也是必经之路。而去做 100% 确定的行情，也是极其不易的。可能会有很多的"试错"让你心浮气躁，但是只要抓住一波大的，就足以让你一战成名。有人说"积小胜为大胜"，也是模糊的，股票可能可以，但是期货根本不可能。**期货的高杠杆意味着爆发，要么飞升要么沉寂，平淡如水是理想状态，也是不太可能存在的。**这里要加个前提，一般情况下务必轻仓。

期货是世上最难的行业。**看着图表成功的可能性非常渺茫，成功者寥寥可数。**做期货，敌我双方瞬息万变，你永远不知道对手此时的意图和下一秒的动向，那么你就永远不知道"他"会什么时候犯错。**做单只是 3 分钟的事，真正的功夫在盘外。**用别人分析得出的涨跌，你会毫无底气持仓，这点毋庸置疑。只有自己亲自下到实地，充分调研，看到最真实的一面，才是一手的资源，才有自信。今年（2017 年）的螺纹钢，有人就是对基本面分析透彻，5000 万入市抄底，浮盈加仓，还曾表态随便对手怎么来，明枪暗箭各式打压不为所动，一路做多，获利 6 亿，这就是做对基本面的自信。

做期货是做现货未来的预期，所以现货现在和未来的供求分析，才是最最核心的。供不应求一旦出现，并且供方还在赔钱或者是极低利润，此时拐点就会出现。尤其是期货价格比现货还低，现货价格已经出现回升，期货还迟迟按兵不涨，则可以重仓出击，绝不手软。

• 尽量找安全的做多机会

价格在低位时，做多远比做空风险要小得多。例如铁矿 280 元 / 吨的时候，做多风险小，或者说几乎是 0 风险，因为商品有基本的价值。如果没用杠杆，你买的是 280 元 / 吨的现货而已。若是做空，不到 560 元 / 吨就结束了。价格高了，单单保证金的提高就足以大幅拉高被强平的风险。巴菲特说过，"没见过哪个人是通过做空自己的国家而发财的"，这句话有着深刻含义。

价格是怎么出来的，是成本基础上结合供需的反映。要对你操作品种的"基本成本"烂熟于心。"价格围绕价值波动"，这句话有失偏颇，"**价格围绕成本波动**"才是正解。

农产品的需求相对稳定，供应就是我们分析的重点突破口。高产技术的应用和天气变化对产量的影响比较大。

近期的螺纹钢跃跃向上，那是生产跟不上，都在去库存。但螺纹钢的生产利润一直居高不下，让现货商都感觉利润不可持续。现在的利润比价格 6000 点的时候还要高，主要是成本太低。前期的负债钢厂全部都扭亏为盈。

讲到现货商，自然而然让人想到套保，但套保长期做空也是九死一生。当宏观经济连续几年不景气的时候，逢高做空是能赚很多。但是突然就有那么一年，出现重大变化，变化前也是些很细微的信号，可能你也很难捕捉到，还是做空，亏了就不服，就会彻底打回原形。历史上经常高位会回归，但是这次就回归不了，你就爆仓了。对一些贸易商来说，严格的套保实际上是不存在的，套着套着就变成了投机，这是人性。只要你赚了钱，你根本就忍不住，就像喝酒一样，要么不喝，要么喝多。所以不要活在理想中，现实是根本做不到，有人约束你也做不到，坚持原则就是口头说说罢了。做期货，**不要追求成功的次数，而是追求成功的量级**。因为你赚的次数越多就越容易犯大错误，小概率事件里面的错误就会很大，一次足矣让你致命。往往是这个结果。

做多优先选择远月贴水的品种，升水也不是不行，只是换仓成本受不了。一定要在确定的转折点迅速果断做多，机不可失、时不再来，过去就过去了。**追在半山腰，一旦回撤，就会陷入交易的漩涡，进出两难。**有人说我知道要涨，但我想再看看。人有想法不行动，说明模棱两可，不要给自己找理由，你就是不确定。有些不确定是因为分析研究时用的都是网站上的公开数据，源头与真实性或者时效性无从考证。你要深入到一线实地调研，从头做起，这才是基础。当然，那也是一个很漫长的过程。

供大于需，只要生产者利润高，100%会跌，只是时间问题。不跌破成本根本不可能扭转供求关系。要么政策导向提高成本也行。高价抑制需求，增加生产，而低价不利于生产，刺激需求。要懂得抓住这个拐点，是要有基本面分析的基础，要敏感，要懂行，要知道现货产业链的来龙去脉。可以看到近几年成功的大咖几乎都有丰富的现货背景。

再拿螺纹钢来说，今年国家调控房地产，很多人认为需求要崩溃，就去做空，结果套牢一大批。主流经济学角度分析是片面的，看到的只是冰山一角，逻辑有误。国家调控房地产，是因为房子不够卖了，再建是需要时间的，不是一天两天就能建起来的，说什么需求崩溃，那为何还会有这么多基建？**分析一定要实事求是，一定要接地气。**也不能按照历史统计的涨跌周期去判断未来的涨跌，因为统计代表的是历史而不是未来，未来的涨跌和过去的涨跌没有必然的关系。

做期货，有点回撤不用怕，怕的是没有正确的方法。做期货亏钱很正常，不亏才有问题。很多方法只是在一定的周期内有效，真正的好方法一定要持续有效。

我一般做中长线，也会根据基本面少量做一些小波段的倒腾。实事求是，对症下药，踩准一个较好的点可遇不可求。此时试错就有意义，这个点是试出来的，如果一味地只盯盘就毫无意义，你离市场远了，行情来了你也不敢下单。

对于止损，很多人认为我不设置止损，这也是理解有偏差的。**只要基本面恶化，我就立刻离场，尽快平完。**你若幻想根据技术图表做，减少亏损，此谓掩耳盗铃。对手在那里，你拿图表说什么事。

• 中国的经济发展模式引领全球

全球接近 80 亿人，还有将近 50 亿人没有过上好日子。世界经济发展的前五十年是美国模式，现在则是中国模式，十几亿人口的进步带动全球发展。大的宏观搞清楚，再来细化小的方面。所以长期做多是没错的，短期做空也可以，但不能恋战。通缩不能解决根本性的经济问题，唯有宽松促进消费，不断提高劳动积极性才是正道。虽然也会附带产生一些矛盾，但社会发展不正是在这些矛盾的产生与解决的循环中不断前进的吗？而一切阻碍经济发展或者让经济停滞的通缩政策则会导致灾难性的局面出现，西方资本市场数次血淋淋的经济危机正是映射。

以下是我反驳有人在 2015 年提出的中国经济泡沫论的三点意见。关于人口老年化——虽然老年人生产能力下降，但只要人还在，需求就在，另外，随着科技的进步，生产力是在上升的，而不是下降。关于人口红利消失——科学技术是第一生产力，而不是人口红利。关于房产过剩——中国尚有 7 亿农民，所有城市住房翻一倍都不够，何来的房产过剩？并且"改善性需求"依然强烈。

经济学初期和哲学一样出现很多流派，谁对谁错也未见分晓，技高一筹的派系或许并没有出现在公众视野中。"真理掌握在少数人手中"，唯有实践出真知，或者说投资的盈亏告诉你所学的、所研究的到底对不对。

傅海棠：明白经济的本质、货币的本质，更能把投资做好

2017年11月25日

本文为2017年11月25日河南工业大学农产品期货高级研修班上，傅海棠授课内容的整理。

观点摘要

> 不论从事哪个行业，如果对经济问题看不明白的话，很容易出现错误。
>
> 现行的主流经济学观点存在严重的问题，不但对经济建设没有积极推动作用，甚至还有一些负面影响。
>
> 做投资就像习武一样，基本功没有解决，过来就想翻跟斗，结果一下就可能摔得很惨。
>
> 中国的崛起就是在中国政府、在共产党的领导下，我们才能发展得这么好。
>
> "危"之下亦有"机"的存在，每一次危机背后都蕴藏着大的机会。
>
> 对每一个投资者而言，一定要相信国家的管理才是第一位的，不能相信无政府主义放任市场自我出清、自我调节。
>
> 发展经济，没有国家能比中国的路走得更好，这是当今的事实。
>
> 只有把货币的本质和功能搞清楚，才能明白经济的本质。
>
> 财富无上限，没有过多一说，只有不足，没有必要把财富上升的梯子搬走。
>
> 经济发展就是劳动不停、生产不止。
>
> 期货的标的是现货。从本源上看，期货一定会与现货趋同，对现货逻辑清晰了，自然就明白期货的趋势。

> 对于期货趋势的中间部分，要少参与短期交易，紧紧抓住大趋势即可。
>
> 农产品的供需受天气影响，同时也受国家政策影响。

● 一定要看清经济运行的本质

不论从事哪个行业，如果对经济问题看不明白的话，很容易出现错误。很多行情包括大的趋势都来自经济政策的变化，必须对经济问题进行认真的思考，才能捕捉历史性大行情。

现行的主流经济学观点存在严重的问题，不但对经济建设没有积极推动作用，甚至还有一些负面影响。在现实中，存在着一些经济学家，他们认为经济会崩盘、房地产会崩盘，中国经济很难向好，而实际上回顾历史，事实并不是这样，这样的假设从未发生。我们的很多观点和逻辑是有问题的，需要进行反思，不然的话下一次的经济腾飞，我们还是抓不到大级别的投资机会。

2015年年底商品价格普遍很低，但投资者当时就是不敢进行买入操作，现在回头来看，那个时间买入无疑是最为正确的选择。当时大多数投资者之所以不敢进行买入操作，就是因为受到了错误的经济学观点影响。即便当时收购一个破产的企业，到现在也会得到翻番的收益，比如当时收购一个亏损的钢厂。当时人们认为房地产会出现崩盘，不敢进行投资，但是如果当时买入了一套房，现在同样也会得到很多盈利。**出现这种状况的原因就是我们对经济分析不透彻，不知道经济的内在本质到底是什么，不知道它是如何运行的。** 如果对这方面理解得不透彻，无论做什么都不会出现好的结果，因为我们最基础的东西并未得到解决。**做投资就像习武一样，基本功没有解决，过来就想翻跟斗，结果一下就可能摔得很惨。**

我们过去接触过很多的经济学知识，但是若都相信西方经济学书本上所说，就会看不透经济的本质。这些年中国的崛起，用目前的经济学观点来看是解释不了的。**中国的崛起**就是在中国政府、在共产党的领导下，我们才能发展得这么好。而如果从经济发展的四要素（人力资源、自然资源、资本、技术）来看，无法得到确切解释。归根结底，一个国家要发展就必须要有一个强大的政府来保证国家安全并进行有效的资源配置，如此，经济才能持续发展。不论是做投资还是其他，一定要认清事实真相，实事求是地看待问题，真即是真，假即是假。

市场，就是在政府领导下整个财富生产和交换的体系。不能完全放任市场，任其自流。管理才能出效率，无规矩不成方圆。目前有很多经济学家认为，中国经济会崩盘，但实际上中国经济依旧发展态势良好，那些经济学家所预测的多次崩盘没有一次成为现实。**我们要相信政府，政府能够解决一切问题。**

在大的危机面前，首先要对"危机"有正确的认知，"危"之下亦有"机"的存在，每一次危机背后都蕴藏着大的机会。比如现阶段的煤价，部分企业囤积居奇、哄抬物价，最终政府出台干预使其价格下降回归理性。**对每一个投资者而言，一定要相信国家的管理才是第一位的，不能相信无政府主义放任市场自我出清、自我调节。**当前中国积极发展基础设施建设，修高速公路、建设高铁，虽然短期来看可能会面临一些账面上的亏损，但这样的做法极大地增加了社会效益，这就是政府投资的衍生效应，这就是它的价值所在。

发展经济，没有国家能比中国的路走得更好，这是当今的事实，也是全球都承认的共识。全球都在向中国学习，中国模式一定会引领全球。**政府的有效管理是一个方面，当然最基本的还是中国最勤劳的人民。**另外，我国有自主的货币。正因为自主货币的存在，比如电子化货币、纸币的存在，才使得我们经济得到突飞猛进的发展。**只有把货币的本质和功能搞清楚，才能明白经济的本质。**货币不仅是钱那么简单，还要把握好货币所具有的功能，比如促进生产、促进消费的功能，正是这些功能的存在才会更好地促进经济发展。

经济不应当是假设，它有其确定性。比如天冷穿衣、天旱浇水，这就是最基本的道理。衰退和萧条的原因，到现在为止依旧在困扰着全球的经济学家。其实它的道理很简单，除去战争和自然灾害，衰退和萧条的主要原因是不恰当的货币紧缩政策引发的。有人拿货币与喝酒进行对比，认为酒意正酣之时要撤走红酒杯；但是经济发展并不是这样，**财富无上限，没有过多一说，只有不足，没有必要把财富上升的梯子搬走**。经济发展就像"和面"一样，水多了加面、面多了加水，不断和，越和越大，这就是财富的不断增长。这就是供给和需求，需求上去那就增加供给，供给多了那就放开需求。

经济就是相互分工合作，要从实际出发，要接地气，之后我们才能发现它的链条非常简单。**经济发展就是劳动不停、生产不止**。适当地通胀能促进经济发展，货币不能轻易紧缩。只要财富足够多，人的欲望就足够大。人的追求是无限的，升级换代，对美好事物的追求和向往是没有头的。从这方面的需求来看，经济发展依旧还有很长的路要走。

● 做好农产品期货的注意点

讲完经济，再讲讲期货。**期货的标的是现货**。从本源上看，期货一定会与现货趋同，对现货逻辑清晰了，自然就明白期货的趋势。对于期货趋势的中间部分，**要少参与短期交易，紧紧抓住大趋势即可**。商品价格走势受供需主导因素的影响，但是有个前提，就是要对成本保持持续关注。期货一阴一阳，无始无终，机会一直存在，只要善于研究就行。同时做期货一定要注意心理预期的变化，大家对未来的预期从乐观转为悲观时，价格自然就降。也要注意政策引导，政策会改变人们的心理预期。

农产品的供需受天气影响，同时也受国家政策影响。做农产品一定要到田间地头考察实际情况，到底是丰产还是产量下降，有些情况在生长的时候就能看出，而有些情况在收割完成之前无法看出。国家的收储抛储、补贴、进出口等政策对农产品价格也会有较大的影响。

目前资源全球流通，大豆从南美进口来到中国只需一个多月时间，分析大豆不能只分析中国的，还要分析北美和南美的。

关于历史行情的回顾，统计过去的涨跌，也依旧只是了解过去的情况，现在所发生的与过去不一样。虽然走势与历史可能趋同，但是内在的驱动已经发生改变，所以要实际问题实际分析，要寻找确定性的机会，不能有漏洞出现。

农产品期货中有七条规律需要得到认识：

1. 在大行情中，农产品期货的涨跌幅往往没有现货大；

2. 农产品的价格长期低于成本，一旦供求失衡，往往会爆发成倍上涨的大行情；

3. 在供不应求的情况下，如果供应缺口很大，价格又处在较低的位置，先期不涨或小涨，那么后续补涨就会很厉害；

4. 农产品历史性的超级大行情往往发生在收获季节；

5. 价格低于成本很多的情况下，随着时间的推移，如果未来发生供不应求的情况，价格的上涨一定会超过成本，且可能超过一倍；

6. 农产品价格走势往往取决于供应层面；

7. 不同的农产品其本身所具有的不同特性决定了其行情波动的剧烈程度。

农产品大牛市的出现要具备以下七个要素：

1. 国家库存急剧下降；

2. 种植面积大幅下滑；

3. 当年单产明显降低；

4. 价格处在相对低位；

5. 外部经济环境良好；

6. 该商品价值被低估；

7. 长时间能量的积聚。

傅海棠：乐观的人才能赚大钱

2017年12月8日

以下是2017年12月8日"期赢天下"投资家俱乐部年会上，交流环节中傅海棠与主持人（"期赢天下"俱乐部秘书长马明超）对话的实录。

🔊 **观点摘要**

> 因为所有问题他都能看透，都能思考出解决的办法，所有问题也就都不是问题了，所以就能乐观。
>
> 有问题解决不了、看不透，那你做投资的话就容易亏钱。
>
> 看明白了，就乐观了，看明白了，就有了信心，就能够意志坚定，就能够抓住大行情。
>
> 这个世界上，没有解决不了的问题，更没有中国政府不能解决的问题。
>
> 一有问题，政府就想办法去预防，正确预防就没有大问题。
>
> 世界上其他国家总是有危机，中国就没有危机，为什么呢？因为政府天天在预防危机。
>
> 为什么乐观的人容易赚钱？他不是盲目乐观，他是看明白了、看透了。
>
> 发展经济无非就是搞建设。
>
> 欧美这几年就是这样，天天想着享乐，败家也败国。
>
> 我活到七十岁一定能看到这一天：全球经济同时辉煌，全球经济同时繁荣。
>
> 铁矿的短期涨跌我不知道，长期看，具备投资价值。

• 人只有乐观才能赚大钱

主持人：傅老师最近很忙，一边写新书《中国崛起的奥秘——财富论》，一边四处演讲分享。有人说，傅老师是世界上最乐观的人。叶老师（叶方华）曾给我说过，乐观的人才能赚大钱（她原话是"乐观主义者才能成功"）。那为什么乐观的人容易赚大钱呢？

傅海棠：为什么乐观的人容易赚钱，容易做大事业？因为他对未来有信心。为什么有信心？因为所有问题在他眼里都不是问题！因为所有问题他都能看透，都能思考出解决的办法，所有问题也就都不是问题了，所以就能乐观。人为什么会产生悲观情绪？就是因为他看不透，对出现的很多问题他感觉不能解决，就产生了悲观情绪。

有问题解决不了、看不透，那你做投资的话就容易亏钱。什么问题都看不透，也没有好的办法，也就没有好的策略了。看社会问题都看不透，那自己投资、生活等方面的问题可能看透的概率也不高，是吧？对全球的一些经济问题、社会问题、政治问题都看得比较明白的话，看到本质和根本，那你做投资相对肯定也看得明白。看明白了，就乐观了，看明白了，就有了信心，就能够意志坚定，就能够抓住大行情。看明白了后，对他来说什么都没事，什么事在他眼里都不是事。没有不能解决的问题，只有不想解决的问题。

这个世界上，没有解决不了的问题，更没有中国政府不能解决的问题。这个问题、那个问题，什么问题都不是问题。只有你不解决才是问题，一解决，所有的问题都不是问题。

某嘉宾提问：你这么想不是问题，政府也这么想是不是很大的问题啊？

傅海棠：政府一想问题，也就没有问题了。一有问题，政府就想办法去预防，正确预防就没有大问题。世界上其他国家总是有危机，中国就没有危机，为什么呢？因为政府天天在预防危机。政府天天害怕危机、预防危机，所以就没有危机了。就是说其实没有问题是中国政府解决不了的。

所以乐观就是这么来的，为什么乐观的人容易赚钱？他不是盲目乐观，他是看明白了、看透了。没有问题嘛，凭什么要悲观呢？为什么不乐观呢？没有什么事嘛，挺好的嘛，天塌不下来啊。那你说"杞人"为什么忧天呢，他是感觉天要塌下来了，他看不明白了，他老感觉天塌下来要把自己砸死了，就吓死了，忧郁而死，他就悲观了嘛。

那乐观的人会想，天怎么会塌下来呢？乐观的人是看明白了。

主持人：傅老师说得比较深了啊，已经到了哲学层次了。

● 我到七十岁，一定能看到全球经济的共同辉煌

主持人：说完了哲学，我们请傅老师聊点实际的。记得今年（2017年）8月15日，"期赢天下"投资家俱乐部北京会议上，傅老师提出了"全球经济第三次腾飞，不可再生资源将上涨"的论点，到如今，中国的螺纹钢、国际的铜价格都已经创出了阶段新高，现实也验证了傅老师的观点。那么，到目前为止，不可再生资源还有没有什么价值投资洼地？或者说，请傅老师给我们聊聊铁矿？

傅海棠：我聊铁矿，是外行。我呢，一不做开矿，二不做贸易，三不开钢厂。我只能从外围的因素去看。谈论铁矿问题，目前的价格已经比前一段时间高了一点，是不是合适的"价值洼地"，不好说。前段时间跌到423元/吨，那还真是个比较好的"价值投资"的地方。那时跌到423元/吨，是不是还要跌破400元/吨，这个不好说。短期内是不是能够不跌了，就开始往上涨，这个也是不好确定的。**短期的事情都是不好确定的，不过长周期来看，我的看法是比较乐观的。**

首先基于对经济的乐观。目前，全球经济的复苏和需求的增长是确定的，刚才讲铜的那位老师讲的也就是这个意思吧。包括一些发展中国家，除了中国以外的发展中国家，尤其印度经济的崛起、东南亚经济的崛起、包括非洲也有这个迹象都在开始发展经济，也包括美国、英国、其他欧洲的这些老牌的发达国家，也都着急去发展经济。

发展经济无非就是搞建设。什么叫发展？就是搞建设，不搞建设就不是发展经济。你搞服务业，你给我推头我给你理发，今天洗个澡，明天去钓鱼、打麻将、唱歌跳舞，游手好闲的不作数。这是咱看得出来的，**欧美这几年就是这样，天天想着享乐，败家也败国**。享乐，自古以来就是游手好闲，碌碌无为，一事无成。只有辛勤劳动、埋头苦干去创造财富，才能发展经济。其实，**劳动创造也是享乐**，钓鱼也是钓，上班也是上。依我看，钓鱼还不如上班，上班挺好，也是享乐，就看你怎么看了。你去上班了，这个享乐是可以持续的；你去钓鱼了，这个享乐就不可持续了。游手好闲，坐吃山空，早晚有一天会出事，吃光了就只能喝西北风！

所以现在全球政府都明白了，就是要搞建设。上午我也讲到全球经济就是即将"万马腾飞"。基于对这种判断，我感觉这个预期错不了。咱们今天在座的年龄都不是很大，我年龄是比较大的了，我感觉我还能看到，你们就更能看到，你们还年轻，我活个二十年没有问题，七十岁也不算多高，**我活到七十岁一定能看到这一天：全球经济同时辉煌，全球经济同时繁荣，一定能看到这一天**！

● 铁矿的投资价值的讨论

主持人：经济腾飞了，对铁矿有什么影响？

傅海棠：铁矿供应的增量未来也不是太多。未来一年的增量大概能有 6000 万吨左右，可能再到 2019 年增量就没了，很少了。需求呢，现在往后看的话，需求肯定是要增，**需求增量肯定是超过产量的增量**。需求是挡不住的！据行家说明年（2018 年）印度铁矿就出不来了，东南亚最近也建了很多钢厂，明年都要投产。所以，**铁矿的短期涨跌我不知道，长期看，具备投资价值**。为什么啊，成材价格太高了，螺纹钢现货都涨到快 5000 元/吨了，钢厂利润很好，铁矿就算是涨到 1000 元/吨，那即使螺纹钢不涨，钢厂也是能赚钱的。**说现在库存大，库存不大的话价格早就已经涨到 800 元/吨了**。铁矿要是比起成材，就是 1000 元/吨也不贵，无奈库存大啊，才给你带来了一个长期做多的相对投资洼地。铁矿在 3 年的时间里，应该能看到 1000 元/吨。当然不确定是明年、后年，还是三年的最后一年，应该会看到 1000 元/吨。反正我估计是 3 年时间以内，能看到 1000 元/吨，我也不确定是哪一年。

当然对于具体的投资来说，说这些等于没说。节奏比趋势更重要，要踩准点！你现在 500 进去，向下波动 20% 也大亏甚至爆仓了，然后爆了再拉起来，这都很正常，关键是在踩点。

某嘉宾提问：这么多工业品，铁矿的相对价值如何？

傅海棠：**现在工业品中，相对具备价格洼地的是铁矿。**不少工业品涨得都比较高了，你看，成材螺纹钢现货价格涨到快 5000 元/吨，虽然期货还没有这么高，钢厂利润很好。锌，你看也是涨到 25000 元/吨多，刺激了投产，明年应该会有一定的供应增量。铜，50000 多块钱，在历史上也不算低价啊，也算比较一个中轴线之上了，不是太低了。别的工业品也没有什么明显低估的。跟建筑相关的，比如水泥，它没有期货，过去这两年，水泥现货价格涨得吓死你，沙子、石子涨得多厉害，翻倍翻的！买一车沙子跟买黄金似的。

现在限制楼价过快上涨，但也不可能大幅度掉下来。建筑成本从 1500 元/平方米一下涨到 3000 多元/平方米，你说原来县城卖 3000 多元/平方米，现在 3000 多元/平方米不卖给你，因为没法卖。所有的建材都上涨了，有些甚至数倍往上翻。当然，刚才梁老师（梁瑞安）也看好螺纹钢等品种，他说现在建材淡季都缺货，到旺季会更麻烦。

关于房地产，我们很多人对房地产没有注意，都是感觉"一线城市的房价比较紧张，二线可能还好点，三、四线可能库存有压力"。你们没有下去看看，现在咱们不说省会，也不说地级市，就某些普通县城里面的房子现在缺到比一线城市还严重。我就以济宁地区为例，12 个县市，以前说房地产"泡沫"最大的地方在金乡县，金乡县种大蒜，是最有房地产"泡沫"的地方。结果现在是新房几乎都买不到了，县领导都懵了，这怎么搞的？怎么会搞成这样呢，新房买不到，全部被抢光，价格涨了不少。滕县过去一年房价也接近涨了一倍。济宁有一个楼盘，上午开盘到中午卖完。从开盘到卖完多销售收入 2 个亿。随卖随涨，随涨随卖，一上午全卖光。所以这几年，**房地产去库存非常快，不是大家说的还有四五个月的库存，**

库存几乎没有了，现在就等着看图纸买期房。

所以地产的投资，包括开工，我也不知道什么统计术语，我估计短期肯定是不会下去的。到春天，一开春噌一下就会上去，为啥？楼卖光了，开发商赚钱了，都等着开工吧，只要有地。人就是有这个毛病，你们不知道做现货的，他不做难受，尤其是他赚钱了。不赚钱的时候他都做，他闲着难受，做了脸上就有光，更不用说他赚钱的时候了。做过贸易商，做过实体经济的都知道，开过企业的都知道。尤其是他赚钱了，他还是要拼命去盖，就是说这种需求是挡不住的。所以说**我是长期看好铁矿的价值投资，周期可能比较长，按三年来算；短期不好说，涨一点跌一点都有可能**。当然目前库存也比较大，价格比前段时间涨得高了，不过随着时间推移，需求增长也很快到来，年前也就这两三个月了，差不多一百天，大家在一起吃不了几顿饭就到了。

主持人总结：好，我们大家记住今天，2017年12月8日，"期赢天下"俱乐部年会上，傅老师说铁矿按三年算有投资价值。三年后我们再回头来看看。

傅海棠：投资要理性，不要感性和惯性

2018年1月17日

本文是根据2018年1月17日"期赢天下"投资家俱乐部糖业高端调研团湛江徐闻县交流会上傅海棠的讲话实录整理。

观点摘要

农产品最主要的变量还是产量。

要以实收为准，要以实际收到的产量为事实。

为什么有很多的投资者在行情的转折之初，搞不清楚呢？因为他们对事实情况不清楚。

我们做研究，只要不理性，就看不清事实。一定要把感性和惯性都去掉，以事实为依据。

要相信真实的事实，不要感性和惯性。

其实这个市场上大部分的研究方法是不对的，可以这么说，不但不对还糊弄人，很多的研究方法还不如"抓阄"。

我做了18年期货，吃亏还是吃过的，但是越大仓位的时候越没有吃亏过，亏都是亏在轻仓的时候，因为看得准的时候仓位才能大。

亏钱都是一点一点亏的，赚钱都是一把赚来的。

功夫在盘外，不在电脑中，不在K线中。

只要研究方法对路，理念正确，思路对头，坚持理性，摒弃感性和惯性，成功只是时间问题。

钱是长眼睛的，只要你辛勤付出，时间足够长，钱就会跑你那里去了，这就是运气。

• 农产品投资关键看天气

工业品看需求，农产品看供应，主要还是在产量。因为农产品的需求相对比较稳定，每年都有刚性增长，经济好的时候增长的幅度就稍微大一点，经济即便不好的时候，农产品的需求也是在增加的，这是经济和社会发展的阶段性问题。因为城镇化，人们的生活水平在提高，还有消费观念的转变，年轻人越来越占据消费的主流，他们都很喜欢消费，这是时代的特征。因此，**农产品最主要的变量还是产量。**

农产品产量出入是比较大的。虽然现在科学技术很发达，抗灾能力也比较强了，但还是有很多自然气候的因素没有解决。比如干旱，干旱问题在中国解决的还是比较好的，因为人多地少，因为勤劳的广泛农户的存在，加上政府一贯重视农田水利基本设施建设，基本上都能浇上地。但是到国外的话，实际上还是靠天吃饭，除了中国以外的国家和地区，比如大豆主产区南美洲的阿根廷和巴西，和美国这样的粮食主产地，都是靠天吃饭的。所以不要以为现在科技水平提高了，种子水平提高了，以后天气对农作物就没有影响了。我发现现在这种观念还是很严重的，这是不对的。

很多讲座都这样说（认为现在科学技术提高了，种子技术提高了，天气对单产没有影响），但是种子技术提高了只是提高了单产，对干旱没有用，不下雨，照样不收。这是一个主流的观点（天气对单产没有影响），也是一个误区。

就跟前几年一样，熊市连跌3年，很多人就不相信商品能涨了，忽然2016年暴涨。其实历史规律就没有变过，不能连跌几年就不相信规律了，规律一直是没有变的，气候也一样，**气候对农产品的影响直到现在为止还是很大的。**

总的来说就是：虽然现在种子技术提高了，科学水平提高了，管理技术也上去了，但是天气对农作物的影响没有改变。比如低温，**东北为什么2017年玉米和水稻大幅度减产？** 就是因为温度低。虽然现在种子技术提高了，灌溉条件好了，除草技术也好了，但是如果温度低的话，就没有办法了。

还有比如"天年"现象：气候正常，雨水正常，单产突然大幅度地提高或者大幅度减产，能差多少呢，比干旱都厉害。我就以山东为例，正常的年份，玉米的产量是1200斤/亩，忽然有一年就下降到600斤/亩。这一年风调雨顺，什么都正常，没看出一点问题来，一下子就600斤/亩，温度低的话还能看得出来，或者高温干旱造成受损也能看出来，但是，这一年的减产没有任何的迹象可循。大豆有一年（也发生了"天年"现象），我们山东鲁西南的大豆在前几年正常都是150公斤/亩，也就是300斤/亩，最好的就是400斤/亩，突然有一年600斤/亩，我自己都懵了，我自己种了两亩大豆，突然多收了好多，从300斤/亩翻到600斤/亩。这一年大豆成熟了以后全部给"累倒了"，成熟以后全部是到在地上的，这就是"天年"。但是第二年就恢复正常了，又变成了三四百斤。

个别年份看着长得很好，但是就是收不下东西来，这就是老百姓说的"收轻不收重，不管打"。有时候看着长得不咋样，但是一收下来产量还不低，"收重，管打"。所以我们在研究农产品的时候要时刻注意这一点：也就是看着长得很好，不一定能收到什么；看着长得不好的，也不一定单产低，反而能收到粮食。所以**要以实收为准，要以实际收到的产量为事实。**

我发现很多专业的农调队，包括很多专业的农业研究员，或者包括国家级别的农产品研究专家,都不一定认识这一点。所以他们往往会失误,有时候被打脸,就是这个原因。比如棉花,2015 年的时候棉花因为高温的危害,造成棉花生长不正常,连续 20 天温度都很高。我们知道棉花在温度超过 35℃的时候就停止生长了,也就是接近 20 天的时间棉花都没有生长。那年的单产肯定是不行了,上面的棉花桃都落了,没有结桃,原来的老桃养分输送也不够,看着同样大的桃,棉花最后开出来肯定是虚的,这个你想都不用想。结果专业的测产队测完产说是 380 公斤/亩。都测完产了,那就收呗,收一收,看一看,一收是 280 公斤/亩,差远了!最后的测产数据就没好意思公布。你说这是专业的测产队,不是闹笑话吗?你就不想一想今年的天气什么情况,还没有老百姓懂行。专业测产队都搞出来这个笑话,老百姓不是专业的都知道。所以我们在研究农产品的时候一定要注意这些特点,**农作物的特点是我们需要注意的,不注意的话真是看不明白**。

包括玉米,2017 年的灌浆期间温度比较低,我天天看天气预报,后面有一段时间最低温度维持在 11℃~12℃之间,玉米怎么灌浆呢?这么低的温度。吉林的温度都这样,更不用说黑龙江了。所以我就想去看看低温对玉米生长的危害程度。9 月 8 日小范围的调研,那是我们在哈尔滨开完会,一共是 5 个人,我就说去看一看吧,温度这么低的话,产量到底怎么样呢。第一站走到北安,有一个大户包了好多地,他就说刚测完产,高产,特大丰收,他本人也很相信。我就有点懵,疑惑温度这么低,怎么会收成这么好。结果收下了以后,减产,而且是大幅度的减产。普遍性的,黑龙江、吉林、内蒙古都是减产,面积也减,而且减得很吓人,超过了大多数人的预计。

• 投资要理性,不要感性和惯性

为什么有很多的投资者在行情的转折之初,搞不清楚呢?因为他们对事实情况不清楚。大部分人的思维都是有惯性的,凭想象,也就是感性认知的比较多,理性认知的很少。**我们做研究,只要不理性,就看不清事实**。一定要把感性和惯性都去掉,以事实为依据,只有这样才能解决问题，看清行情的变化和转折。大多数人都有惯性，这是人的天性，不敢相信改变，心理上改不过来，你跟他说他还不信，所以说做研究、做投资一定要上升到理性。

不要用惯性思维和感性思维来看待问题，要用基于客观事实的逻辑推理演绎进行研究，**要相信真实的事实，不要感性和惯性**。比如举个短期的例子，螺纹钢、铁矿，不炎以后的价格涨跌，开春后开工需求大爆发，这是事实。再举个长期的例子，铜、锌、铅、锡等，如果价格低了，长期来看值得持有，因为中国的经济发展没有问题，全球发展中国家甚至欧美发达国家越来越多向中国学，搞建设，这是事实。再比如高端白酒，市盈率低的，值得买，因为中国的消费升级是不可逆转的，这也是事实。**全球不可再生资源，会越来越稀缺**。长远来看，世界各国一定会抢夺不可再生资源。我们要相信这些客观存在的事实。

事实的基础是真实的依据。2是2，3是3，二三就是6，你不能凭感觉说是10，或者说是8，6就是事实！你不能靠感觉，靠惯性思维。只要我们调查的数据没有错，那数据是对的。什么叫算，我们说"能掐会算"，以前说诸葛亮会算，姜子牙会算，其实这个算不同于数学的2、3、6这么直观，就是根据具体的实际情况推算出来的。如果你的基数没有错误的话，你的数据没有错误的话，那你算出来的结果一定是贴近事实的。那你就要相信这个事实，千万不要相信你的感觉和惯性，这是我们一定要牢记的。

其实这个市场上大部分的研究方法是不对的，可以这么说，不但不对还糊弄人，很多的研究方法还不如"抓阄"，反正商品价格就两个方向，不是涨就是跌，两个活一个，最后研究来研究去反而搞得99%的都死掉了，所以还不如不研究。什么K线，什么波浪，研究来研究去，钱没了，你说你研究那个干吗！我从做期货以来就没信过这个事，我是2000年进入的期货市场，当时一起做期货的有五六个人，他们都在研究K线，你说你管K线干吗呢？

供求决定价格，供过于求价格就跌，供不应求价格就涨，反过来价格上涨或下跌到一定程度又会反作用于供求。我们做期货做的是未来。价格高就会抑制需求，同时又会刺激生产。什么情况之下会出现供大于求，就是在企业有良好利润的情况下，价格越高企业赚的钱越多，越能刺激它的生产积极性，这时候逐渐就会导致供大于求。价格低的情况下，什么叫低呢，生产者赔钱，赔得越多价格越低，就降低了生产的积极性，然后逐渐就发生了供不应求，尤其又发生了库存荒，那不百分之百价格要涨嘛！所以说一定要抓住核心因素。在价格低的时候，严重打击了生产积极性，发生了库存荒，所以你要抓住这个时机。如果你对现货非常了解，现货又开始涨了，买不到货了，期货还没有动，这时大仓位做进去就算了。实际上我做了18年期货，吃亏还是吃过的，但是越大仓位的时候越没有吃亏过，亏都是亏在轻仓的时候，因为看得准的时候仓位才能大。亏钱都是一点一点亏的，赚钱都是一把赚来的。所以说还是要研究到位，要下功夫，功夫在盘外，不在电脑中，不在K线中。要下功夫，深入到田间地头，深入到厂矿企业。做研究，和建高楼大厦一样，要从打地基开始！

只要研究方法对路，理念正确，思路对头，坚持理性，摒弃感性和惯性，成功只是时间问题。当然也有运气在里面，但是时间长了，运气是一定会有的。钱是长眼睛的，只要你辛勤付出，时间足够长，钱就会跑你那里去了，这就是运气。只要找的路对，就能走到你想要到达的地方！

傅海棠：与势同行，无往不利

2018 年 2 月 24 日

本文是 2018 年 2 月 24 日傅海棠参加《牛钱面对面》第 11 期访谈的内容整理。

观点摘要

所谓天道，涵盖的是一个比较宽泛的概念，简单来说就是：不以人的意志为转移的一个自然规律或者价值规律。

我们是散户，散户是处在弱势的一方。如果要想有一番作为，就一定要和大势站在一起。

农民出身的影响主要是体现在"务实"，这是很多人没有的。

操作一个品种主要是从"供求"方面考虑，而对于供求变化过程的把握是关键。

一开始是对农产品感悟比较深，再后来几乎对所有的品种都有参与，除了贵金属，（黄金和白银）很少参与。

每年都会发生很多好行情，但较多行情是抓不住的，只能抓能看得懂的行情。

期货本身就有价格发现的功能，很多投资者把这个忘了而已。

行情的走势它不是偶然现象，先有原因后有结果。

宏观分析也属于天道思想的一部分。

对自己所做的货一点都不了解，很难真正地去判断未来价格或是走势。一定要对自己所做的商品有一个全面的了解。

条件允许的情况下，最好要到实体去考察和调研。

不要轻信个别经济学家所说，对未来很悲观，没有什么可悲观的。中国的经济很好，国外整体也不差。

- **散户要想有作为，一定要和天定的大势站在一起**

主持人：傅老师好，感谢您参加《牛钱面对面》。

傅海棠：主持人好，各位投资者朋友大家好。我是傅海棠。

主持人：今天采访主题之一，就是想和傅老师您聊聊，您常说的"天道思想"，因为您这个思想被很多人推崇。而您在各大论坛网站上都有提到天道，那您的天道思想是怎么来的？

傅海棠：所谓天道，涵盖的是一个比较宽泛的概念，简单来说就是：不以人的意志为转移的一个自然规律或者价值规律。主要是指，像出现一些干旱，这种供求关系、价值规律决定的大行情，它不是以人的意志为转移的。有一句话叫：天下大势浩浩荡荡，顺之者昌逆之者亡。这句话本身就是一个天道思想，也是孙中山说的最著名的一句话。

主持人：很多投资人士都想要去悟道，有的会信佛，经常打坐念经，那您觉得悟道它是一个什么样的过程？

傅海棠：说到过程，首先要从认清自身开始。因为我们是散户，散户是处在弱势的一方。如果要想有一番作为，就一定要和大势站在一起，才能战胜一些大机构和大资金。不讲天道，无论从资金规模还是信息的获取等，散户都比不上那些正规大机构或团体大资金。

主持人：傅海棠老师现在应该是一个"大道至简"的状态。您常说自己是农民出身，那您觉得这个身份给你的交易之路带来了哪些影响？

傅海棠：因为从农村成长起来，对第一线的情况是非常了解的。自己以前亲手种地、搞养殖，参与整个过程的贸易行为，积累了丰富的经验。所以说，农民出身的影响主要是体现在"务实"，这是很多人没有的。

- **把握供求变化的过程是关键**

主持人：您在操作一个品种的时候，是运用什么样的思想进行操作的呢？

傅海棠：操作一个品种主要是从"供求"方面考虑，而对于供求变化过程的把握是关键。比方说，一个商品的价格低到了一个区间，这个区间值简单理解就是靠近成本线，甚至是低于成本线。这个时候就要注意了。**商品价格一旦低于成本，会直接打击生产者和他的生产积极性**。因为生产的越多亏的越多，生产的时间越久亏的也越多，那么导致的结果一定是：减产、停产直至破产。

当市场发生这些后，供求关系也就随之发生变化。随着时间的推移，没人愿意去生产了，市场进入了消耗库存的阶段，那这个商品将在未来某一时间内会出现供不应求，慢慢地价格就会自然而然地上涨，甚至于暴涨。

而当商品的利润过高，肯定就会吸引很多人进入到这个市场。人多了以后，生产群体规模也随之扩大，慢慢地就会导致商品出现供大于求的局面。在供大于求的初期，市场还存在一个消化过程，短时间内这个商品的盈利还是很丰厚的。但是，由于共大于求，销售端的竞争导致价格下降，利润开始下滑，生产积极性也就开始减少，带来的就是开始减产，理想的状态是最后供求平衡，最坏的结果就是破产。

当你明白了这个供求关系的变化过程后，就给你操作品种提供了一个思路。

主持人：运用您的这种交易的思路，说的俗一点，赚钱会容易吗？

傅海棠：如果说真正领悟到，相对来说，赚钱会容易一些。但是**这个容易只是相对来说的，因为赚钱从来都是一个很难的事。你要明白，期货市场本身就是一个博弈的市场**，双方永远都是站在对立面。它和股票还不一样，股票是单边，一个共赢的市场。期货本身就是你死我活，从来都不是共赢。一方有盈利，必定另一方在亏损，并且另一方的亏损一定会超过盈利的那一方的幅度，中间还要有手续费。

主持人：那傅老师您现在对于哪些品种研究得比较深？或者对他感悟比较深？

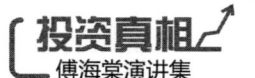

傅海棠：一开始是对农产品感悟比较深，再后来几乎对所有的品种都有参与，除了贵金属（黄金、白银）很少参与。严格来说没有侧重点，就是看到哪个有机会就做哪个。每年都会发生很多好行情，但较多行情是抓不住的，只能抓能看得懂的行情。

• 行情走势不是偶然的，是因果现象

主持人：您认为期货行情是可以百分之百确定的。这个我很好奇，您是如何去确定的？

傅海棠：其实不难理解。**期货本身就有价格发现的功能，很多投资者把这个忘了而已。期货是什么？就是发现价格！**今天期未来的货，把未来的这个价格发现出来以后，知道要买要卖，这本身就是价格发现。**行情的走势它不是偶然现象，先有原因后有结果。**比如说一波牛市或者一波熊市，它都是在这个行情以前就具备了启动条件。这就像是做菜，用什么原材料，就决定了做什么菜。所以，你要找到了原因就会知道了结果。

主持人：傅老师您应该是抓宏观的，那您觉得宏观对于行情的影响有多大？会影响您的天道思想吗？

傅海棠：抓宏观的话，还是要看品种。比方说工业品，那就是100%影响。宏观分析也属于天道思想的一部分。从2015年年底开始到2017年，出现了两年多的牛市，为什么？供给侧改革、房地产去库存导致需求增加，基建的大量投资，这背后都是宏观导致的一个需求转好。

主持人：现在这个期货市场，很多投资者都是坐在电脑前或者拿着手机去进行交易，可能对于他操作的品种，比如说豆粕，他都不知道豆粕长什么样的，那您对这样的投资者有什么样的建议？

傅海棠：对于这样的投资者，他们最好要搞清楚现货。对自己所做的货一点都不了解，很难真正地去判断未来价格或是走势。一定要对自己所做的商品有一个全面的了解。

大的方面就是宏观，小的方面就是商品生产流程、供需格局、供需特

点。每个商品都不一样，就连淡旺季都有区别。像菜粕年前11月前后最淡，旺季从1月份慢慢开始到5月份，再到9月份。再比如玻璃，1月到6月份这是个淡季，6月份到11月份这是旺季。这些都需要投资者去搞清楚。

条件允许的情况下，**最好要到实体去考察和调研**，当然这是逐步积累的一个过程。

● 中国的经济很好，国外整体也不差

主持人：非常感谢傅老师的解答，最后一个问题，现在已经到2018年了，那么对于到来的2018年，您有什么样的展望？

傅海棠：先谈宏观的大环境，我国是一片繁荣，不要轻信个别经济学家所说，对未来很悲观，没有什么可悲观的。中国的经济很好，国外整体也不差。

接着说商品，商品太多，举个大范围说。例如：**长周期来讲，不可再生资源的大宗商品，随着时间周期的拉长，一定会涨**。这个毫无疑问。但是做期货做不了长周期。要是股票就行了，逢低买了放20年，中间一定会有赚钱的机会，可是期货毕竟和股票是有本质的区别，你要想做多，都尽量寻找一个低点或者相对比较低的一个商品，或者接近成本底部的商品。但是现在也不好找，前段时间还有个铁矿跌到400元/吨出头。这两天就到500元/吨以上了，相对前期那个低点涨得也不少。现在铝价格低，但是库存非常高，供大于求。

傅海棠：西方传统经济学存在很多的弊端

2018 年 3 月 10 日

2018 年 3 月 10 日，2018 私募基金年会暨 2017 七禾网基金颁奖典礼在杭州召开，本次年会由杭州玉皇山南基金小镇指导，七禾网主办，大连商品交易所特别支持，华鑫证券、南华期货协办。以下内容是"经济学家论坛"圆桌讨论中主持人和傅海棠的互动。

观点摘要

现有的以西方为主的传统经济学存在很多的弊端和陋习，它和实际的情况根本对不上号。

市场的效率来自管理，可以说各行各业、各个方面从小到大都离不开管理。

经济发展的核心，包括中国崛起的奥秘就是强大的政府、正确的道路、勤劳的人民、自主的货币、劳动创造财富。

美元大势已去的原因主要是美国的制造业出了问题，货币货币有货才有币。

> 大通胀目前来看是不会来的，尤其是各个国家央行调控的水平，以及对市场的管理水平在逐步地提高。
>
> 像美国1929年纯属白痴，它不是白痴怎么搞出大萧条来。
>
> 做期货要紧盯国家的政策和领导人的想法。

● 西方传统经济学、和实际情况对不上号

马明超：今天每一位的桌子上有一本书《中国崛起的奥秘——财富论》，是想让所有普通人都可以轻松地理解市场、理解经济。我们请傅海棠为大家说几句。

傅海棠：大家好，《中国崛起的奥秘——财富论》今天得以出版，是我们很多年来的心愿。这本书的出版得到了沈良和孙成刚博士的大力支持，才得以如愿。在此对孙博士和沈总表示衷心的感谢，包括马明超多次在一起协助，提出了宝贵的意见。

为什么想出这本书呢？从我自己的观点来看，现有的以西方为主的传统经济学存在很多的弊端和陋习，它和实际的情况根本对不上号。拿我的话讲，基本上是在闭门造车，它就不知道到底经济是怎么一回事。尤其西方的数学推演、数学公式，**你研究经济学搞数学公式做什么呢？**经济学隶属于哲学、管理学的范畴。这就和军事学是一样的道理，打仗能够数学推演吗？说简单一点，和农村种地也是一样的，没有什么数学公式，也没有什么假设，实事求是，天干旱就浇水，不就解决问题了吗？发展经济也是这个道理，**没有不能解决的问题，只有不想解决的问题，更没有政府解决不了的问题。**

所以西方经济学主流的观点很多是错误的。**管理出效率，市场的效率来自管理，**可以说各行各业、各个方面从小到大都离不开管理。如果说哪一位学者能够找出一个方面不需要管理，效果比管理都好，经济学就可以放任自流。我想没有一个人能找到不需要管理比管理以后的效果要好的领域，根本找不到。所以说自由竞争是相对的，必须有效地管理市场，就是要建立一个政府有效管理下的市场。

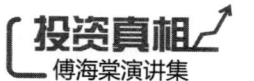

我出版这本书的目的，就是希望每个人都懂经济学和了解经济学，树立正确的经济学观念。树立了正确的经济学观念，对我们的家庭和国家，以及对全球的人类，对促进经济的发展都有一个很好的作用。当然，初次阅读可能会有不接受的地方，因为和主流的经济学观点完全是南辕北辙了。要么推翻教科书，要么推翻我。

马明超：您的书刚刚出来三天，已经卖出了几千本了。版税是怎么拿的？

傅海棠：我承诺过版税将全部用于经济学的研究和交流。

马明超：谢谢！这本书太重了，3.2斤。一本书卖129元，十本书我就要扛回去了，您用一句话告诉我们，到底写了什么？

傅海棠：经济发展的核心，包括中国崛起的奥秘就是强大的政府、正确的道路、勤劳的人民、自主的货币、劳动创造财富。

马明超：请您谈一谈您对美元的看法。

傅海棠：若撇开欧元的影响，美元应该是大势已去了。美元大势已去的原因主要是美国的制造业出了问题，货币货币有货才有币，所以前几年说人民币要崩盘，哪个国家的货币要崩盘，人民币也崩不了。美国想发展是想，想和实际还有很大的差距。人已经变懒了不想干活了。

● 对症下药不是"刺激"

马明超：我读过傅老师的书，您认为经济是一直需要刺激的。

傅海棠："刺激"这个词不对，误导了人们正确的观点，当然不是我们发明的，是书本上这样说的。不应该叫刺激，比如说这个地旱了，我浇水，这个叫刺激吗？对症下药叫刺激吗？我有办法解决我为什么不用呢？轻而易举地解决了，这是正常的、合理的、必要的措施，这不叫刺激。

马明超：美联储说通胀开始慢慢地起来了，我想问在新技术、新经济的背景下，我们未来还能够出现比较大的通胀吗？或者说未来大的通胀，我们可能见到吗？如果通胀来了，哪个板块受益？

傅海棠：通胀无非就是钱多货少的问题，购买力下降。只要我们和平，好好地生产，大通胀是不会有的。大通胀目前来看是不会来的，尤其是各个国家央行调控的水平，以及对市场的管理水平在逐步地提高，不是以前的管理水平，像美国1929年纯属白痴，它不是白痴怎么搞出大萧条来。

中国政府尤其是近几年对市场的调控和管理非常的及时和到位，完全把关。做期货要紧盯国家的政策和领导人的想法。中国是，美国不是吗？美国也是的，特朗普上台，也就按照特朗普的思想去干。

傅海棠：做期货的人，就是综合商品贸易商

2018 年 3 月 17 日

本文为 2018 年 3 月 17 日在第八届海通期货笑傲江湖期货实盘大赛颁奖典礼上，傅海棠的发言整理。

观点摘要

> 做期货的人，从本质上来讲就是一个综合商品贸易商。
>
> 当你把自己看成一个买卖商品的贸易商的时候，那么你的思维方式自然就会像一个贸易商一样去思考，而不是一个市场中的投机者。
>
> 供求决定价格，市场运动遵循天道规律，价格趋势源于供求动力。
>
> 市场上任何情况的发生都离不开供求这两个字，只要你抓住了核心和本质，一切问题将会迎刃而解。
>
> 研究供求基本面的时间越长，你在这个期货市场上生存下去的概率就越大；当你存活的时间越长，你最终会盈利，会真正活下来。
>
> 我们应该从供求出发，盯住有问题的品种。所谓有问题的品种就是，在现货市场中跌幅比较大的，（生产者）亏的比较惨的。
>
> 生产者越是亏得狠的品种，越是你可能发财的品种。
>
> 当一个品种出现生产者长期亏损时，要做的就是死死地盯住这个品种，不能放松，那么便不愁抓不到机会。
>
> 如何在期货市场中保持一个好的心态呢？找到确定性。
>
> 在期货市场中，每个商品的大行情都是可以确定的，如果没有找到，就说明研究的功夫还不到家。

- **把自己看作买卖商品的贸易商**

期货市场是比较复杂的，有很多投资者在进入期货市场前，根本不知道自己是在做什么，也不曾了解期货市场的本质。**做期货的人，从本质上来讲就是一个综合商品贸易商**。什么都干，买铜、买铝、买豆粕，什么都买。在期货市场中做短线的，可以理解为，就是在短期贸易中赚价差，低买高卖。而在期货市场中做长线的就可以看成是正宗的囤积居奇了。所以，当你把自己看成一个买卖商品的贸易商的时候，那么你的**思维方式自然就会像一个贸易商一样去思考，而不是一个市场中的投机者**。

在贸易商买卖货物时，必须对他经营的这个商品的未来价格走势要有良好的判断，要有准确的把握，毕竟谁也不想亏钱。所以这时的你必须要去研究你选中的这个商品上下游的供需关系。**供求决定价格，市场运动遵循天道规律，价格趋势源于供求动力。市场上任何情况的发生都离不开供求这两个字，只要你抓住了核心和本质，一切问题将会迎刃而解。**此外还要牢记一点，期货价格的走势取决于现货而不是期货，期货的价格会在现货价格上下的一个幅度之内，不会过度地背离，如果出现过度背离的情况，那么最终期货还是会回归到现货，像2017年的螺纹钢一样。

做期货就是做贸易，而做贸易你就势必要研究基本面，而基本面研究就是研究供求，在基本面所做的一系列的研究必须围绕着供求进行。那么有人会问了，研究供求真的可以在期货市场上盈利吗？答案是肯定的，在这里我们首先要明确一个观点，在期货市场上首先要做的不是想着一夜暴富，而是要想着怎么生存下去。这就是研究基本面，研究供求的意义所在。**研究供求基本面的时间越长，你在这个期货市场上生存下去的概率就越大；当你存活的时间越长，你最终会盈利，会真正活下来。**

做期货切记不能凭感觉，不能把凭感觉赚钱当成是真本事，这样下去，总有一天在期货市场中你的感觉让你输光所有的钱。

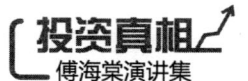

- 如何选品种？

现在的期货市场品种众多，差不多 50 个品种，但一个人的能力、精力是有限的，别说是我们个人，就是有时候连机构都搞不清楚。那么在这样的情况下，**我们应该从供求出发，盯住有问题的品种**。所谓有问题的品种就是，**在现货市场中跌幅比较大的，亏得比较惨的**。当这种情况发生时，就说明供求出现了问题，这个时候的你不能放松，一定要死死地盯住这个品种，**生产者越是亏得狠的品种，越是你可能发财的品种**。请记住：**只有亏得受不了，没有赚得受不了。下跌的时间越长，后面上涨的幅度越大。这是 100% 确定的**。

就拿 2017 年的鸡蛋为例，当时的情形是养殖户连续亏损半年以上，这么长时间的亏损导致淘汰了一批又一批的蛋鸡，少的淘汰了 30%，多的淘汰了 50%，当时的鸡苗更是无人问津。特别是以前收鸡蛋的商贩，原来一个村的鸡蛋一车都装不下，现在连跑了三个村子，都收不满。所以这样的一套信息总结下来，当你立足于供求关系时，便会很快地想到，鸡蛋供不应求的局面就要开始了，做多的机会也要来了。所以当一个品种出现生产者长期亏损时，要做的就是死死地盯住这个品种，不能放松，那么便不愁抓不到机会。

另外一个选择商品的诀窍就是，**盯住暴涨的品种**，但是这个相比暴跌的品种，相对难判断一些。还是之前那句话，只有亏得受不了，没有涨得受不了，在供求关系没有改变的情况下，可以无限上涨，你买我卖，赚的是真金白银，怎么都不嫌多，就如同之前的螺纹钢的牛市一样。但是你要想到，长期的暴涨和高利润是不可能持续的，必然会迎来拐点，那么该如何判断拐点呢？

一共有两个方面：第一，企业会减少生产，因为生产得越多就会亏得越多，同时也没有足够的资金去支撑他们继续大量生产。一减少生产，供求关系就会慢慢改变，变成供不应求。第二，国家这时会出政策来改善经济形势，加大对企业的扶持力度，加大对市场的疏导力度，这样一来供求关系也会逐步得到改变。如 2015 年下半年国家也及时地采取了包括房地产降首付、黑色去产能在内的一系列措施，很快就改变了供求关系，经济很快就得到了改善。

当遇到行情拐点的时候，如果能精准出击，可以重仓；而如果不能精准出击，就采取轻仓的策略。

讲到螺纹钢，就顺便讲一下黑色系牛市需要具备的要素：

1. 行业极端点的产生——减产、停产、破产；

2. 国家主导需求；

3. 货币政策宽松；

4. 经济发展阶段性和消费层次的提高；

5. 需求一定要超过产能；

6. 对异常情况的捕捉（出口变进口，进口国比出口国价格还低）。

- **找到确定性，心态就会好，单子就拿得住**

如何在期货市场中保持一个好的心态呢？找到确定性。所谓的确定性就是，基于对供需关系基本面的研究所得出的结果去指导交易，这样的方式叫作找到确定性，就像做菜一样，为什么菜会咸，盐放多了。由此可见，抓住问题的本质是多么的重要。搞清楚菜为什么咸了就如同搞清楚商品为什么会上涨或下跌，抓住问题的核心本质，就是抓住的确定性。找到了确定性，你的心态就会好，单子就会拿得住。

在期货市场中，每个商品的大行情都是可以确定的，如果没有找到，就说明研究的功夫还不到家。不要把交易依靠在概率身上，靠概率的人迟早会败在小概率的事件上。

傅海棠：任何人阻挡不了中国的发展和前进

2018 年 3 月 31 日上午

2018年3月31日上午，由中国经济出版社特别支持、七禾网主办、上海中期协办的《中国崛起的奥秘——财富论》新书发布会在上海举办。傅海棠在发布会上做了主题演讲，以下是傅海棠演讲的内容整理。

🔊 观点摘要

> 我坚信，西方经济学一定会被证伪。因为西方经济学存在的漏洞实在是太多了，理论和实际存在非常大的差距。
>
> 经济学是有得就有失，阴阳同生。
>
> 光盯着货币超发是有问题的，很多人没有关注到同时物质、财富、生产力增加了很多倍。
>
> 正是因为有相对不公平的存在，社会才会进步，当然我们同时也会

尽可能地接近公平。

任何人阻挡不了中国的发展和前进，只要我们自己不出问题，外部原因都是小事情。

人越多社会分工越细，行业越健全，生产成本就越低。

我们国家是一决定的事就马上干，对的就继续坚持，不对的马上就改，这就有效率，发展速度也快。

波段节奏比趋势更重要，大方向看涨，那就逢低，在大家恐慌的时候买入，价位高的时候出场。

当大部分人开始恐慌，想法趋于一致的时候，你一定要保持警惕和清醒，看看是不是市场转折点到了，能找到机会。

稍微大一点的资金，很容易就会给市场带来影响，所以我觉得盯着K线、均线看是不够全面的。

一切都是如预期所发生的，经济是确定的。

美国加息这个经济措施是完全错误的。加息就是给债务人造成压力和负担，给有钱人输送利益。

在不久的将来，全球经济就会同时大爆发。

未来不可再生的大宗商品的涨幅一定会很大，这是毫无疑问的。

整体来说，中国未来的房价就一个字——涨，只是涨得快还是涨得慢的问题。

做期货投资还是要紧盯国家的政策和全球的政治环境。

2015年年底到2016年，我实现了个人财务的较大改善，就是因为盯住了国家的政策，研究透了经济的真理。

经济危机和经济周期不是天灾，而是人祸。

• 西方经济学一定会被证伪

首先对来自全国各地老师们、大咖们、同仁们表示衷心的感谢和热烈欢迎。非常高兴有机会和各位老师们进行分享，也非常感谢朋友们来捧场新书发布会。我最大的心愿就是出版这本书，以前的书《一个农民的亿万传奇》是偶然遇到沈良才意外出版的。早前我就很想写一本经济学的书，一直没有完成，中间有许多曲折的故事就不再过多叙述了。后来遇到了孙成刚博士，他非常有水平，我一看这书能写出来，我的心愿能够完成。最后我和孙博士（孙成刚）、沈总（沈良）三个人合作，终于在去年（2017）年底完成了《中国崛起的奥秘——财富论》。

核心思想我就不再过多讲述，在场各位可能也都有所了解了。这本书很多人初次看可能会有抵触，因为这和主流的经济学思想很多地方是相悖的。在3月10日七禾网举办的私募基金年会上，我说了要么把西方经济学推翻，要么把我的理论推翻。到底谁推翻谁，就走着瞧。但是**我坚信，西方经济学一定会被证伪**。因为西方经济学存在的漏洞实在是太多了，不接地气，完全是闭门造车，理论和实际存在非常大的差距。

我就简单地说一下他们错在哪里。首先经济学不是数学，数学要精确，1+1=2。但是他们研究经济学似乎也用了这种思想，搞得非常完美和精确，但其实大错特错。**经济学是有得就有失，阴阳同生**。就像得了病，为了治病就得开刀，那对身体也是伤害。但是西方经济学就会抓住这些不好的一面说有问题，99%的好处不提，单提1%的毛病，所以他们没有真正理解经济学的本质。我可以说很多拿了诺贝尔奖的经济学定律都有问题，前段时间还有经济学家在说，经济学理论在今年失效了。我在下面嘀咕，既然是真理，为什么失效了呢？现实发生的是真理，但是和现实都对不上号，怎么还能叫真理？按那个经济学家说，就业率增加，工资就会增加，但是现在失业率也很低，工资也没见得大幅度上涨。总之各种社会现实状况和他的理论对不上号，他就懵了，还说那是经济学真理。

为什么人们老说货币超发，担心恶性通胀，但迟迟也没有发生问题？**因为光盯着货币超发是有问题的**，很多人没有关注到同时物质、财富、生产力增加了很多倍。货币，货币，有货才有币，确实发了很多币，但是我们的货增加得更多。

2016年之前几年，工业品、农产品都大幅度下跌，那时候还说M2增加太快，实际上是增加太慢了。如果是增加太快了，为什么会导致通缩的结果？光盯着M2的增长了，没人看货的增长，要整体协调着来看。去年上半年这个声音还很盛行，要么说把房价打下去，要么就货币贬值，大家都在争论保汇率还是保房价，但是汇率和房价有什么必然关系？所以现在也都没有声音了，发现房价保住了，汇率也没崩盘，和西方经济学上说的完全是反着的。

房子是不可移动的商品，中国房价跟美国、日本的房价没有可比性，收入水平、政策、地域都不一样，拿两个风马牛不相及的东西比照，肯定大错特错了。外汇和房产之间是不可流通的，上海的房子又不能搬到美国去，纽约的房子也搬不到中国来。开放可流动的商品倒是可以，比如中国的大米100元一斤，美国的大米2元一斤，那和汇率有关系，而且靠政府关税控制，完全可以做得很好。现在都说要自由贸易，自由是相对的，不自由是绝对的，同样，公平是相对的，不公平也是绝对的，这是宇宙的规律。正是因为有相对不公平的存在，社会才会进步，当然我们同时也会尽可能地接近公平。

• 任何人阻挡不了中国的发展和前进

今天演讲的题目叫"世界经济的第三次腾飞"，由于时间的关系我把大纲说一下。首先是世界在学习中国模式。之前有媒体采访我，对特朗普发动贸易战怎么看，我说没事，不理他更好，**任何人阻挡不了中国的发展和前进**。只要我们自己不出问题，外部原因都是小事情。

以前看似是美国针对日本，广场协议使得日本经济大幅倒退，但其实是日本自己内部政策出了问题，美国造成的外因不是主要因素。

现如今美国离开了中国不行，特朗普看到中国发展也着急，世界老大的位置摇摇欲坠，所以采取了一些措施。美国只有3亿人，中国有14亿人，**人越多社会分工越细，行业越健全，生产成本就越低，美国怎么发展得过我们？**任何事都不可能完美，但是我们国家不断在改进，把好的东西发展起来，把不好的去掉。我们的政治体制远远优于美国的体制，美国三方相互扯皮，你盯着我我盯着你，什么事都办不好，或者没事找事，把你拉下马我自己就能上去。**我们国家则是一决定的事就马上干，对的就继续坚持，不对的马上就改，这就有效率，发展速度也快，两者相比较而言，我们是对的。

我们有很多国有资产，我以前也觉得都变成个人的会更好，但是现在我发现都变成个人资产了就不能协调发展，更不能快速发展。表面看似没有效率，但是背后的效率衍生很大。举例来说，中国的铁路总公司是属于国家的，但其实国家的就是大家的。美国的高铁之所以发展不起来，因为都是私人老板，一算账觉得投5亿造可能要亏钱，那就不造了。中国不一样，就算表面账上亏钱了，实际还是赚钱的。如果火车不跑，国家的经济，很多的产业就没办法带动，我们个人也少赚钱。**促进生产、提高效率、方便生活所带来的经济发展，相当于表面亏5万亿，背后赚20万亿，国家赚大了。** 这就是经济的本质。所以现在全球很多国家都在直接、间接学习中国，其实特朗普也在学习中国，大力发展制造业，欧洲也是，印度等东南亚国家更是直接照搬，中国模式是适合全球的。

再细数世界的三次腾飞，第一次是以英美为首的老牌西方资本主义国家带动，但是涉及很多国家人口少，能量也小；第二是以中国为首，从邓小平改革开放开始，过去40年的时间，14亿人口的体量带动了世界经济的增长，比如带动大宗商品的一波暴涨，2008年达到顶峰。目前，我们可以看到的是以中国为首，东南亚国家比如印度也开始发展了，老牌的西方资本主义国家着急了，全球80亿人口同时赛跑。

这对全球大宗资源的抢夺是不可想象的，光2008年中国一家买货就发展成那个样子，后面涨幅是不可限量的。但是这需要的时间很长，现在闭着眼睛买照样爆仓。**波段节奏比趋势更重要，大方向看涨，那就逢低，在大家恐慌的时候买入，价位高的时候出场。** 这样来回做几次，像王健林说的那样，赚个一亿完全是小目标，到一百亿也有可能。连想都不敢想的话，怎么去实现目标？所以首先要敢想。像螺纹钢4000元/吨多，一下子到3200元/吨，铁矿涨到570元/吨，一下子跌到430元/吨，要是追在高点上，就算轻仓也早就大亏了。到了430元/吨不敢买了，价格又上去了。到550元/吨心里又着急了，手一哆嗦又追进去了，这样就不行。看涨就要逢低做多，看跌就逢高做空，先分析清楚基本面和未来的趋势，再根据阶段性国家的经济、政策情况进行行动。

- **盘口分析、技术分析，是没有大用处的**

期货是对手交易。就像今天在座的几百位朋友，其实在期货市场上相互都是敌人和对手，但在现实生活中，还是友谊第一。交易过程中哪怕全亏给对手了，也会尊称对方为老师、高手，希望得到一些经验分享。所以说这个市场比较特殊，实际上我们相互都是对手。一定要考虑清楚，我们是对手交易。所以当大部分人开始恐慌，想法趋于一致的时候，你一定要**保持警惕和清醒，看看是不是市场转折点到了，能找到机会。**

如果把握不大，可以把仓位设置得轻一点，不要频繁操作。有些人可能比较喜欢高频交易，来来回回多次进出场，我个人不喜欢这种操作手法。当然，每个人的思维方式不同，能赚钱就是好的。

有一人，他做期货很久了，但是做得不好。前段时间我在 430 元 / 吨、440 元 / 吨的位置做了铁矿，570 元 / 吨的时候没有出，后来到了 500 元 / 吨我一看觉得形势不好。螺纹钢的库存比较高，铁矿的库存也创了历史新高，如果螺纹钢短期内要崩，铁矿肯定也要下跌不少。于是我赶快放空螺纹，平掉铁矿。那时候螺纹在 3600~3700 元 / 吨之间。这个人也做空了螺纹。过了两天他说他螺纹钢赚了 3 个点出来了。他觉得自己出来以后螺纹钢涨了几十个点说明自己出对了。刚放空了螺纹钢，结果赚了 8 个点就出来了，这要怎么赚钱呢？这也不算什么，又隔了一天，他说他盘口观察螺纹钢下跌动能不足，是不是说明要买回铁矿？我看完觉得很郁闷，就给他发了三个字——不确定。刚隔了一天，螺纹钢就跌停板了，这哪里是下跌动能不足？怎么从盘口观察下跌动能不足？**所谓的盘口分析、技术分析，是没有大用处的。**

我有时候觉得技术分析就跟西方经济学一样，预测一次错一次。房价天天往上走，自从北京、上海的房价涨到 5000 元 / 平方米开始，就一直说有泡沫，结果现在已经涨到十万了。前面还纠结有问题，但现在形势一片大好，高楼大厦拔地而起，高铁的水平越来越高，国家的基础建设越来越好，何来的泡沫和崩盘呢？

前两天我还在说，光是观察 K 线、均线，比如说一分钟线、三分钟线，并看不出什么东西来。我就举一个例子，玻璃 1701，890 元/吨上市，当天跌到 850 元/吨，我那天是买入，均价 860 元/吨。当天，持仓到了 10000 多手，我自己是单边 6000 手，都是我的多头。它涨得比较慢，从 800 多元/吨涨到 1100 元/吨回调，1200 元/吨回调，最后 1300 元/吨回调，虽然涨得比较慢，但还是一点一点上去了。说来也巧，自从我 860 元/吨买了就再也没跌过，就上去了。中间我倒了好几次仓，我觉得涨得不小了，现货也没有暴涨的可能就出来。我一出，分时图就下去一些。这种情况下，你就能通过盘口观察出来我这个时候就要平仓吗？就算咱俩面对面坐着你也不一定知道，更别说还没有面对面坐着。我出来以后就相当于是一个大多头走了，现货也不暴涨，行情肯定会偏弱。我一看我出来以后跌了好几次，这价格也行了，三五十个点也不少了，就又进去了，于是本来是横着的移动平均线又上去一些。你怎么知道我要买？光盯着均线看，这种情况下怎么可能看得出来呢？我们是对手交易，怎么可能知道哪个人马上就想出，哪个人马上就想平？这是很难看出来的。**稍微大一点的资金，很容易就会给市场带来影响，所以我觉得盯着 K 线、均线看是不够全面的。**

• 货币多了，经济就会好

经济学也是这个道理。为什么经济学家一次次地预测，但一直都没有准过？有个经济学家一直讲，美国经济超出我的预期、欧洲经济超出我的预期、日本经济超出我的预期，为什么总超出你的预期呢？**一切都是如预期所发生的**。正如孙博士所说，**经济是确定的**。早就知道了美国经济好，欧洲经济好，日本经济好，中国经济更没事。为什么知道是确定的？安倍上台以后日本就开始放水，正常情况下，**货币多了以后一国的经济肯定好**。浇水浇不透就使劲浇，抽水机不停，肯定浇透。欧洲同理，QE 宽松，经济肯定会好起来。美国也是宽松，但是现在开始加息了，再加几回美国的经济可能就会出问题。美国加息这个经济措施是完全错误的。**加息就是给债务人造成压力和负担，给有钱人输送利益，使其可以不劳而获。这不是落井下石，打击穷人吗？正确的做法是照顾债务人，缩小贫富差距。**

有人说加息是为了防止通货膨胀，预防通货膨胀是两条腿走路，为什么一定要动"加息"这条腿呢？可以选择加大生产，想办法促进经济的发展和物质财富的增长。**贴息贷款，补贴贷款，抓紧生产，扩大产能，物质一多，物价不就下跌了吗？**为什么非得用加息这一措施呢？一直到现在，西方经济学的主流观点还是没有认识到这一问题，还在错误的道路上没有改过来。当然，中国改得是最英明的，比全球其他央行、其他政府英明多了。增加生产以后，国家就强大了，人民也富有了，物价也下去了。为什么一定要减少贷款、提高利率呢？我觉得这是西方经济学的弊端和漏洞。

全球经济第三次腾飞，我在开场的时候也讲了，这是毋庸置疑的。在**不久的将来，全球经济就会同时大爆发，抢夺大宗商品的情况会出现**，当然，这是长周期的，只不过会以一个较快的速度开展。**未来不可再生的大宗商品的涨幅一定会很大，这是毫无疑问的**。经济再也不会出现像以前那样的长期萧条的情况。我们要记住一点，虽然中国最英明，但除中国以外的政府和央行也比较英明，比以前英明多了，他们也在不断地学习和进步。

• 中国的房价不会崩盘

房地产方面，中国的房价不会崩盘。原因很清楚，土地的供应方只有一家，国家卖地就是我们所有人共同卖地，就这一家，没有第二家土地供应商。之前，土地的拍卖价格是不断上涨的，新拍卖的地面价跟原来的楼面价基本上就是差不多的，加上建筑成本和税收，它的售价怎么可能还会比原来更低呢？从这个角度看，我们就可以认为房地产不会崩盘。有人还预测房价要下降一半，这种情况基本上是不会发生的。局部地区，个别点位可能涨高了，会出现三万跌到一万五的情况，但这并不意味着全国的房价都会下跌，我们不能用一根头发丝代表整个身体。

• 做投资，要紧盯国家的政策和全球的政治环境

做期货投资还是要紧盯国家的政策和全球的政治环境。各位把《中国

崛起的奥秘——财富论》看明白了，就能知道经济的本质是什么，国家出了政策以后你马上就能知道经济会往哪个方向走。**2015年年底到2016年，我实现了个人财务的较大改善，就是因为盯住了国家的政策，研究透了经济的真理。**那个时候大家都说银行有坏账，地方有债务，经济要崩盘，但是国家政策出了以后环境马上就好了。我一看中央政府出现了宽松的态势，房地产要开始去库存，贷款也放松了，PPP也出来了，那一定是逢低买入的时候到了。按照某些经济学家的理论，中国经济在2016年必崩无疑，但事实上并没有崩。所以说，一定要相信真理，明白国家的什么政策对应着什么结论。**经济危机和经济周期不是天灾，而是人祸。**我做期货18年，大的宏观是看经济政策，微观看的是行业基本面。

因为时间关系，今天的分享就到这里，言语不当之处还请大家多多包涵和指正。谢谢大家！

傅海棠：中国经济好，带动全球经济一起发展

2018 年 3 月 31 日下午

本文为 2018 年 3 月 31 日下午在 2018 国际大宗商品期现交流高峰论坛暨第一届夺冠高手东方杯期货实盘大赛启动仪式上傅海棠的演讲整理。

观点摘要

宏观没有问题，好得很，形势一片大好，中国好，国外也不差。

宏观就是国家政策，金融货币手段，你研究宏观就研究国家经济政策，研究央行货币政策就行了。你说我怎么研究呢？我告诉你怎么研究，很简单，饿了就吃饭，渴了就喝水，冷了穿衣服，热了脱衣，发现问题解决问题，一切问题都不是问题。

生产的物质财富越多经济越好，没有了才叫经济不好，经济的好坏和价格上涨、下跌没有关系。

经济好不好，不要用价格去评判，而要看生产量。

肉烂在锅里，体制内循环，银行有坏账，企业亏了钱，无非消费者腰包鼓了。

企业都倒掉，没人生产商品了，价格会涨到天上去，我们的存款真变成纸了。

只要企业生产不停，存款就保值，发的钱就不会恶性通胀。

需求实际是无限的，为什么需求是无限的？因为人的欲望是无限的，欲望从来不封顶的，没有上限。

人就是这样，有虚荣心，也不全是虚荣心，应该叫好强，好强就促进发展。

欲望无限，所以不存在过剩，一定要记住，所有经济学上说的过剩都是伪命题。

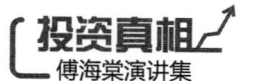

> 全球经济现在进入空前的蓬勃发展，第一次全球经济发展是以英美为主的老牌西方资本主义国家，也就几亿人口，对大宗商品的资源抢夺有限，第二次经济腾飞全球以中国为首，有十几亿人的推动力，能量比较大。

● 经济好不好，不能用价格去评判，而要看生产量

很高兴接到夺冠高手平台邀请跟各位投资者进行分享和交流。我2000年做期货到现在19年，风风雨雨，目前还活在这个市场上，没有被市场消灭。

今天我来讲讲宏观，从宏观分析去看投资机会。我讲宏观说起来很简单，宏观无非是好和坏的问题，我认为就两个字"很好"。**宏观没有问题，好得很，形势一片大好，中国好，国外也不差，只是中国是最好的地方，外国稍微次一点，也不差，都挺好。**

我今天的发言没有PPT，也没有术语，没有公式，没有套路、历史数据，什么债务之类的那一套数据我也不大明白。我感觉我不明白，他们可能也不明白。我说的不是你们不明白，咱们今天来的各位都很明白。而是那些经济学家们讲得不明白，他们自己也没搞清楚。

要搞清楚什么叫宏观，宏观就是国家政策，金融货币手段，你研究宏观就研究国家经济政策，研究央行货币政策就行了。你说我怎么研究呢？我告诉你怎么研究，很简单，饿了就吃饭，渴了就喝水，冷了穿衣服，热了脱衣，发现问题解决问题，一切问题都不是问题。说中国经济要崩盘了，美国银行要倒闭了，危言耸听，人心惶惶，实际什么事都没有，说房地产过剩，回头一看房子都抢光了。人心惶惶，根本不懂经济还讲宏观。哪有问题啊，就是及时有效调控，有问题解决问题。

我们看经济，评判经济的好坏，西方经济学主流的观点存在严重的误区，他们那一套评判经济的标准纯属巫术，**妖魔鬼怪**。价格下跌不代表经

济不好，比如说今年（2018年）过了春节以后这一波暴跌（这两天又反弹了），觉得经济不行了，大错特错，价格下跌反而经济很好，为什么？生产的东西多了。什么叫经济？**生产的物质财富越多经济越好，没有了才叫经济不好，现在经济好坏和价格上涨和下跌没有关系**。价格一涨经济好了，价格一跌经济好像有问题，这是不对的，大错特错。这和做期货不一样，价格下跌不代表经济不好，越下跌经济越好，供应没有问题，并且生产量还很大。国家强大，家里钱就多，财富就多。**经济好不好，不要用价格去评判，而要看生产量**。

2016年之前几年，我们都知道，那个时候是人心惶惶，有些专家说中国经济得了癌症了，2008年就该调整，说温总理不懂经济来了个4万亿，到了2015年变成癌症晚期了，毒瘤，一定要爆掉。瞎扯！当时我是不信，我到处跟宏观经济学家辩论，不叫抬杠啊。咱说得高大上一点，叫辩论。实际上我就是能把他们辩倒。他们杞人忧天，天天这事那事，哪有什么事，好得很。还说房价会崩盘，银行有坏账，地方政府债务太大了，企业债务太多了，老百姓杠杆太高了，扯什么呀，也不想一想银行的坏账，地方政府的债务、企业的债务都到哪里去了，都没有动大脑进行思考。**肉烂在锅里，体制内循环，银行有坏账，企业亏了钱，无非消费者腰包鼓了**。企业生产一瓶矿泉水2块钱，卖5毛亏了，欠了一屁股债，而我们消费者的钱多了，本来该3块钱，结果我们花了5毛，省了2.5元，买汽车，本来30万，25万买的，又省5万，坐地铁本来30元，结果2块，我们腰包越来越鼓。

房子价格也涨了，还说要崩盘，结果是往上崩。钱跑消费者兜里去了，还得掏出来，不然银行、企业怎么办？钱掏出来以后，地本来卖50个亿，变成100个亿，房子本来5000元/平方米，涨到1万元/平方米。尤其是三、四线城市房价翻了一倍。是房子不够还是钱不够，好好想想，不是你的钱不够，而是房子不够。说我买不起房，价格太高了。大错特错。如果房子数量够了，一家买3套，多高的价格都买得起，市场自然会匹配到你买得起的价位。你买不起的原因是数量不够，不是贵，是资源稀缺，是供不应求的问题。

几十年前，曾有一段时间，家里太穷了找不着媳妇儿，现在家里有两套房照样找不着媳妇儿。是因为女的不够，不是缺钱，是供求不匹配，怎样都有打光棍的。现在可能是女孩历史上最少的阶段到来了，出现了严重的供不应求。一线城市还好一点，你到农村去看一看，以我们村为例，我们村我最清楚，20岁到30岁的帅小伙十个，小女孩一个没有。在一些农村，这可能是普遍现象，严重供不应求。要彩礼，要"万紫千红一片绿"，人民币一百块钱一张要六斤六两，还要有"一动一不动"，"一动"是起码有一辆车，"一不动"是起码城市里面要有一套房。20岁以下，部分农村的男女比例差距有多大？很严重。十四五岁到十七八岁之间，有些地方男女比例相差70%。这是中国部分农村面临的最大问题，现正在爆发初期，这是我们要注意的问题。这是对中国威胁最大的问题，其他都没什么太大的威胁！

• 中国经济好，带动全球经济一起发展

中国宏观好得很，当然中国好全球也不差，有中国这个大支柱在，其他的也塌不了。所以宏观上没事，为什么没事？很简单，其实经济危机发生的原因就是通货紧缩。百姓的腰包会越来越鼓。你们放心，债务之类的都不是事。跟我们人一样，饿就是缺饭，吃馒头就解决问题了，冷了穿衣服。东西没有人要了，就发钱，当然这不是白送，发钱进行国家调控和投资，并不是一家发2万，这个没有用。地旱了浇水，一遍浇不透再来浇一遍。

尤其2016年以前说放水不管用，我以前跟经济学家没少抬杠，不行就放水。他们说按我这样的说法，放水就好，还有金融危机吗？没法谈。其实，放水就没有金融危机，就这么简单。你信就信，不信钱就没办法了。放水就好，很简单，经济不行就放水。

那不会严重通货膨胀吗？不会，放心，越不放水越通货膨胀。你这样说不对吧，是不是火上浇油。你要真不放水，像2016年国家再不搞需求，企业都倒掉，没人生产商品了，价格会涨到天上去，我们的存款真变成纸了，生产企业都停了，你的钱不保值了。一放水企业活了，天天去生产，我们的钱有东西买了，就值钱了，不然都变成废纸，没有人给你生产商

品，你的存款就白费了。企业不倒你的钱才是存款，企业倒了你的钱是废纸。**只要企业生产不停，存款就保值，发的钱就不会恶性通胀。**

现在中国央行最明白这个道理，调控也非常及时。去年（2017年）有点紧缩，确实年前资金有点紧张，年后也有点紧张，影响了开工率。这马上又好了，需求又起来了，放点水就好，很简单。没有需求了？**需求实际是无限的，为什么需求是无限的？因为人的欲望是无限的，欲望从来不封顶的，没有上限。**原来说房子过剩，怎么会过剩呢？太多了，谁说的？放心一降价这一个楼盘马上排队抢购。还没有需求？缺钱嘛。欲望从来不封顶，你家门口搁个车，我不开也要买一个放着，你看我买的比你的还好，**人就是这样，有虚荣心，也不全是虚荣心，应该叫好强，好强就促进发展**，其实最后车还是买了就开。欲望无限，所以不存在过剩，一定要记住，所有经济学上说的过剩都是伪命题。当然短时间大白菜太多了会吃不完，肚子可是有限的，那需要调控。而人其他一些需求，不是受限的，没有过剩一说，衣服也是这样，你看现在哪家不过剩，下辈子不买衣服也烂不了，尤其小女孩买一打不好看再买，衬衣买一打，还是新的好看，穿时间长变形了再买一打，这不是浪费，是生活水平的提高。吃的东西过剩，能吃完20个菜上22个菜，吃不完就浪费吗？不浪费。人吃不完给猪吃，猪吃完我们再吃猪肉，这不是浪费，而是提高生活水平，菜上来样数多了，营养丰富，人多活两年，还能增加生产。

所以宏观没有问题，现在央行都很明白了，**宏观越来越好，全球经济现在进入空前的蓬勃发展，第一次全球经济发展是以英美为主的老牌西方资本主义国家**，也就几亿人口，对大宗商品的资源抢夺有限，第二次经济腾飞全球以中国为首，有十几亿人的推动力，能量比较大。上一波2008年涨了一个高点，而这次是空前的经济大发展，中国没有停下来，**老牌西方资本主义国家着急了，它发现搞服务业是空对空，还是得搞制造业。**他们现在也睡醒了，发现苗头不对，所以现在也大力发展制造业，全球进入空前的经济大发展时期。从长远来看，不可再生资源将来有一天可能会涨得你不敢想，全球80亿人口同时要抢夺大宗资源这是很可怕的事，当然，这不是明天的事。不要追高，这是一个超长期趋势。趋势重要，入场点位更重要，时机和价位，不代表跌了就闭着眼睛买，要讲究时机和入场价位。即便看好大宗商品，那也得逢低买。长期来看会上涨，不代表两年、三年，而是二十年、三十年。经济发展是一步一步来的，长期是这样的，**经济没有问题，不会出现历史上那种长期萧条和低迷**，现在央行水平都高了。尤其中国的发展现在向全球输出，原来是学西方，现在是学中国，全世界现在都在学习中国。西方认为我们政治有问题，可我们老不出事，认为我们经济也不行，可我们老是稳定发展，现在他们终于服气了。中国没有问题，中国越来越好，他们会赶快向中国学习和借鉴。

由于时间关系就跟各位投资者交流到这儿，言语不当之处还请多多包涵。

傅海棠：回顾 2016 年橡胶牛市：
外行如何抓住期货大机会

2018 年 6 月 3 日

本文是根据 2018 年 6 月 3 日"期赢天下"投资家俱乐部橡胶高端调研团海口研讨会上傅海棠的讲话内容整理。

🔊 观点摘要

> 橡胶的价格过去几年基本上都没有涨上去，需求这么好没有涨上去的原因，就是供应更好，供应超过了需求的增长，偏过剩。
>
> 在供应充足的情况下，橡胶价格没法高，高了以后较快会回来，这就说明橡胶上游可开割生产量非常大。
>
> 现货的跌幅不会大，1.1 万以下的下降空间肯定是有限的，也可能不下降，即便下降，空间也是有限的。

我预期橡胶价格未来可能大概在1.1万~1.6万的区间震荡，应该会持续几年。

最核心的问题还是怎么把握生产和消费的问题，是不是供不应求或供应过剩又或者是供求平衡问题。

看库存，库存下去了，就说明需求大于生产。

你在下单之前要耗得起时间，不要盲目，找不到时间节点不要乱下。

单子进去了，不要着急，不要今天买了就盼着涨，连回调都不让回调。

下单之前不能着急，单子下去以后更不能着急。

一涨一跌一多一空就是来回轮回，多头高兴一阵然后就是空头狂欢，空头狂欢一阵子以后又是多头高兴。

去考察，以事实为依据，不要凭想象，不要去主观判断，功夫不在于电脑前，功夫在盘外。

农产品的功夫在田间地头，工业品的功夫在厂矿企业，还有就是研究国家宏观政策。

最有经验的莫过于农民，因为他们最清楚，不要轻易听信专业人士的说法。

我们一定要相信真理。交易以事实为依据，最后结果一定是好的，你放心。

• 需求好，供应更好，橡胶供应仍然过剩

根据这次调研的情况看，目前价格还比较低迷，胶农过得也不是特别舒服，价格低，收入也不太好，产生这种情况的原因，无非是橡胶产量过剩。实际上下游的需求比较好，虽然说胶价很低迷，并不是需求不好。看中国的情况，大卡车的销量又突破了历史新高，这不是一天了，过去连续三年都是这种情况，都是创历史新高，橡胶的消耗主要是在重卡，重卡的销量增加，橡胶的销量就大。你要看重卡的消费量，橡胶消费量应该是大

幅度往上升的，但是**橡胶的价格过去几年基本上都没有涨上去，需求这么好没有涨上去的原因，就是供应更好，供应超过了需求的增长，偏过剩。**

橡胶过去两年也有过两次阶段性涨价，2016年涨了一次，到2017年年初，涨到了2万，涨到2万以后开割积极性提高，价格又降了下去。上一年（2017年）也算是涨过一些，价格差一点涨到了1.8万，又造成开割积极性增长，最后还是跌回来，所以在供应充足的情况下，**橡胶价格没法高，高了以后较快回来，这就说明橡胶上游可开割生产量非常大。**

现在价格低，开割积极性就非常低，从海南的情况看，下降30%以上；泰国的情况是过去几个月下降了20%，当然有季节性因素还有其他的因素，主要因素是价格低，价格低就影响割胶积极性，影响割胶积极性过度了价格就往上涨点，等到割胶积极性起来以后价格又下去了。从现货角度来讲，**现货大概在1.1万左右，现货的跌幅不会大，1.1万以下的下降空间肯定是有限的，也可能不下降，即便下降，空间也是有限的。**

期货不好说，目前看不到能马上涨的迹象，像1901合约的价格是1.4万元/吨，毕竟比现在的价格高了3000元/吨，如果按照1.4万元/吨的割胶积极性不会太低，如果在海南再涨3000元钱，割胶积极性会提高很多，估计在泰国也会提高很多。如果做近月合约，最近的活跃合约就是9月份，价格倒是不高，和现货价格差不多，压力就很大，一个是仓单多，一个是时间短，等不到9月，割胶积极性降低得不够，价格起不来，仓单压力又比较大。

我预期橡胶价格未来可能在1.1万~1.6万的区间震荡，应该会持续几年。去年（2017年）在昆明的橡胶会议上，我当时也是这么说的，大概在1.1万~1.6万之间，价格超不过1.6万，期货涨不过1.7万、1.8万，所以说未来几年还是这样，从现货角度来讲，低于1.1万以下也很难了，高于1.6万以上也难。

从最近几年来看，可能3~5年应该是这种情况，在一个相对比较宽幅的区间震荡。从现货角度低于1.1万就可以长期囤货，现货囤货，期货如果升水太多就做不了，现货高于1.6万、1.7万的话就要小心一点，因为割胶积极性就会上来。

从期货角度来说，橡胶有升水，期货远月应该是不敢做多，做空也是短空不能长空，赚一把就赶紧跑，如果不跑的话就有危险。**我是有点偏空，1.4 万也是偏空，即便涨到 1.6 万，套在里面也有时间回来**。如果现在 1.6 万涨上去，套进去了，也能回来，如果过一段时间不涨，可能就有机会赚钱了，现在就是这种观点，没有确定性的把握。

对于很多新手来说，都会碰到一个问题：有的品种自己不熟悉，怎么才能抓住机会呢？我觉得**最核心的问题还是怎么把握生产和消费的问题，是不是供不应求或供应过剩又或者是供求平衡问题**。那我们怎么判断它在这个时间点上是否出现了问题？

第一可以看库存，如果原来有库存，现在库存降到了非常低，正在逐步往下降，这就表明一个现象，过去的一个时期，生产没有需求多，所以在用库存去补充需求。我不管你有多少产量，我也不管你有多少消费，反正公布的数据有时候会相互打架。到底上边不准还是下边不准，我想说都不准，一个不准就都不准了。怎么办？**看库存，库存下去了，就说明需求大于生产，这是事实**。每一个品种都是这样，不光是橡胶，任何一个行业都是这样，非常简单，原来有非常大的库存，现在库存下去了，没了，正在逐步往下走，这就有问题。不管说经济好，生产好，或者经济不好了崩盘了，反正不管咋说，现在库存在下降就证明了一个事实：消费大于生产。库存一旦降到一定的程度，它就要往上涨，这是百分之百的事。

2016 年的橡胶就是这种情况，当时我也不太懂橡胶，我知道它价格低，跌到 9600 我也没有买，过了一段时间就涨了 12600，涨了得有 30%，那当时价格低的时候为什么没有买？因为当时不知道它为什么涨，当时不敢买，那个时候是供大于求。

到了 12600 的时候我得到了一个信息，也是我的一个微信好友，他不断地给我发信息，说橡胶现货升水很高，他说现货商报的价只是报的价，提货得加钱，买不到，当时存在这种情况。报的是 1.2 万，但是如果你说要货，没有，提货最少得加 300 块钱，加 300 可能也没有。

当时我一看拐点出现了，当时大部分人信心没有起来，为什么人们不敢多报，没有信心，无奈人们当时还是处在金融危机跌价的思维当中，本来供求已经反过来了，但卖货的跟买货的不敢多报价。你想一下本来缺货缺到什么程度了，报给你1.2万，提货没有。不敢多报的原因还有一个是远期签的合同价格低。

我一看现在现货这种情况，我就专门打电话咨询，因为我感觉这是有问题的，好事要来，我就专门给他打电话。**我说咋回事啊，他说现货被抢了，买不着了。**他比较在行，是橡胶圈的人，经常去产业的上游或者下游去考察。我就问他库存怎样，他说没库存，库存非常低，同比也低，说的是原材料库存同比下降。我就问他轮胎库存怎么样，他说也低。一开始都没有信心，谁也不愿意囤积高库存的货。我说同比去年这个时候库存大概能用多少时间，他说一个月。我又问现在这个库存还能用多少时间，他说半个月，最多20天。半个月、20天其实没法再低了，为什么？规格问题，一个轮胎厂生产轮胎，低于20天以下的库存规格就配不齐了，没法再降了，那就是最低的库存，其实20天就约等于没有库存了。你太低了的话，规格就配不齐了，生产轮胎，一天生产一个规格，你这都没办法配了，所以就出现问题了。

青岛港的库存当时降到了10万吨以下，都没办法降了，很多都抵押给银行了，有些原来价格三四万的2万就抵押给银行，就不能动了，这是事实。10万吨以下基本上就是没办法再降了。我说那上游呢，他说上游也没库存了。2016年一开始开割的时候发生了干旱，晚开割了一段时间，开割了以后情况也不好，产量一直没有上去。为什么没有涨价呢？因为下游在消耗上年的库存，其实到那个时候也差不多消耗光了。紧接着割胶旺季就快来了，所以当时也涨不上去。

我就判断，当时仓单有30多万，比现在小点（现在又创了历史新高40多万），那时候30多万也是历史新高，仓单压力比较大，割胶旺季又来了，当时还出现了一种情况，重卡限制超载，不让拉那么多。我一想正好赶在这个点上，**你不让拉那么多，重卡肯定又被抢，运同样多的货，三辆车变成四辆车。**有人说不让超载我就停，我就不拉了，但是怎么可能呢，你三天不拉，超市缺货，怎么可能停下来。运费肯定暴涨，运费一涨，很快很多人就得抢着买车，车被买光的话，原材料就会被抢光，主要是卡车消费带动橡胶。

我虽然是外行，但是还是懂一点橡胶知识，你看如果重卡很快被抢光的话，轮胎就会很快被抢光，本来就没有多少库存；还有一个当时重要的时间节点，几乎所有的品种都涨了，橡胶是最后一个涨价的，先涨的黑色，豆粕，棉花，各个品种轮着涨价，环境也改变了，人气也改变了，就橡胶没涨。**从投资的角度去讲，很多人的眼光最近也是盯着橡胶，不涨的话没人盯着，一涨就开始盯着了。**

这是当时的时间节点，我就分析割胶旺季来了，连续便宜了这么多年，从老天爷的角度可能也要考虑一下平衡，**割胶旺季一来，老天爷就出个事，让你割不出胶来**，后来发生了旱情。其实我分析了一下，不发生干旱，涨到1.8万也很正常，天气再出点事过2万也正常。

刚才咱们说的是一个不是太懂这一行的人如何抓住时间节点。**我们做投资的人，不是这个行业的专家**，涨300跌300专家知道，我们做投资不可能研究得那么细，就是粗略地抓住时间节点，你可以举一反三，所有的品种都是如此。

但是你不能完全外行，不能一窍不通，外行到这个程度也不行，多少得懂一点基础知识。当时我就是在12600的时候买了多单，盈利也是比较丰厚。从一个外行的角度也能看出来生产和消费不匹配，当时涨到了22000，据说又出现了割胶旺季，猛割了一把，结果后来就造成过剩，价格就又回来了，怎么上去的就又怎么下来了。

所以**橡胶的产能还在，价格低了不割，价格高了就使劲开刀**，在较长时间以内，会维持一个相对区间，大约在1.1万~1.6万之间震荡，期货是在这个区间震荡，现货很有可能在1万~1.8万震荡，因为期货可能会上下差一千块钱。现货跌到1万，期货有可能跌到1.1万就差不多了。你现货涨到1.8万，你期货可能跟到1.7万就拉倒了，它也不跟了。低位的话升水小一点可以中长线做多，高位可以中长线做空，当然如果想做空贴水太大或想做多升水太高，就不太好做。

- **期货投资需要有耐心，桑葚熟了才好吃**

我再跟大家说说怎么做投资的事情。

调研的时候我们还在分享，其实做期货没有那么难，但从目前投资圈的角度来看可能觉得期货赚钱非常难。前两天在太原会议上还有投资者在做交流的时候问我说："傅老师，你说实话，我们做期货盈利的概率多高？"我回答："拉长时间看，万分之一也没有。可是也没有这么难，你方法对了，就不难了。"

想明白了，做到了，盈利的概率会大大地提高。这个提高得有多大？不是万分之一了，是 10 个做期货的，可能有 8 个赚钱。你这两关做到了，那你做期货百分之百赚钱。我不会赔钱，我一定要赚钱，那就是百分之百了。

过了两关 10 个人就有 8 个人赚钱了。

第一，你在下单之前要耗得起时间，不要盲目，找不到时间节点不要乱下。有的人手痒痒，不下单难受，尤其是亏钱了以后急于翻本，这个手就乱动。手不能乱动，要耗得起时间，机会来临以前，拐点出现以前，不要去大做，不要心急，只要你这一关过了就快成了。好像非常简单，什么技术也不需要，太简单了，可是一般人就是耗不住。越简单的事情越不好做到。所以要耗得住，不要着急，第一关就过去了。

第二，单子进去了，不要着急，不要今天买了就盼着涨，连回调都不让回调，明天卖了就想跌停，涨一点也难受，不要这样。下完单子以后要耗得起足够的时间，不要着急，时间耗不起怎么赚钱。你烧个水还要等好几分钟，你得等水开了，着急什么？一壶水还没放到火上就盼着要开，你得耗得起时间。

老百姓讲得最好——"老鸹等不得葚子黑"（老鸹是指喜鹊，葚子是指桑葚），老鸹心太急了，吃不到好桑葚，应该等到桑葚黑了再吃。桑葚熟了很好吃，酸甜可口。青桑葚，又苦又涩，所以不能着急，做期货的人，一着急就会被套进去，就亏钱。你能耗得起这两个时间，10 个人最后会有

8个赚钱。下单之前不能着急，单子下去以后更不能着急。

既然你经过了很深入的研究，找到了对你非常有利的时间节点和位置，你就不要怕。以不变应万变。有一句话说得很好"任尔东西南北风，咬定青山不放松"，以不变应万变你就已经胜了百分之八十了。

狭路相逢勇者胜，做期货是一个对手交易，所以这是双方博弈，只要你有信心，耗得起时间足够长，其实你已经接近胜利了，站在胜利者的那一边了。不就是两个方向吗？不是高就是低，就是个阴阳转换，来来回回。这个轮回在期货是最明显的，一涨一跌一多一空就是来回轮回，多头高兴一阵然后就是空头狂欢，空头狂欢一阵子以后又是多头高兴。小的阴阳转换完，大的阴阳转换，大的是趋势，阴晴圆缺。月亮圆圆圆到头，再阴到头，小的是震荡，走中间的近道，来一块云把它给挡住了，遮一会儿，然后还是得出来，这个趋势是不会改变的，什么回调，什么反弹，那都是短期，只能让站在错误的趋势上面的人暂时地高兴一会儿。

所以只要你想明白了，只要按照这种大的趋势去把握，就非常简单，盈利没有那么难。所以在座的人，不管你赢过也好，亏过也好，只要你能经得住，10个最后能成8个。

我再简单地说说增加信心，信心不能盲目地增加。不能盲目，第一个要说的是一定要到实地去考察，事实来自实际，**去考察，以事实为依据，不要凭想象，不要去主观判断，功夫不在于电脑前，功夫在盘外**。

其实就是台上三分钟，台下三年功。干啥都是一个道理，你翻个跟头，你台下不练个三年功，你上个台就翻，不摔个腿断也是腰受伤。做期货亏钱也是这个原因：没有进行深入的调查研究，也没有搞明白这个品种，看看K线图，就开始做交易，那你肯定不是腿断就是腰伤，所以就赔钱了，就是你没有下功夫，上去就翻跟头，结果只能是摔得翻白眼，这都是一个道理，所以一定要进行深入的调查研究，下功夫。

农产品的功夫在田间地头，工业品的功夫在厂矿企业，还有就是研究国家宏观政策。无非就是这样，也没有啥难事，很容易做到。并不是像一些朋友说的做不到，其实简单，这个怎么做不到呢，到田间地头跟农民说两句话，还能做不到吗？是不是，做得到。

我听说不少人就是消极态度，说那个田间地头我去不了。大学本科、硕士、博士都毕业了，美国、泰国、越南都能去，田间地头你去不了？这么简单容易做到的事情，怎么去不了呢？你看多好呀，乡村游，吃着美食，看遍田间的美景，最后又赚了钱，所以为什么就是去不了呢？我就没有想明白。

到我这里就是想不通，这么容易的事情，这么美好的事情，就算不赚钱，最起码还可以乡村游吧，**你专门去旅游还得花钱，调研就是花一块钱赚了一百块钱。** 最近有一个投资者，咱不说是哪一个品种，花了一万块钱的差旅费，赚了一千万，大概前后不到一个月，一千万的回报，你想想这个多值，就花了一万块钱赚了一千万，这就是最近发生的一件事。从4月14日开始，他到田间地头去调查。当时就是在田间地头下单，他把其他品种全部清空，就做这一个品种，他抓住事实了。你说减产5%也好，你说减产50%也好，不管你有多大的权威也好，反正你说的不是事实。

看的是事实，只要眼没花，耳没聋，我想看到的一定是事实， 除非你眼睛看错了，看错了只要耳朵没有聋，也可以听老百姓说，他们说的是事实。

最有经验的莫过于农民，因为他们最清楚，不要轻易听信专业人士的说法。 我这里就有一个案例，2015年的棉花大减产，因为出现了高温，棉花高于35度的温度停止生长，那个时候连续20天达到了40度以上，棉花几乎20天没有生长，停止了养分的输送，仅仅维持着生命而已。结果到最后，专业的测产队测产，棉花快收获了新疆就要测产，看看新棉产量（新疆以前都是公有的农场，自从2018年以后才变的，现在是分田到户。我倒是对新疆以前的公有农场很支持，反而觉得分开田不好）。测产队进行测产，然后收割，要求是测产偏差不能超过5%，在历史当中他们的测产偏差从来没有超过2%，测出来非常准，你想想是国家正规的专业测产队。

可那年闹了一个天大的笑话，一测产385公斤/亩。在测产的时候我们也去了，我们在考察，农民就说白搭了，我的棉花今年不行了，说产量太低，今年是真的完了。农民都知道不行，到了权威那里，专业人士那里，变样了。测得非常好，测完产了，那就收一下看看吧，一收 280 公斤/亩，吓得那一年的测产数据没敢公布，也就是 2015 年的测产数据没有公布。

所以不要太相信所谓的权威数据，还是要去问农民。

厂矿企业也是这样，关于替代问题，大企业它讲的能错了吗，它自己在生产，它自己在替代，但是它自己上报的数据很多人不相信。它自己吃饭吃了几个馒头它自己都说了，你为啥不同意？所以有些时候我们要相信可相信的事情。**到底哪一个可相信，哪一个不可相信，其实有时候很好分辨**，但好像有较大一部分人不愿意相信真理和事实，偏愿意相信假的。

所以**我们一定要相信真理。交易以事实为依据，最后结果一定是好的，你放心**。短期不一定不亏钱，有时候短期真的亏钱，巫术短期也能赚钱，短期不好说，时间越长越放心，交易只要是以事实为依据，以真理为依据，拉长时间一定可以赚钱。时间越长盈利的概率越高。

千万不要看短期的盈利，就跟我以前反对程序化一样，程序化有赚钱的，但是程序化赚钱的两个都不如你一个挣得多，我做什么程序化呢？抓阄不就一个多一个空吗，两个能活一个到最后，比你这个概率高多了，最后研究来研究去我看盈利也不超过 10%~20%。那就没有研究的价值，每天开盘，写个多写个空，抓阄就完了，抓到多就开多单，抓到空就开空单，你抓到多，就做多，跌了买入，抓个空，红了涨了就做空，盈利率还会增加 20%，你做 10 单可能最后盈利 7 单，比那个所谓的概率分析强多了。

有人说看着电脑凭感觉，说什么交易的是艺术，交易是什么艺术呢？一个围棋大师，全世界的围棋高手，那他做期货还不得特别容易，手到擒来，这么聪明的大脑，他说交易是艺术，他做的品种是镍，做得 500 万全没了，他就说大意了。所以说交易是艺术还不行。现在还有人这样讲，说凭感觉，交易是艺术，这些说法是不对的。

好，谢谢大家，讲得不好，请多多批评。

傅海棠：好不容易等到的行情一定要决战到底

2018 年 6 月 10 日

本文是 2018 年 6 月 10 日资管网、国投安信期货联合举办的"贸易战背景下的农产品投资策略会"上傅海棠的发言整理。

观点摘要

我是坚定的基本面投资，我对技术分析一窍不通，我只相信供求决定价格。

我们都说要顺势而为，拥抱趋势，但顺势的前提是要知道势，如果不研究供求，你是不可能发现趋势的，尤其不可能提前发现趋势。

如果不知道未来是否涨，不知道涨的级别有多大，或者大概以什么样的方式上涨和下跌，顺势而为就是句空话。

下单以前要耐得住性子，耗得起时间，一直等到对你有利的时间和价位才出手。

平常可以轻仓玩玩，千万不要下重仓。趋势是等来的，不是做出来的。

当然方法正确了也不保证一年能赚钱、两年能赚钱，但拉长时间一定会盈利。

如何把握趋势？我告诉你最简单的，只抓两个极端，一个是生产者暴亏的行业，一个是生产者暴赚的行业。

亏钱是不能长久的，从这个行业进入亏损的那一天，它未来的上涨是百分之百的。

当然也不能着急，不能说生产者亏钱了马上买，因为它会继续亏，我们需要盯着它，直到找到那个转折点。

等到扭转性的事实发生的那一天，就不要犹豫。

> 铁矿白给钢厂都不赚钱，挖煤的半年没开工资了，焦厂也要倒闭了，只有一条路了，那就是价格上涨。
>
> 没有发生事实以前，不要着急，一旦发生了事实，如果对你有利，绝对不能犹豫不决、心慈手软。
>
> 农产品的生产区域广泛，不会有太大的行情，生产地集中，容易发生大的行情，这是一个特点。
>
> 小的波动最好不要玩，你玩不过资金和主力的。
>
> 如果对未来不确定、疑惑或者怀疑，那是你对自己的交易方法没有明确定位。
>
> 在期货上，不到10年都出不了师，即便你什么都懂，没有10年以上的经验也还是不懂。
>
> 一定要记住范蠡说的"贵出如粪土，贱取如珠玉"，要买，就买便宜货，要卖，卖贵的，如果没有这样的品种，那就只有一个字——等！

• 期货赚钱要过两道关

很高兴和大家分享和交流投资经验。我是2000年进入期货投资市场的，再过一年就是二十年了。一开始投资也不是很顺利，风风雨雨受了很多的磨难。有很多投资者问，你在最困难的时候是怎么样熬过来的？最重要的一点，我对自己的投资方法从来没有产生过怀疑，我自认为这一套投资方法如果在期货市场都不能赚到钱的话，我可以否定其他的一切方法。最后我坚持下来了，也终于赚到钱了。

大家都知道，我是坚定的基本面投资，我对技术分析一窍不通，我只相信供求决定价格。我们都说要顺势而为，拥抱趋势，但顺势的前提是要知道势，如果不研究供求，你是不可能发现趋势的，尤其不可能提前发现趋势。谁不想顺势？傻子也不会去逆势。问题是我们得知道它是什么势。牛市还是熊市？级别有多大？什么时候开始涨？如果不知道未来是否涨，不知道涨的级别有多大，或者大概以什么样的方式上涨和下跌，顺势而为就是句空话，等于没说。怎么发现趋势，这才是关键。有一句话说得好，

"真传一张纸、假传万卷书"，今天我就把自己的交易方法跟各位投资者分享和交流。

首先，你要过两道关，这两道关非常简单。第一，下单之前不要着急，千万不要乱做、瞎做。下单以前要耐得住性子，耗得起时间，一直等到对你有利的时间和价位才出手。平常可以轻仓玩玩，千万不要下重仓。趋势是等来的，不是做出来的。第二，也是一个时间关，单子下进去以后不能着急赚钱，一定要能跟对手耗。即便是跌了也要沉得住气，不慌不忙，没到翻牌的那天，谁输谁赢还不一定。只要方向对、趋势对，胜利一定属于你。所以我们先过这两关，这两关一过，十个做期货的，最起码有七个赚钱的。

曾经有投资者问我，做期货赚钱的概率到底有多大？我说短时间看百分之一也够呛，拉长时间看万分之一也没有。但这并不代表不能做期货，只要方法正确，有一个成一个，百分之百能赚钱。当然方法正确了也不保证一年能赚钱、两年能赚钱，但拉长时间一定会盈利。我们亏钱就亏在方法不正确，正确的方法就是研究供求，我不能说其他方法不能成功，方法千万种，每一个方法都有成功的投资者，可是我们还是要找到一个最后必须盈利的方法。

• 如何选择品种，把握趋势和进场时机

如何把握趋势？我告诉你最简单的，只抓两个极端，一个是生产者爆亏的行业，一个是生产者爆赚的行业。我们精力有限，那就找一个爆亏的行业。亏钱是不能长久的，从这个行业进入亏损的那一天，它未来的上涨是百分之百的。因为只要亏钱了，时间一长就没人干了，自然就会改变供求关系，那么价格一定会上涨并且幅度很大。当然也不能着急，不能说生产者亏钱了马上买，因为它会继续亏，我们需要盯着它，直到找到那个转折点。并且，还有的品种现货开始涨价了，期货还没动，这就是重仓杀入的机会。做期货只要抓住一回这样的机会，资金就是几何式的增长。

举几个例子。第一个，养鸡的杀鸡。2017年春节以后，鸡蛋很便宜，

养鸡的开始亏钱了，因为2017年以前养鸡年年赚钱，最后终于过剩了。有投资者给我打电话说，傅老师我们做鸡蛋，你买吗？我说看看，不敢买。为什么？养鸡的是亏钱了，但是不杀鸡，就不能着急。过了两个多月，又有人给我打电话，我还是不买，我看鸡养得好好的，价格便宜也不敢买。鸡蛋现货价格继续下跌，期货价格也不断往下跌。4个月之后，终于有养鸡的受不了了，1000块钱的饲料，鸡蛋最多卖500块钱。到了快5个月的时候，我派了几个人到下面看了一下，根据反馈回来的信息，最少的地方存栏量下降30%，多的地方存栏量下降50%以上。还有一个最重要的信息，说收鸡蛋的小商贩，原来一个村就装满车了，现在三个村装不满一车，终于等到开仓的机会了。**做进去之后，就不怕它下跌了，甚至还盼着它下跌，如果一个月不涨，鸡可能全死光**。结果过了一天，鸡蛋涨停了。

第二个，总理下煤矿。2013、2014、2015年中国经济增速连续下滑，到2015年年底出现了一个事件，东北鸡西市的煤矿工人上街游行。2016年过春节，总理到了山西戴着探照灯下煤矿，鼓励煤矿工人。我一看这个煤炭要涨价，煤炭不涨价，工人受不了了。回想一下，总理下矿之后不久，焦炭开始涨停，所有的黑色都涨，当时价格也非常低。所以**等到扭转性的事实发生的那一天，就不要犹豫**。

第三个，老板哭了。也是2016年的时候，唐山钢厂一个老板打电话给我的，他说我们刚开完会，老板都赔哭了，说铁矿白给，螺纹钢也不赚钱，当时螺纹钢期货价格1600。我当时就想，**铁矿白给钢厂都不赚钱，挖煤的半年没开工资了，焦厂也要倒闭了，只有一条路了，那就是价格上涨**。下午开盘螺纹钢1642我就进去了，跟鸡蛋一样，我不知道是不是明天开始涨，反正知道涨是一定的。

这就是耐得住性子等来的结果，事实发生了绝对不要犹豫，做第一个冲锋者。**没有发生事实以前，不要着急，一旦发生了事实，如果对你有利，绝对不能犹豫不决、心慈手软**。当然入场时机也非常重要，不能追涨杀跌，一定要寻找最佳的时间节点。供求决定价格，这是万古不变的真理。

每一个品种都有它的特性，你一定要有针对性地去研究。比如说大蒜，它就可以几十倍地往上涨，涨得最狠的那一年就是我做大蒜那一年，从1毛涨到8块，现货涨了80倍，那期货上的盈利效应是什么概念？它就是这个特点，当然它也可以从8块跌到5毛。再比如说豆粕，要是发生了大旱，涨一倍是正常的，历史上也出现过，只要出现大的干旱天气，涨一倍可能，涨两倍比较难。不过历史上也出现过涨几倍，当时中国不进口大豆，在20世纪70年代美国大豆曾经从200美分涨到1600多美分，也涨了8倍。当然现在发生这样的灾害也涨不了这么厉害，因为种植区域广泛了，以前美国是主要产地，现在南美洲产的比美国还多。**农产品的生产区域广泛，不会有太大的行情，生产地集中，容易发生大的行情，这是一个特点。**历史上美国大豆为什么涨了8倍，据说一开始下雨，最佳播种时间错过了，种上之后又发生干旱，造成当年大豆减产50%以上，美国还临时颁布了一条法令，禁止大豆出国。这种事会不会发生？一定还会发生，只是周期比较长，不一定在哪一年。

我们要重点关注各个品种可能发生的大事，去抓住这种大的趋势。小的波动最好不要玩，你玩不过资金和主力的。你说不讲理，不讲理非常合理，这是常态。你做对了根本赚不了多少，你做错了死路一条，历来就是这样。所以我们必须把握大的趋势，作为一个散户，我们是弱势群体，我们只能这样做。

所以说做期货一定要把握住本质，不要浮于表面，其实期货并不难，只要你按照正确的方法去做，早晚会赚到钱，成功一定属于我们。谢谢大家！

• 在期货上，不到10年都出不了师

现场问答

现场提问：傅老师，我参与期货交易12年了，一路走过来很挣扎，直到2016年8月份开始赚钱，到今天也还是盈利的，但是我不知道以后是否也能保持盈利？

傅海棠：既然已经持续赚钱了，说明你的操作方法是有道理的，乱做

肯定不会赚钱。如果对未来不确定、疑惑或者怀疑，那是你对自己的交易方法没有明确定位。你要把自己的方法和逻辑整理出来，看是不是最契合市场，符不符合商业逻辑。实际上咱们做期货就是做买卖，就是现货的另一种交易方式，本质是一样的，就是做生意，赚取价差。只要你的交易方法符合商业逻辑，肯定可以实现持续盈利。不符合的话，如果技术足够高，也可以短期实现盈利。

现场提问： 傅老师您好，我也是研究基本面的，棉花接下来2~3个月是否会有比较好的进场机会？

傅海棠： 新棉花上市还有几个月，国家现在还有库存，目前还是取决于国家的政策，所以很难说。但是不管政策怎么调，今年的总产量肯定是没有去年（2017年）高，只是现在不确定减产幅度有多大，全球的播种面积没有增加也是确定的。但是前段时间涨得有点过了，现在有一定降温，目前的价格远月还是升水现货的。

棉花的交易标的是328B级，可它是指内地棉花，不是指新疆的棉花，内地328B级比新疆棉花至少低1000块钱，期货价格和新疆棉花一个价格的话，就等于升水1000。现在内地棉花很少，基本上都是新疆的，仓单基本上都是新疆的，期货升水，做多肯定吃亏。

现场提问： 傅海棠老师，我刚做期货一年，我去年做了铁矿跟焦炭，结果不断亏钱，想问一下农产品的机会。

傅海棠： 你去年才做期货，又想做这么多品种，那肯定亏钱。刚开始做期货，非常没有经验，乱做就是大忌。在期货上，不到10年都出不了师，即便你什么都懂，没有10年以上的经验也还是不懂。我说不懂不是知识不丰富，学历不够高，而是你不接地气。你要想做期货，现在不要下单，最少花3~5年的功夫，先把一个品种搞清楚，**农产品的功夫在田间地头，工业品的功夫在厂矿企业和国家宏观政策**。功夫在盘外，不在电脑前，看电脑是看不出行情来的。台下十年功，台上三分钟，各行各业都是一个道理。一定要记住范蠡说的"贵出如粪土，贱取如珠玉"，要买，就买便宜货，要卖，卖贵的，如果没有这样的品种，那就只有一个字——等！

傅海棠：中国经济没有问题，世界学习中国模式

2018 年 7 月 1 日

2018 年 7 月 1 日，由河北大学 MBA 教育中心主办、复旦求是东方经济学研究中心协办的"东方经济学交流活动"在河北大学举办。以下是傅海棠演讲的文字整理。

观点摘要

经济学不单针对国家，也针对每个人，针对方方面面。

没有生产、没有交换就没有经济，经济学就是为更好地生产、更好地交换而服务的。

一出政策就叫"刺激"，我对这个词是感到有点头痛的。出政策促

进经济的发展，这叫"刺激"吗？大错特错。

经济发展没有过热一说，因为多了总比少了好，能一年完成的经济发展何必要一年半。

我们每一次的经济下滑和经济危机，都是因为防风险而造成的风险引起的。

"繁荣之后必然走向萧条"明明是一个谬论，却被人传成了真理。

繁荣本来没有错，但却因为你杞人忧天，采取措施，为了防风险而产生了风险。

提高生产力、促进技术革命是社会进步、经济发展的必要条件。

经济学上这个"泡沫"的观念，可以说是害人不浅。

快总比慢好，多总比少好，有总比没有好。

经济学现在的数学化、公式化，其实就是妖魔化。

人实际上是非理性的，人是需要管理、需要教育的。

最符合经济发展规律、最符合经济本质的就是国家管理下的市场经济。

生产太多，促进消费，消费过旺，促进生产，经济可以永远持续向好地发展。

科学技术越来越强，生产力逐步提高，因此，不要担心经济不行。我们一定要以发展、以变化的眼光去看问题，经济发展是活的，是在变化的。

中国房价其实并不高，我可以告诉大家为什么这几年房价猛涨，就是因为房价太低了。

我们有很多方面的消费是国家补贴的。

（买房）早买早好，晚买晚好，不买不好。

经济学家们都很厉害，但是他们被所学的经济学误导了。

经济学讲的是一个系统，不能单一摘出某一个面或某一个点来看问题，西方经济学没有系统，所以西方经济学就错在片面化。

西方经济的发展也不是靠西方经济学的理论发展起来的。

中国的这一套政治体制和发展经济的模式，是任何国家的政治制度和经济发展模式都不可比拟的。

> 为什么要学习中国？因为谁不学习谁不能发展，谁学习中国谁发展得就好。
>
> 《中国崛起的奥秘——财富论》这本书其实也是在中国过去40年经济发展基础上的总结，是正确的，是真正的经济学。
>
> 我们可以把修铁路看成是公共消费，修铁路本身就没想赚钱，而是为了满足社会需要，方便人们出行，提高生活水平。

● 西方经济学漏洞百出

总有经济学家说经济有问题，要出现危机，结果每一年都挺好的，没觉得经济发展有大问题，总体来讲是一天比一天强。说高铁修得太多，有泡沫，但好像现在买不到票了，并且高铁的运营能力都是相对饱和的，没有办法再增加太多新的班次，这足以证明西方经济学是有问题的。如果没有问题，学了经济学几年之后，预测的结果应该是非常正确的，这才能证明西方经济学是对的。按照教科书上讲的或按照西方主流观点去预测房价，结果一次都不对，所以说我觉得不少经济学教科书应该重修，较多经济学研究都不对。

在这种背景之下，我们三个人（傅海棠、孙成刚、沈良）合作出了一本书，叫《中国崛起的奥秘——财富论》。大家可以仔细看看这本书，如果有问题，可以与我交流。看明白了这本书，我相信对国家、对企业、对个人都是有好处的。我们生活的方方面面还是离不开经济学，最简单来讲，养猪、喂鸡也与经济有直接的关系，都隶属经济学的范畴。**经济学不单针对国家，也针对每个人，针对方方面面。**

谈到经济学，所谓的经济学就是为经济发展服务的。我不知道传统经济学上怎么解释，我自己的解释实际上"经济就是生产到交换的综合过程"。没有生产、没有交换就没有经济，经济学就是为更好地生产、更好地交换而服务的。在生产和消费的过程中，哪个地方不协调，出现了问题就尽量地解决问题，这就是经济学。这跟治病救人的医学一样，没病防病、有病治病。

西方经济学错误大了，它说市场要自我调整，不要人为过多地插手，尤其是政府不要管。按西方的说法就不用经济学了，既然要自我调节，有病自己能好还要什么医院，要什么医生？西方主流的经济学家就是这个观点，市场有了问题自我调节，政府不要管，如果都让市场自己来，那经济学的作用是什么？这肯定是不对的。就跟种庄稼一样，旱了在那等死，让庄稼自己去抵抗，那要农学什么用？肯定要进行人为的管理，想尽一切办法把病治好。经济也是这样，真正有了问题，采取一切措施也要把经济恢复到正常状态，这是很正常的做法。

西方经济学里有一个名词叫"刺激"。一出政策就叫刺激，我对这个词是感到有点头痛的。出政策促进经济的发展，这叫刺激吗？大错特错。本来是很正常的一件事，像饿了要吃饭，冷了要穿衣，旱了要浇水，这怎么能叫刺激呢？这是正常的、必要的措施，是对症下药解决问题。很多名词都是有误导性的，如刺激、过热、泡沫、过剩等。以"过热"为例，传统的西方经济学认为，繁荣之后必然走向萧条，经济过热隐含巨大的经济风险。所以大家听到"过热"就会觉得有问题。但实际上，经济发展是越快越好，哪里有过热一说？为什么吃饭会吃得过饱，这是因为肚子的容量是有限的。发展经济哪里有过热一说，这又不是开车，开得太快了有风险。**经济发展没有过热一说，因为多了总比少了好，能一年完成的经济发展何必要一年半**。经济发展了，物质财富多了，又不是害人。所以这个定义也有问题，误导了我们。

美联储前主席举了一个例子，在酒宴正酣之时撤走红酒杯，它的意思是经济发展良好的时候要采取措施降温。这两个事是格格不入的，不能相提并论，酒宴正酣的时候撤走红酒杯很对，因为我们酒量有限，而**经济发展是没有限度的，物质财富还是非常缺乏，亿万人民的需求还远未满足。发展经济何谈"撤走红酒杯"一说**？把互不相干的两个独立事件联系在一起是没有意义的。但是没有人给他指出来，所以他认为这样非常对，经济过热了就要降温，这叫作预防经济风险。

但其实**我们每一次的经济下滑和经济危机，都是因为防风险而造成的风险引起的**。我举个例子，有一个人非常健康，过去二三十年没得过什么疾病，吃饭也不太注意，大吃大喝也没问题。然后有个医生对他说，你这样不行，几十年都没有得过什么疾病，隐含着巨大的健康风险，需要注意防范风险。一个医生这样说就算了，出来第二个医生也这样说，并且天天这样说。于是那个人就把这件事当真了，开始防范风险，四处克制。结果一段时间以后，日渐消瘦，马上就病了。医生一看，马上就会说：怎么样，我说有风险吧，真的得病了吧。健康之后并不是一定要得病的。"**繁荣之后必然走向萧条**"明明是一个谬论，却被人传成了真理。本来好好的，没有风险，却因为采取了降温措施而产生了经济风险。**繁荣本来没有错，但却因为杞人忧天，采取错误的措施，为了防风险而产生了风险**。大家可以仔细去研究一下，每一次经济的衰退，都是因为采取了降温的措施。

我想不明白，为什么如此简单明了的一件事，这么多人到现在都搞不清楚。很多院校、专家也专门研究过这个课题。研究来研究去，好像也没有搞清楚是因为我们采取了错误的降温措施而发生了后来的经济萧条，反而找了很多其他杂七杂八的理由。我觉得更可笑的是有人居然会认为是技术革新导致了金融危机，因为这使得很多人失业。照这么说的话，现在高铁就该停止修建，收割机也该砸掉，这对吗？肯定不对。我也想不明白为什么要把这两个问题联系在一起。经济发展，就是要发展生产力、提高生产力。**提高生产力、促进技术革命是社会进步、经济发展的必要条件**，怎么就成了引发金融危机的原因？

还有一个是"泡沫"问题，其实，经济发展本来就没有什么泡沫。昨天我和一些投资专家交流，就谈了经济问题。难道小麦亩产从800斤涨到1100斤就有泡沫了？吃不了就存起来，收1100斤肯定比收800斤要好。吃不了总比不够吃强，哪来的泡沫一说？**经济学上这个"泡沫"的观念，可以说是害人不浅**。不仔细去思考这个事儿，就容易当真。**快总比慢好，多总比少好，有总比没有好**。在我小时候，农村总会发生一个事儿。有些孤寡老人去世，留下不少财产没有进行消费。那时候我想不通，身上有这么多的钱财为什么不消费呢？我的爷爷奶奶就跟我讲，宁愿吃不了也不能不够吃，你不知道自己哪一天就不在了，留一定的结余是对的。后来我就想明白了，**有一定结余是对的，这样有保障，宁愿吃不了，不能不够吃**。西方经济学就没有这种思维，总是认为需要多少就生产多少，一点也不能少，一点也不能多。这种状态其实是不存在的，这是理想状态。要么不够，要么就是多。就跟我们吃饭一样，难道我们能保证一粒米都不剩，刚好吃完就饱了吗？其实是很难的。在保证吃饱的前提下，多多少少还是会剩一点。这不叫泡沫，也不叫多余，而是必要，是事实。但在经济学上却被定义为了泡沫，还出了一些公式，一些方程，但经济学不是数学。所以说，**经济学现在的数学化、公式化，其实就是妖魔化。**

我因为这几年做投资，所以对经济学研究得也比较多。学经济学，好像不搞数学模型就不能毕业，我觉得这是误人子弟。研究经济学搞什么数学模型？关键在于针对情况，对症下药。旱灾了就浇水，涝灾了就排水；堵车了就停一会儿，道路畅通就开快一点儿。以安全、快速为标准，哪里需要数学模型呢？西方经济学是漏洞百出的。

还有什么"假设人是理性的"，应该实事求是，假设什么呢？在假设的基础之上，一步步去推理，前提就错了，后面还能推出正确的结论吗？只能是错上加错。实事求是解决问题才是关键。假设人是理性的，人是理性的吗？**人实际上是非理性的，人是需要管理、需要教育的。**超速要罚款都还有人要超速，醉酒驾驶要拘留也照样有人酒驾，人总有一种侥幸的心理。人就是人，该什么样就是什么样，我们要根据实际情况去解决问题，不理性就出一些规章制度来约束。

经济学本来很简单，就是对症下药，解决问题，进行管理。市场是在国家管理下的市场。大家不要认为国家一出政策对经济进行干预和管理就不是市场经济，这是误区。**最符合经济发展规律、最符合经济本质的就是国家管理下的市场经济。**不要认为国家一管理就不是市场，这是误区，严重误区。就跟种地一样，非常简单。要让庄稼高产、稳产，就要人为地进行干预和管理。稼苗，旱了浇水，涝了排水，生虫打药，长草拔掉，冬天不适合生长，使用塑料大棚，照样一年四季生长。经济也是一样，出了问题就解决问题，**生产太多，促进消费，消费过旺，促进生产，经济可以永远持续向好地发展。**有人说经济长期向好是不可持续的，长期繁荣是不可持续的，这个想法大错特错。经济长期持续繁荣是可以实现的，经济不繁荣的时候都能走向繁荣，既然繁荣了，有这么好的基础，为什么还会走向萧条？大家要想一想，我们用铲子挖土的时候都没有饿死，现在有挖掘机了，一辆挖掘机的能力相当于100个人，在这样的情况下，经济怎么会不行？我们用两条腿走路的时候都能生活，现在有高铁了，怎么可能不行？肯定是会越来越好，我们的未来一定一天更比一天好。**科学技术越来越强，生产力逐步提高，因此，不要担心经济不行。我们一定要以发展、以变化的眼光去看问题，经济发展是活的，是在变化的。**有些道理非常简单。

为什么经济学家看问题不准？比如前几年经济学家称房价要下跌，并列了几个理由：第一，房价太高；第二，人民没有这么高的购买能力。他们为什么会看错？**中国房价其实并不高，我可以告诉大家为什么这几年房价猛涨，就是因为房价太低了。**经济学家说房价贵，北京10万一平，上海10万一平，深圳也10万一平，10万一平的房价真是太高了，大部分人100年的工资都买不了一套房，按经济学家的这个算法，房价是挺高的。可是他们这个算法不对，因为北上广深并不能代表中国的房价，**中国几千个城市，只有4个北上广深**，北上广深不是给全国普通工薪阶层住的。在没有这一波上涨之前，前几年普通的县城的房价也不过2000多元/平方米，普通的地级市3000~5000元/平方米，很多省会城市7000~8000元/平方米，在县城买100平方米的房子也就20多万元，当时有二三十万存款的农民也不少，一些比较富裕的农民会到地级市买房。虽然上海房价是10万元/平方米，但一年赚1000万的中国人也不少，买10万元/平方米的房子对他们来说也不贵。所以，房价这几年疯涨，房子被抢光，到处是房荒，我们一定要看到本质。经济学家天天喊话房价太贵，人民买不起，他们拿普通民众和顶尖人才住的地方比较，没有可比性，不能相提并论。

还有一个经济学家说，北京10万元/平方米的房价放在纽约差不多，在中国太贵了，其实，不同的国家，不同的地域，没有一点可比性。中国和美国的基本收入、政治、实际情况都不同，没有可比性。**在美国坐普通的火车，比在中国坐高铁都贵**，还有坐地铁，在中国花费5元钱，在美国可能要花费50元，两个国家人民的收入、消费等都不同，实际情况不同。**我们有很多方面的消费是国家补贴的**，我们就节约了很多的钱，节约的这一部分钱可以在另一方面消费，例如房子，所以房价就高了。这就是经济学家判断错误的原因，没有以实际情况来分析，如果还停留在原有的观念之中，不仅看不懂国家经济发展，可能自己做投资也搞不明白。天天担心房价要崩盘，不敢买房，结果房价涨了。最著名的一个案例，上海的一个教授，前几年教育他的学生房价要崩盘了，让学生们赶快卖房炒股，有一部分学生听从他的建议把房子卖了去炒股，结果股市崩盘了，回头一看，房价涨了，一个卫生间也买不回来了。过去的很多年，很多人天天等着房价下跌，结果房价不断地往上涨，早买早好，晚买晚好，不买不好。教授看错了，实际上是源于经济学，其实经济学家们都很厉害，但是他们被所学的经济学误导了。

• 中国的经济学才是真正有效的经济学

经济学讲的是一个系统，不能单一摘出某一个面或某一个点来看问题，西方经济学没有系统，所以西方经济学就错在片面化。他们每一个人研究一个问题，研究耳朵的和研究鼻子的不说话，研究嘴巴的和研究眉毛的也不沟通，西方经济学就是这样，有人研究眼睛，有人研究头发，这是不对的，要相互协调，相辅相成。**西方经济的发展也不是靠西方经济学的理论发展起来的**，例如美国，非常发达，特朗普上台以后，就是特朗普说了算，又是加关税，又是国内降税，这是市场化吗？没有市场化，都是政府出台的政策。但是美国政府没有中国做得好，没有中国英明。一开始特朗普搞小动作的时候我就说不要怕，美国再厉害也没有中国厉害，所以我们没有必要怕。现在中国采取的一系列措施非常到位，中国经济没有大问题，不要担心，中国发展得很好，未来也会很好。当然，站在美国的立场，特朗普也没有错，因为中国的发展使他们感受到了威胁。**中国的这一套政治体制和发展经济的模式，是任何国家的政治制度和经济发展模式都不可比拟的。**

我们一定要自信，不是盲目的自信，这是事实。中国这一套发展经济的模式是最符合经济学本质的。《中国崛起的奥秘——财富论》这本书其实也是在中国过去40年经济发展基础上的总结，是正确的，是真正的经济学，适合任何国家。有人说西方和中国不一样，我认为适合任何国家，适合任何个体。目前特朗普虽然反全球化，他反归反，但经济全球化、一体化是挡不住的。我们看到目前全球经济腾飞，这次的经济腾飞不同于历史上的任何一次，是全球同时发展。最早是以英国、美国为首的西方发达国家发展，第二个阶段划分没有一个很清晰的界限，以中国为首，因为人口基数比较大，再加上几个人口多的国家，这是过去三四十年。目前你可以看到印度也开始发展，东南亚也非常好，非洲现在也在积极发展当中。西方老的资本主义国家着急了，说制造业要回归，要搞大基建，所以**未来若干年是全球同时发展**。

其实这一次发展大家都看到了，都是在积极地学习中国模式，学得最明显的就是印度，几乎完全照搬中国的发展模式。特朗普上去的这一套也是学习中国的发展模式，只是他不承认而已，他也是看到了中国过去几十年的发展，在积极地吸取经验。经济发展潮流是挡不住的，大家都在学习中国。**为什么要学习中国？因为谁不学习谁不能发展，谁学习中国谁发展得就好。中国的模式非常优越，非常利于经济发展。**美国的模式有很多的弊端，尤其它的各行各业几乎都属于私人所有，这会影响经济发展。

举个例子，公共设施不适合个体拥有，比如铁路。美国铁路也是个人拥有，这是不行的，中国就是国家所有。这里面有什么利弊？为什么美国高铁发展不起来？因为要算账，修高铁有多少上座率，有多少投资，多少年后收回来，他算完要亏钱就不修了。据说在奥巴马执政期间就给一个铁路公司补贴60亿美元，拨完又返回来了，补贴60亿美元还是不修，因为那个公司算了一下账发现即使收了这60亿还是要亏钱，所以就不修了。中国不怕亏钱，修了再说。国家一投资钢铁，工人赚钱了，挖掘机赚钱了，玻璃厂赚钱了，钢厂也赚钱了，高铁造好了我们很多人收入也高了，我们有钱坐得起高铁了，国家不修高铁，经济也起不来。实际上即便高铁亏了1万亿也没关系，它的衍生收入可能有20万亿，我们要算总账、算大账。有一位经济学家指出这个问题，说铁路欠债太多，这样不行，怎么就不行了？他光看到铁路亏钱了，却没有看到因为修铁路带来的经济发展。**我们可以把修铁路看成是公共消费，修铁路本身就没想赚钱，而是为了满足社会需要，方便人们出行，提高生活水平。**我们不能说每一个生产都要把投资收回来，谁家买房也不是用来开宾馆收回成本的。所以，经济要活学活用，要学会变通。由于时间关系，今天就跟大家交流这些，谢谢大家。

傅海棠：真正的价值投资是没有风险的

2018 年 7 月 1 日

2018 年 7 月 1 日，由河北大学 MBA 教育中心主办、复旦求是东方经济学研究中心协办的"东方经济学交流活动"在河北大学举办。以下是活动的经济学对话环节傅海棠和主持人（马明超）、现场同学问答交流的文字整理。

观点摘要

有人把技术分析叫投机，把基本面分析叫投资，这其实是不对的，搞技术分析不能发现机会，怎么投机？做基本面研究的才能发现机会，才能称之为投机。

价格是怎么出来的？它是在成本基础之上结合供求的反映。如果供不应求，在成本的基础之上上浮，如果供大于求，就可能在成本之下，亏本了。供求正常，就在成本的基础之上加一定的盈利。

价格暴涨必须价格低，价格暴跌必须价格高，这是一个前提条件。

每一次危机的背后就是机会。

商品期货价格主要还是由供需决定，但对股市来说，国家的货币政策非常重要。

到底有没有价值，就看价格值不值，价格便不便宜。

在我的概念中，茅台是好股票，但是现在买肯定不叫价值投资。

真正的价值投资是没有风险的。

投资不能讲概率，如果讲概率，那么投资不会走得很长，偶然会死在小概率事件上。

我们是要买便宜货，但这需要时间周期。做股票并不等于捡便宜货。

经济好不好，缘于国家的管理，而不是经济学上讲的规律。

> 人为管理会出错吗？会，但比放任自流出错率低得多。
> 比特币比妖魔鬼怪还妖魔鬼怪。

• 真正的价值投资是没有风险的

马明超：我想请傅老师给年轻人讲讲投资的最好方法是什么。

傅海棠：赚钱有两个方面：一是做实体，二是做金融投资。总体来说，做实体的人要多一些，做金融投资的要少一些。做实体很简单，只要你付出努力，坚持不懈，最后肯定能成功，当然，方式方法要正确。

我主要讲一下投资方面，实际上做金融就是投机，中国现在的投机市场，一个是股票，一个是期货。其实投机的本意是发现机会去投资，投资机会简称投机，其实我们大部分人对这个没有概念。不管做股票还是做期货，都有技术分析和基本面分析两大派，有人把技术分析叫投机，把基本面分析叫投资，这其实是不对的。搞技术分析不能发现机会，怎么投机？做基本面研究的才能发现机会，才能称之为投机。商品的价格是有规律的，价格不是乱定的，每一样商品的交易价，包括标价都是有规律的。那么价格是怎么出来的？它是在成本基础之上结合供求的反映。首先要明白价格是怎么来的，不管是商场水果的标价、衣服的标价或是其他商品的标价，是在成本的基础上结合供求的反映。如果供不应求，在成本的基础之上上浮，如果供大于求，就可能在成本之下，亏本了。供求正常，就在成本的基础之上加一定的盈利。

我们既然要投机，那肯定要暴涨或暴跌才能赚大钱，但是你要研究为什么暴涨或暴跌。为什么暴涨，首先它是有条件的，暴涨的品种价格低，价格低才能暴涨，如果价格很高，即使供不应求，也不会涨得太多。暴跌的品种价格高，如果价格低亏本了，应该也不会暴跌了。你要有清晰的思路，**价格暴涨必须价格低，价格暴跌必须价格高**，这是一个前提条件。那么什么是低什么是高，你也要有概念，成本为基准，亏损越多越为低，赚钱越多越为高。如果高低没有标准，是没有办法衡量的。

为什么能赚到大钱，第一个要点就是找暴涨机会，低价隐藏暴利。范蠡有一句名言："贵出如粪土，贱取如珠玉"，范蠡是越国的宰相，辅佐越王勾践成为一方霸主，最后辞官回家。商人们都称范蠡为始祖，因为他生意做得非常好，他就是典型的做投机。"贵出如粪土，贱取如珠玉"，就是说东西要贵了、盈利非常丰厚，你如果有这样的商品和货物，从做生意的角度，一定要出手，即便今天卖出后，后面两天它的价格还在上涨也不要后悔。贱取就是便宜、亏钱、没有人要，然后你就买入。例如矿泉水，最基本的价格是1块钱，包装加上人工，至少要卖1块钱，但现在卖5毛钱，因为供大于求了，你如果有钱，你就放心买入，一定会发财。因为矿泉水价格长期在5毛钱，所有生产矿泉水的企业都会撑不下去，最后倒闭，企业一倒闭，矿泉水价格就暴涨。有暴利了之后，又会有很多人来生产矿泉水，供求平衡后，价格又不涨了。如果供大于求了，又开始往下跌，大幅度低于成本以后，经过一定的时间，就会没有人再生产矿泉水了。所以，这就是发现机会，**每一次危机的背后就是机会**，巴菲特做股票成功也是基于这一招，每次危机就大举建仓，别人不要的他使劲买入，因为便宜。

就做股票或者期货来说，想发财一定要买便宜货。虽然不便宜也可能涨，那就轻仓做一点。但是对于大的发财机会，就是捡便宜货，只要便宜了，涨是一定的，因为生产者亏钱了就会逐步没人干，那就一定会涨。最好的是我们在上涨之前买，发生事实以后就不要犹豫，即便是前期有少许亏钱也不要紧。有时候到生产成本了还会继续跌，可能出现极端行情。所以最好是在跌得非常多，价格非常低的时候，你正好抓住了供求的拐点，就是发生了一个事情后，促成了供求的根本转变，那时候入场就很好。

2017年的鸡蛋行情，一开始产蛋的鸡都不杀，就造成了供大于求。几个月后养鸡户受不了了，钱亏完了就开始杀鸡，然后鸡蛋就涨价，后续还出现一波暴涨。所以是要发生事实以后，毫不犹豫进去。2015年年底，最明显的是工业品，那时候螺纹钢1600，但是其实已经便宜了好几年了，但就是那时候中央发布了政策，去产能、要改变人民的心理预期、房地产去库存、货币政策稳健变宽松等。政策发生了根本性的改变，就应该逢低买入。

现在也是，货币政策从稳健变为合理充裕，充裕比宽松力度更大，所以长期来看股票要涨。符合价值投资的股票，买了肯定吃不了大亏。

商品期货价格主要还是由供需决定，但对股市来说，国家的货币政策非常重要。不过也分个股，那种**市盈率非常低、分红率非常好、行业又倒不了的股票可以长期投资。到底有没有价值，就看价格值不值，价格便不便宜。**

在我的概念中，茅台是好股票，但是现在买肯定不叫价值投资，40倍的市盈率我花40年才能赚回来。我们在股票、期货交易中，价格买得便宜解决了一切问题，没有风险，未来一定会向某个方向发展。但是**像茅台，未来可能涨到1500，可能涨到2000，但是放30年不涨也行。这种股票有风险，但是风险不大。**

实际上**真正的价值投资是没有风险的**。我所说的内容都不是指的概率，而是100%的确定。**投资不能讲概率，如果讲概率，那么投资不会走得很长，偶然会死在小概率事件上。**对冲、量化、套利都是讲概率，大概率都对，但是往往最后就死在小概率上。只要你按照我说确定性的方法去投资，股票也好，期货也好，即便失误了也是小亏损，不会有致命的亏损。

马明超：刚才傅老师用一段时间给大家介绍了赚钱的法宝，大家回去可以好好体会一下。他的这几段话，在过去的几年里，也曾经帮助过很多朋友扭亏为盈，甚至赚了大钱，都是因为深刻地理解了。实际上傅老师的思想是有传承的，刚才说到范蠡，中国的商圣，他的"贵出如粪土，贱取如珠玉"就是傅老师刚刚说的要买便宜货。这个观念是将来有年轻人进入投资这个行业要树立的第一个法则，所有国际上的大佬都是遵循了这个法则才起家的。比如巴菲特，低价买股票。李嘉诚，香港楼市崩盘时，他兜了很多楼盘。几乎每一个身价几千亿的人，都是靠买便宜货发家的。所以现在的年轻人，如果你们有这个意识去买便宜货，那么以后几千亿身价的人可能是你。

这是一个非常宝贵的思想，但是有一个问题，买便宜货里的学问可大了。首先你要有正确的价格观。要识别价格是不是真的便宜，有的东西两块钱都贵了。所以要结合成本以及内在需求综合考虑，这些都是要靠你的知识和学习来获得对价格的认识。正确的价格世界观，就是傅老师刚才所说的，长期低于成本的东西会没有人生产，东西自然会少，少了就会暴涨。但是有个问题是，很多情况下，东西便宜了你不敢买。那怎么才能在一个东西跌破它的成本时还敢买呢？要读透傅老师这本《中国崛起的奥秘——财富论》一书，你就敢在危机发生的时候买入。此外，你在价格便宜的时候买了，会不会价格继续便宜到你承受不了的时间？所以时机选择也很重要。道理很简单，就是买便宜货，但是究竟能否成就大业，还是要看个人的功力，第一步就是从看这本书起，这本书能够奠定你一生的财富观，基石是买便宜货，但不是说找个烂东西便宜买，而是买便宜的好货。

我们可以发现身边的大多数人都浑浑噩噩过一生，经济不好的时候，别人说做空他也做空，经济过热的时候跟着大家一起炒。这些人忙了一辈子，结果钱也没赚到，甚至有些人还欠一屁股债。这都是因为他们没有树立买便宜货的理念，这是一个长期投资，能够让你在长期时间流逝中获得巨大收益的投资方式。而他们平时认为的高大上的理论，追逐市场波动中的机会，会忙忙碌碌而收获很小，这是和大家在做同样的事情，显然，不可能所有人都赚大钱。只有在别人不敢买的时候买便宜货，才是做与99.5%的人不一样的事情，才有可能获得成功。今天傅老师教给大家的是"真经"，大家回去一定要好好吸收。希望能让正确的经济学思想和投资理念在学校里生根发芽。

现场提问1（河北大学钱老师）：之前我有个朋友的孩子考上了北大的经济学院，学经济学，我说要送他一本书，让他看看东方的经济学是什么样的。总之，大家对于正确的理论要接受、学习，最后还是非常感谢几位老师来给我们做分享。

我问一个问题，接着刚才说的茅台。茅台从估值上来说，已经比二线的白酒企业估值都高了，但是也有几个有利因素。第一它在向海外拓展，第二它如今的提价应该会带来18%~20%收入的增加。但是从往年二季度来看，都是一个比较低的位置，只有去年（2017年）三季度出现了增长。所以就今年（2018年）的变化，傅老师的观点是什么？

傅海棠：我们是要买便宜货，但这需要时间周期。做股票并不等于捡便宜货，捡不到的，谁不知道便宜呢？我从 2000 年开始做期货投资，中间真正做股票就只做过一回。**平常我不做股票，一是因为我觉得股票赚钱太慢，二是它没个谱。**一块钱的成本可以炒到 200 元，又可以从 200 元跌回五毛，没有个准头。以前我觉得它没有确定性，所以我对股票不感兴趣。在股市中是存在泡沫的，它就是沙嘛。**当然也有确定的时候，2014 年 4 月份，我发现股票很便宜。**在股票方面，我没有很高的研究水平，就利用买便宜货的理念做了一点股票。我去开户的时候，证券公司还给我推荐，我也不让他们推荐，就捡便宜的买。我知道当时有几个行业很便宜。比如钢铁股便宜，当时都说钢厂要倒闭，便宜得不得了。宝钢的净资产六块七，当时跌到三块五，几乎是打了对折。所以第一个，买宝钢；第二个，买银行。那时候银行比现在便宜多了，可以说是白给。但是那时候银行这么便宜大家都不敢买，因为都说银行有坏账，楼市要崩盘。首先你要相信，楼市崩不了。其次，四大银行怎么会倒呢？所以你光捡便宜还不够，还得懂里面的事儿，这样才能在一片恐慌中捡到便宜货。后来，那一波果然很快就涨上去了，我也因此赚了一部分钱。**你得看得清楚才能捡到便宜，如果你用平常人的思维模式去思考问题，有便宜也不一定捡得到。**

别人为什么不看好，也是有自己的原因的。他们觉得经济要崩盘，楼市要崩盘，金融要危机，反正就是相信经济不会好，不论采取何种办法都不会好。在他们看来，这是经济发展的规律。但是我不相信这件事。**国家一出手，经济马上就会好。**所以你别相信是经济自身出了问题，这是政策的问题。实际上经济好不好，缘于国家的管理，而不是经济学上讲的周期规律。经济是由政策主导的，政策错了会改正。就跟我们开车一样，万一开不到位，就会转动方向盘调整一下。国家肯定也不会希望政策出了以后经济还往不好的方向发展，如果往不好的方向发展了，自然就会调整政策。大家一定要相信这点，不要相信课本上说的。只有这样你才能看到真正有价值的东西，才能捡到便宜货。

- **要深入理解和研究供求关系**

现场提问 2：傅老师，您说期货赚钱比股票快，请问一下，您觉得期货一年赚一两倍算正常吗？

傅海棠：快是指双向快，赚得快，亏得也快。平时注意风险，实际上一年几十倍也是可能做到的。

现场提问3：现在的人口结构，国家货币政策以及房地产税开征等都会在未来几年对中国房地产形成较大压力，请问傅老师，您觉得房地产还会持续上涨吗？

傅海棠：2016年以前，很多人都说房地产要崩盘。当时有这么几个理由，比如人口拐点到了以及经济发展已经到尽头了，因为经济十几年的高速增长是不可持续的。但我们现在发现，房地产并没有走下坡路。另外，我们还有一个改善型需求。就跟家里的车一样，车子会换代更新，房子也是一样的。所以说，人口拐点不是房地产崩盘的原因。你可以不断地更新换代，自己这一辈就可以换三次房、五次房，只要你的收入不断增加，就可以不断换更好的，这个好是没有标准的。原先我们在路边摊吃饭，后来到小餐馆，再后来到五星级酒店，这是没有头的。但如果你的思想被局限住了，那就没办法了。日本的房地产不行了也不是因为人口拐点或者城市化完成了，还是国家政策的原因。

马明超：傅老师的观点里面，有一个观点就是房地产的发展是由供需来影响的。在未来十年甚至二十年时间里，中国的房地产行业仍然是供小于求的。如果一个东西始终处在供不应求的状态下，就不要指望它出现崩盘。崩盘只有供大于求的时候才会出现。

现场提问4：傅老师，请问您如何看待白银？

傅海棠：白银和黄金，不是以供求定价的，当然也有供求的因素在。我建议大家还是尽量少参与为好。其实现在黄金的硬通货属性正在逐步下降，下降有两个原因，一是国家稳定，二是经济发展。现在世界经济大发展，财富无限增长，用黄金没法标价。以前非常珍贵的东西，现在都无所谓了，已经不是财富了。举个例子，我们要在北京花几千万买个房子，如果用黄金的话，就得拉一车，这显然是不可取的。黄金的通货属性在下降。

白银的导电性能比较好，有点工业属性，属于铜、锌等产业的副产品。你还得看铜和锌的价格，如果铜和锌的价格足够高，白银可以白送给你。如果铜和锌的价格非常低，可能白银的价格就会高一点。

马明超：白银和黄金比较复杂，如果不是专业研究它们，还是建议大家不要做，可以选择一些比较确定的品种。

现场提问5：我想问一下傅老师，现在白糖、大豆、玉米政策怎么影响供求？将来会是什么政策？

傅海棠：以目前的政策，国家逐步放弃收储，波动可能会变大。当然，**收储政策是好的，收储政策对价格稳定肯定是有帮助的，供应也有保障，多了就国家收，少了国家就抛出来。**

现场提问6：我之前做过几年房地产，也了解到在碧桂园、万科、金科做投资的投资人说现在在到处找地，他感觉未来越来越迷茫，感觉以后越来越赚不到钱，这是为什么？这是第一个疑问。您刚才说以后房子还会涨价，但是说到涨价涉及供需的问题，我的第二个疑问是供需是不是人为创造出来的？第三个问题，人为创造出来的供需会不会持久？

傅海棠：**不要觉得需求是人为创造出来的就不好，其实什么都是人为创造出来的，这本身就是人与人的世界。**有些观点说需求是人为创造的，不可持续，这是不对的。供是人为创造的，需也是人为创造的，这是调控。这就跟开车一样，往左往右都是司机创造出来的，是非常自然、非常合情合理的。**人为管理会出错吗？会，但比放任自流出错率低得多。**比方说自然老是刮风下雨，不是把庄稼淹了就是旱了，经过人为的调控之后，旱了浇水涝了排水保丰收，所以人为犯错的概率要远远小于自然。你不要觉得有人为调控就会出错，这个出错的概率会非常低，并且代价也会比较小。如果按照自然的市场自己来的话，那错误更大，所以要认可人为的调控。

现场提问7：还是供需的问题，比如保定市的空地特别多，但是它的房价一直很高，国家说以后农民可以不经过政府直接卖地。

傅海棠：不是因为没有地而导致房价上涨，现在地再多，钢筋在哪，水泥在哪，沙子又在哪？现在不是地的问题，是原材料的问题。你认为空地太多了，怎么不盖房子啊？因为没有钢筋，现在钢筋还不够卖。钢厂是在开足马力生产，因为它有较好的利润，所以想尽一切办法增加生产，但钢筋库存还在下降，所以是因为原材料不够。

马明超：补充几句，你的提问里面包含了大部分人的世界观和思想，根本原因是受了西方经济学的影响，因为西方经济学教会的是埋在数据里看问题，而不知道怎么跳出来看问题。你是站在井里面看供需，你看到的供给上面有许多小毛病，需求上也有许多小毛病，而这些小毛病影响了你的整体判断，你看到有人囤了10套房子，但你没看到农村有多少人没有房子，你看不全。看问题不能太微观，千万不能有用微观问题解决中观、宏观问题的思维。不识庐山真面目是因为你把自己埋在里面了，跳出来看供需关系你就会明白供不应求。

现场提问8：关于黑色，国家之前两次降准，傅老师您认为未来黑色还会涨吗？

傅海棠：不一定，因为现在本身就利润很好，过去两年钢厂发大了。国家会有调控，我估计相关部门不会任它涨得太高，涨高了国家会出政策来调控。现在房价大涨，棚户区改造的货币化要停，购买力太强了就要压制，这个非常正确。黑色还要看具体的供求，因为期货拿个十年太长，它跟股票不一样，还要看短期的供求，商品就是这样。

现场提问9：我想请问一下傅老师，对比特币为首的加密货币是否有研究？如果有研究的话能不能分享一下？

傅海棠：这个太简单了，你研究那个干啥？**比妖魔鬼怪还妖魔鬼怪**。它本身就是一个假的东西，它不是币。货币只有中央政府发行才叫货币，它永远不可能通行，也不可能成为货币，只是一个炒作的工具而已，千万不要迷在上面。有人说它要通行，国家承认比特币，这是不可能的事，只有一个国家政府发行的钞票才有可能流通，才能叫货币。

现场提问10：傅老师，我之前在清华班听过两次您的课，六月份向您请教过鸡蛋，今天我想向您请教一下前段时间焦点访谈说的大蒜问题。您

现在对大蒜怎么看？是否存在机会？

傅海棠：有没有机会目前不好判断。今年大蒜种植面积大幅萎缩，这个是确定的，因为价格太便宜了。肯定很多人放弃种大蒜，就看放弃的幅度有多大。如果你调查发现今年大蒜种植意向下降很大的话，可以便宜收一点做好长期储备的准备，下一年度卖。如果今年种植意向下降的不够大还不行。今年有两个情况，种植面积如果下降的大，蒜种又过剩，上一年的库存遗留的比较多，今年的产量也不小。不过低价会刺激需求，他们一看就这么几块钱几毛钱的话，需求量会增加，目前是这么一个情况。没有太大的价值，如果你长期储备的话，还是有价值的。

傅海棠：低价位，供求改变了，上涨是必然的

2018 年 7 月 28 日

本文整理自 2018 年 7 月 28 日由国贸期货主办的"2018 年下半年农产品行情展望报告会"现场发言。

观点摘要

> 开仓前多看少动，不要轻易开仓，一旦开仓以后，不要轻易平仓，但前提条件是要看对方向，看错了方向就算死扛着，那爆仓也是比较快的。
>
> 涨跌的背后是有推动力的，这个推动力就源于供求关系的失衡。
>
> 一定要超前，不是延后，一定要在趋势没有发生以前进场。
>
> 商品一旦在低价位，又出现一个原因改变了供求，上涨是必然的。
>
> 那做错了怎么办，做错了赶快跑，不光要止损，关键要止错。
>
> 投资方法正确不代表就能赚一个亿，没有这么简单。
>
> 没有比期货上机会更多的地方，期货上就不缺机会。
>
> 一定要具体情况具体对待，不要盲目用历史数据、历史经验。
>
> 期货说白了，"期"的是"货"，"期"和"货"都不懂你怎么赚钱？

• 商品一旦在低价位，又出现一个原因改变了供求，上涨是必然的

期货是一个细活，工程确实是比较复杂，我尽可能地在最短的时间，把我做期货投资成功的绝招讲给大家听，希望各位投资者快快地实现各自的小目标。

我是 2000 年开始做期货的，到现在做了十几个年头，中间的过程也是非常的坎坷，并不是说开户做期货，进来就能发财。做期货确实是不容易，最重要就是投资方法。做期货，生存率确实是不高，应该说非常低。我觉得主要有两个原因造成期货投资失败：

第一，开仓太频繁。开仓前多看少动，不要轻易开仓，一旦开仓以后，不要轻易平仓，但前提条件是要看对方向，看错了方向就算死扛着，那爆仓也是比较快的。找不到机会，看不明白，就不要开仓，搞不清楚一会出来一会进去，越频繁交易越容易犯错。一看突破了，两根阳线，受不了了就开仓，结果行情反了，心慌意乱。所以不要轻易地开仓，一定要眼里清楚，多看少动。

第二，研究期货投资的方法不正确。**市场运动遵循价格规律，价格趋势源于供求动力，涨跌的背后是有推动力的，这个推动力就源于供求关系的失衡。只要抓住供求失衡，就抓住了趋势；研究供求失衡的幅度，就抓住了涨跌的幅度；研究了价格的高低，就掌握了涨跌的区间，所以要研究供求失衡，供求的失衡形成趋势行情。千万不要逆势，要顺着趋势去做，但一定要超前，不是延后，一定要在趋势没有发生以前进场。**

怎么样去研究才能抓住趋势？这里我简单地讲两个方面，就是只要抓两个极端，不要胡子眉毛一把抓。这两个极端，一个是暴亏或者不赚钱的行业，另一个是盈利丰厚的行业。**商品一旦在低价位，又出现一个原因改变了供求，上涨是必然的。**

比如 2017 年年初的鸡蛋，由于 2016 年以前养蛋鸡连续三年盈利，产业不断进行扩充，终于在 2016 年迎来了产业过剩鸡蛋开始跌价。有人告诉我："傅老师，我们买鸡蛋了你也买吧，养殖户亏损。"我说"我看看吧"，但我不敢买。因为还没有淘汰蛋鸡。又过了两个月开始有传闻，养鸡户受不了了大量杀鸡，蛋鸡开始集中淘汰，低价出售，我赶紧让信息员到养鸡场去看一下现在到底什么情况。他们调研了一天，反映了一个信息：收鸡蛋的小贩，原来一个村就装一车鸡蛋，那个时候跑三个村装不满一车。**鸡蛋大幅减产，大家还在恐慌当中，这时候就给了我们入场的机会。**全村开始淘汰蛋鸡，不到一个月，蛋鸡被淘汰，供需关系失衡了。现货不到两块，一口气涨到了四块，翻了一倍，很短的时间。期货涨了1000多块，因为期货有升水，涨得少一点。

只要供求关系改变了，价格在低位，上涨是100%的。比如说豆粕，现在持仓量交易量也非常活跃。2016年初，我不知道豆粕是涨是跌，我让信息员去调研。有一次，调研养猪场，给我打了一个报告：现在的猪养得都非常大，300多斤才卖，正常的猪大概110公斤。我想这猪一旦大了以后呀，非常消耗饲料，短期之内都会造成饲料的需求暴增。小猪吃得少，一天三斤两斤就够，当一只猪长到300斤的时候，会吃10斤饲料，一头猪相当于三头猪的饲料用量。为什么饲料用量这么大还养呢？原因是猪仔非常贵，每个小猪仔30斤就1300元，将近40元钱一斤。卖小猪仔30斤就亏1000多元，毛猪卖10元一斤，这养200斤赚的不够小猪仔亏的。毛猪价格高，当时卖11元一斤，历史最高，因此饲料用量大也要养。我入场的时候是2580。当然我不光关注这个，我还关注其他方面的信息。比如2016年，阿根廷暴雨导致大豆大面积减产，我就向油厂打听，油厂的朋友说："今年比去年同期生产量高15%，豆粕不够卖，全部卖光。"这豆粕都卖光了，我看豆粕价格就要涨，就进去了。因此一旦发生了这个事实，足以导致供求关系的改变，这就100%要涨。**价格低，又发生了条件，不管什么条件，政策因素也好，自然因素也好，不管什么因素，导致供求关系根本性的改变，由供大于求转为供不应求，只要你抓住了，考察清楚了，第一个先进，不要怕。**

要抓住主要的方面，千万不要让微观局面来左右你的判断。一定要抓住主要方面来做判断。比方说，冬至以后太阳回归白昼变长晚上变短，能不能懂这个道理，这个时候趋势就出来了。什么时候来个倒春寒，明天又下雨了，一会又刮风了，不要被这干扰。你倒春寒就倒春寒、刮风就刮风，反正随着时间的推移一定会越来越热。哪怕小概率事件发生的时候，你还是按照那原来的方法来，因为你不知道这是小概率事件。所以说我们一定要做100%，不是做概率。

那做错了怎么办，做错了赶快跑，不光要止损，关键要止错。有人说止损是没有对错之分，设定一个点位，到这个点位我就止损。这种止损，止来止去钱就没了，还花了交易成本。这个要好好想一想，要梳清观念。

• 农产品的功夫在田间地头，工业品的功夫在厂矿企业

当然，**投资方法正确不代表就能赚一个亿，没有这么简单。但长期坚持一定会成功，正确的方法重复来做，就越做越精**。但错误的方法，重复做的时间再久也不会提高收益。这需要时间，一定要深入实际，不要浮于表面，**电脑前面是看不出方向的，功夫在盘外，一定要走出去，农产品的功夫在田间地头，工业品的功夫在厂矿企业**，还要盯住国家的宏观政策。宏观政策转变，你说最近这一周，央行的表述，最后一句"要合理充裕"，那就表明了要放水，那工业品短期又有支撑，可以看到这个事情出了以后，股票暂时不跌了，螺纹钢又涨了一些，铁矿在前天晚上也涨了一点。盯住国家重大的宏观政策转变，做不对不怪谁，机会错失了也不碍事，**没有比期货上机会更多的地方，期货上就不缺机会**。所以说投资方法要对，**要下功夫，但不要乱下功夫**，有的时候我们下错功夫也不行。

我从 2000 年做期货一直到 2008 年，我都没有赚钱，亏得也挺难受，亏得死去活来的，进去就亏。但我始终对我的方法没有失去信心，我咋熬过来的呢？因为我有信念，我始终相信我这个方法能成功，我这个投资方法在期货上要是赚不到钱，没有任何投资方法能赚得到钱了。

一个做豆粕和大豆的对冲交易的操盘手跟我说：一般豆粕比大豆的价格低得差不多的时候做回归。他说他原本从来没有失手过，赚了不少钱，好几个亿。有一回，豆粕价格比大豆高，把以前赚的钱全亏光，彻底服了。**谁规定的豆粕价格就不能比大豆贵，谁规定的面粉就不能贵过面包？** 特殊情况这样是可以的。要实事求是地，针对性地去看当下的情况。结果是他还在那边做回归，价差越来越大，最后被拉爆。大连的大豆，1996 年以后 2003 年以前，最高没有超过 2400，最低没有低于 1800，就是所谓的箱体震荡。那个做统计套利的操盘手中间 6 年都赚钱，我当时都不赚钱。2003 年以后，上一年最高不到 2400，这一年涨到 4000 多。

因此，一定要具体情况具体对待，不要盲目用历史数据、历史经验。

一定要懂行，一定要研究透。期货说白了，"期"的是"货"，"期"和"货"都不懂你怎么赚钱？你一定要先把期和货搞得清楚，我们做期货是什么行业，其实就是贸易，就是做贸易商。我们做的豆粕、白糖、大豆，算是综合的贸易商。所以一定要搞清楚，我2000元买螺纹，判断它能涨到2500元，过了一段时间，它涨到2500元了，我卖出去了，一吨赚500元。所以一定要把你做的那个商品搞清楚，深入行业，深入产业。

傅海棠：如何把握大行情的准确切入点

2018 年 10 月 27 日

2018 年 10 月 27 日由布瑞克农产品期货网主办的"阳澄论剑"第三届全国农产品分析师大赛颁奖盛典暨高峰论坛在苏州举办。以下是傅海棠演讲的内容整理。

🔊 观点摘要

> 我们在研究分析的时候一定要先抓住主要矛盾，再去抓次要矛盾。当主要矛盾出现的时候，就会形成一种趋势，会持续较长时间。分析趋势时，我们要抓住主要矛盾，舍弃次要矛盾。

> 看问题有盲区，最主要的盲区就是不懂经济学。
>
> 实际上经济好不好，缘于国家的管理，而不是经济学上讲的周期规律。
>
> 一定要盯住国家的重大经济政策，紧跟国家政策走，这就是避免你出现盲区的一个方式。
>
> 一定要把供需数据搞准，供需决定价格，供需搞准之后，才能把行情分析对。
>
> 我是低价不做空，高价不做多，这是一定坚持的基本原则。
>
> 只是价格低了还不能进，价格低还会继续低，就算不会继续低，横盘两年，你也熬不住。
>
> 少做，保持关注，然后逮着大行情，寻找到确定性，准确切入，该狠就得狠。

• 先抓主要矛盾，再抓次要矛盾

非常感谢组委会提供这样一个平台，和大家在一起学习交流。我今天的演讲主题是：如何把握大行情的准确切入点。由于时间有限，我将主要的逻辑点先说清楚，其实说一千道一万都是一个道理，只要明白这个道理，一切都好解决。

我们在研究分析的时候一定要先抓住主要矛盾，再去抓次要矛盾。

举个例子，天为什么会热？是因为太阳从南边往北走了，那我们北半球就越来越热了，这就是主要矛盾。那有人也会说，动不动也会来个倒春寒、寒流什么的啊！但其实不管有没有倒春寒，天气是不是都会越来越热？那这就是主要矛盾，要抓住主要矛盾！那次要矛盾是什么呢？比如这几天倒春寒，或者下雨，天气变冷了。有认为牛市要来了，结果过几天寒潮又来了，就开始怀疑了，牛市是不是还没来？这就是主要矛盾和次要矛盾要分清。根据季节规律，肯定是要热起来的，你管它什么倒春寒？这是主要矛盾，天气趋势是不会变的。

当主要矛盾出现的时候，就会形成一种趋势，会持续较长时间，这就是主要矛盾导致的。分析趋势时，我们要抓住主要矛盾，舍弃次要矛盾，次要矛盾天天有，今天刮风了，明天下雨了，这些不太需要去关注，看趋势抓住主要矛盾就好了。大多数人就是主次矛盾不分，趋势是一定的，任何人是改变不了的，次要矛盾它只会改变节奏，趋势是不会改变的。而如果想要波段处理得更好，那就在抓住主要矛盾的基础上，再研究和把握次要矛盾。所以说，我们要重点抓主要矛盾。

• 投资最大的盲区就是不懂经济学

第二个问题，方法有漏洞，看问题有盲区，这也是导致我们投资者分析问题不到位的主要问题之一。

其实我们说投资方法有很多，什么办法都有，当然，不能否认每一种方法都有一定的优势，但也会有点漏洞。比如说做价值回归，有人统计过去很多年的价差都是 1000，结果今年是 2000，他加仓，结果变成 3000，继续加仓？那就爆掉了，对不对。谁规定历史上是 1000 它就不能变 3000 呢？过去 50 年不超过 1000，那就说明现在不会超过 1000 吗？所以一定要以现实为准，这就是方法有漏洞。今年是什么情况最重要，历史仅供参考。不能一成不变的，它是改变的。

这就是方法有漏洞，**看问题有盲区，最主要的盲区就是不懂经济学**。你看，投资市场做得比较好的人，他的交易能力就非常强，如果他的方法很好，也能赚钱。但时间久了，你会发现有的人也做得灰头灰脑的，导致这个最主要的原因，就是对经济学不通，一旦国家出现重大政策调整的时候，他不相信，他不信政府，不信市场，这是最主要的盲区，是系统性的问题。他们觉得经济要崩盘，楼市要崩盘，金融要危机，反正就是相信经济不会好，不论采取何种办法都不会好。在他们看来，这是经济发展的规律。但是我不相信这件事。国家一出手，经济马上就会好。所以你别相信是经济自身出了问题，这是政策的问题。实际上经济好不好，缘于国家的管理，而不是经济学上讲的周期规律。经济是由政策主导的，政策错了会改正。和我们开车一样，万一方向开不到位，就会转动方向盘调整一下。

国家肯定也不会希望政策出了以后经济还往不好的方向发展，如果往不好的方向发展了，自然就会调整政策。由于时间关系，这方面我就不细致地去说了。一定要盯住国家的重大经济政策，紧跟国家政策走，这就是避免你出现盲区的一个方式。

- **一定要把供求的基础数据搞准确**

第三点，基础数据要准。

尤其是公开的数据，它有时是不准的，那我们肯定不能拿这些不准的数据去做平衡表。比如说玉米，2015年国家净收储是8000万吨左右，结果到了2016年就不收储了，很多人就在想，玉米去哪儿了？基础数据不准，怎么知道玉米去哪了？国家统计的产量不准，国家数据一直就在2.2亿吨左右，实际2015年产量是3.2亿吨以上，差了一个亿，这一个数据不准，那他们统计的需求数据就不准。上下游增加幅度的百分比，你想想要是2亿吨，减10%就2000万吨，3亿吨呢，这价差太大了。需求呢？产量大需求就大，2亿吨的需求就是增加15%，3000万吨，3亿吨呢，就4500万吨，这就差了1000多万吨。这一加一减，上下游的差距很大，这就导致了数据的不准确。为什么2016年怎么算都不对，因为当年减产5000万吨，加上需求的增加，就刚好能对上。这就明白了，玉米去哪儿了。

这个数据怎么推出来的？可以用进口的豆粕推出玉米的产量，如果你没有其他好办法，那这就是一个好的办法。用豆粕的使用量就能知道玉米的使用量，因为豆粕主要就是鸡吃或者猪吃。他要用豆粕，就会有个配比，每年进口大豆9000多万吨，压榨豆油大概含油量18%，你这样一算就知道，再加上国产大豆，一小部分进入压榨环节，现在大概有8000万吨豆粕，玉米和豆粕的比例大概就是3：1，综合一下，大概就是20斤豆粕、60斤玉米，这就是80斤，还有其他的麸皮之类的。大家想一下，8000万吨豆粕按照这个3：1计算，那就是2.4亿吨玉米饲料，有人不信，有这么多吗？还有杂粕，比如玉米饼、DDGS、棉粕等其他的加一起，大概2000万吨进入饲料环节。这些蛋白质量差，按照一斤杂粕两斤玉米，这样又是4000万吨玉米，这一算就是2.8亿吨玉米饲料。还有鱼粉，就不再单计算了。这还不算农民平时喂鸡、羊的消耗，自己还留一点，至少得500万吨，这样就是2.85亿吨直接进入饲料消费。每年玉米的深加工用量，大约7000万吨左右。这样一看，那些平衡表是不是就不对了。如果有做平衡表的，你们可以看看，这样能看对行情？关键时候做错一把，就错得离谱了。

再比如说棉花，尤其2016年棉花大涨，很多人亏了，当时说有个老总亏了8个亿，对于一个企业来说，亏了8个亿，相当于整个企业都要倒了，为什么会这样呢？放空，不只是他放空，整个产业链都在放空。为什么呢？因为数据问题，按照他们的那个数据，当时棉花怎么样都用不完，当时他们说需求是600万吨，我说800多万吨，很多人不相信，怎么可能是800多万吨呢？权威数据说的是600万吨。其实可以算啊，2014年国家棉花清得早，不再收储了，但是为了保障农民受益，目标价位补贴，就是说当年定的是19700，你到市场去卖是15000，那国家会补贴你4700，保证你的收益。但国家为了防止有人乱报，就想了一个办法，所有收的棉花国家先入库过来报，然后再给你补贴。新疆，就全部入库过磅，结果一入库过磅，是430万吨，大概还有30万吨没过磅，废絮啊，那一共就是460万吨。那另一边呢，整个长江流域、黄河流域棉花产值地，还没有过磅，国家当时说的是220万吨，但实际是没有达到那么多的。我们估计实际产值，估计200万吨左右，那一共就是660万吨。当年的，包括上一年结余的是180万吨，这个数据是比较准的，那一共就是840万吨。当时通过调研了解的情况，除了新疆的那30万吨没有卖出去，所有的都销售一空，纺织企业没有库存，你们现在想想当年的需求是多少？**应该是810万吨，但当时说的是600万吨，整个行业算错了210万吨，那在后面的分析当中，你是不是就会出错。**当然现在已经不说800多万吨了，国家说的数据是1000多万吨了。当时调研的时候，我说给很多人听，他们都不听，但你想想是不是有道理的？自己没找到自己的漏洞，就是不相信，结果钱没了。

所以说，一定要相信市场。这样你搞准了这些数据之后，你就知道，到了2015年，新疆棉花由于效益低下，面积减少大约15%，又因为高温，单产又减少大约15%，这就接近30%了。460万吨产量的30%，130多万吨没了，还剩330万吨。当年说是为了消化国内棉花的库存，有100多万吨抛储。还有内陆地区，国家补贴给的少，也没什么人种了，还剩几十万吨，加一起500多万吨。需求在增加，800多万吨的需求，缺口差接近300多万吨，再去看他们的平衡表，是不是错得离谱？结果实际呢？涨停了！

这说明了什么？**一定要把供需数据搞准，供需决定价格，供需搞准之后，才能把行情分析对。**当然还有其他行业，我就不一一列举了，我们要学会举一反三，这就说明我们是有办法把这些数据搞准的。如果真的搞不准怎么办？搞不准就不要参与。那不准确的就是不准确的，不要用这些不准确的假数据去做平衡表，害人害己，自己操盘把自己害死了，给别人分析把别人害死了。一定要实事求是，搞准了才能做平衡表，才能找到行情。

• 做多做空是不对等的

再有一点呢，就是准确切入，前面说的都是基础工作，没有这些基础工作，你是没办法准确切入的。准确切入，最重要的是看行情，低价商品，一般我都是找机会做多。**我只是偶尔放空，因为做多才能发财，做空发不了财。**做空，往下跌，我以前没见过能跌一倍的行情。往上涨？那涨一倍的很多，涨好几倍的都有，那才能赚大钱。

做空很少能赚大钱，而且风险还很大，做多就能赚大钱，而且风险还小。这是为什么呢？你想想，多头赚得快，空头就亏得快，空头赚得慢，那多头就亏得少，这是对应的。比如说，有一个品种价位非常低，它往上涨，而如果在这个低位你放空，在涨的过程中就亏损。不止行情反向的亏损，价格高了，交易保证金也会提高，哪怕不算亏损，随着价格的升高，保证金也提高，就把你提得爆仓了。

那你要做多呢？就不一样了，行情走反亏损时，交易保证金是下降的，就有足够的时间和对手对抗，只要你不加杠杆，那你一直都不会"死掉"，也许过几年又涨回来了。所以说，**我是低价不做空，高价不做多，这是一定坚持的基本原则。**价格一旦低了，跌的时候，也不能放空，不管资金多少。什么叫高价，生产者出现暴利，哪怕当时供不应求，现货要继续涨一点，那也不要做多。这是基本原则，一定要记住。

• 找到准确的进场切入点

如何寻找准确进场切入点？第一，**价格要低**。但只是价格低了还不能进，价格低还会继续低，就算不会继续低，横盘两年，你也熬不住。价格低，并且期货价格大幅度贴水于现货，或者说，价格低到越接近成本，本来现货价格低，整个行业就一片凄惨，那期货价格比现货价格还低，这作为第一个条件。

第二，**发现现货库存没了，买货的买不着了，开始有涨价的苗头了**。虽然价格还没有开始真正的上涨，这个时候你会发现，**库存快要消耗光了，消费还是很正常，这时候就可以重仓了**。本来现货就亏钱，期货也亏，企业有需求却买不到货了。比如，2016年的棉花就是这样的。当然，这些基础供求数据我都是很清晰的。到了4月份，棉花开始涨价了，企业买不着货了，当时现货12000多，期货才10300，我当时就觉得棉花的行情要来了，立马重仓买入。期货涨，现货就涨，现货涨，期货就越涨，你们想想，是不是这样的？这时候很多人看空，期货有个大阳线，很多人说怎么涨了？我说，库存没了，现货没了，期货就涨了，这时候空头往哪跑？所以说，准确切入就是这样的时机。

再举个例子，比如去年（2017年）的鸡蛋，今天进去，明天就涨停了。此前有人给我打电话，说鸡蛋便宜了，我当时想那么多鸡呢，不能着急，又过了两个月，鸡蛋更便宜了，又过了两个月，大约小半年了，我们就去调研了，去看了发现，鸡的淘汰率很高，多的淘汰50%，最少的都30%；还有一个消息说，原来收鸡蛋的小贩，原来走一个村收满一车，现在走三个村，收不满一车了。这个时候，我就开始做多了，谁知道，特别巧，今天买了第二天就涨停了。

所以说，一定要搞准供需，还不能着急，要抓住它的拐点，无非就是库存、供应、需求这些。再有就是数据要准，要务实、接地气，不要凭空捏造，不要说这是权威数据就一定要迷信，要相信自己调研的数据，一定要搞准，供需决定价格，这是真理。

只要把数据搞准，确定性就是 100%，抓住那个拐点，本来期货就很便宜，在现货启动的那一刻，及时进去，当然有的是缓慢转变，有的则是一下改变的。今年（2018 年）有一个品种（苹果）它是一下改变过来的，突发事件，供大于求的，谁知道一个冻灾，突然就改变了，变成供不应求，那就好办了，当时仓单成本在 9000 元左右，当时期货价格在 6000 多元，7000 左右，经过 4 月 6 号那个早晨之后，后续严重的供不应求了，你想想，比农民成本的价格还低了不少，这时候还不一头冲进去吗？能买多少买多少，这时候还有人怀疑这怀疑那的。所以说，**方法一定要正确，我们一定要做大行情，那种震荡行情，波动幅度不大的尽量不要做，怎么做怎么亏**。

我们没有背景，我们凭真本事，那我们就抓大行情。大的行情是改变不了的，任何人都无法改变。你们没货了，压不住了，这时候价格就得涨。比如有的品种，本来该涨 2000 元，它涨 1000 元，其实压不住的，后面还会涨。所以一定要抓大行情，小打小闹的不要理它，逮不着鱼，网被撕破了，不要抓小鱼。

有人说，我找不到大行情。一定要记住少做少做再少做，来一次是一次。也有人说，我没看到大行情，不做了行不行？不行。为什么呢？时间长了不去接触盘了，发现没有感觉了，就像人也是一样的，长时间不见面，突然见面了，不知道说啥了，所以还是要保持亲密的接触。**少做，保持关注，然后逮着大行情，寻找到确定性，准确切入，该狠就得狠**。

最后做个总结。价格要低，供应跟不上了，要寻求 100% 的确定性。不要说概率，很多都是"死"在那些小概率上。你的投资理念就是要做 100% 的确定性，如果做进去发现不能保证 100%，前期的分析有漏洞，或者有变化，那就赶快跑，错了就是错了，就是要做确定性。

期货不好做，钱也不好赚，所以说方法很重要，就是要看准供求，再有就是一定要把基础数据做准，才能研究供求。

时间关系，就讲到这里，感谢大家。

傅海棠：如果不能百分之百预测，我就不来做期货

2019 年 1 月 5 日

2019 年 1 月 5 日，由东证期货、夺冠高手联合主办的"2019 大宗商品投资策略高峰论坛，夺冠高手东方杯期货实盘大赛第一届颁奖典礼暨第二届开幕式"在上海举办。以下是圆桌讨论环节傅海棠和主持人的对话整理。

观点摘要

供求分析毫不含糊，可以预测，可以百分之百预测。

不管什么事情的发生，都是先有原因，后有结果。你找到了原因，就知道了结果，找不到原因怎么办？不做。

供不应求会涨价，是因为价格在低位；价格在高位，即便供不应求，未来该跌还是跌。

只有便宜我们才能赚到大利，价格不便宜我们从什么地方捞利？

一定要足够便宜，便宜的一涨起来就存在暴利，并且越便宜越安全，非常简单。

说什么"会卖的是师傅，会买的是徒弟"，我说反了，买是第一步，最重要的一步。

我为什么不太喜欢做空？也不是一根筋，因为做空发不了财。

我更喜欢逢低抄底，我买便宜的货，一看见便宜，我眼睛就发光，看看是不是有机会，看看这个能发财不。

一旦这个市场上预期一致，就要小心。

价格被打过头了，就来机会了。

价位非常低，都预期供大于求，结果现货买不着了，现货启动开始涨价了，而期货没有动，并且期货比现货还便宜，这个是我们重仓出手的大好时机。

市场上最不缺的是机会，缺的是方法。

● 供求分析可以预测未来

主持人：今年（2018年）比较火的农产品无非就是小苹果。对于这个品种，想请问一下傅老师，您现在是怎样的观点？可以跟我们简单地分享一下。

傅海棠：苹果今年确实有一点挺火的，好像这个过程挺火的，挺丰富多彩的。至于未来有什么观点？暂时免谈了。为什么会产生这个行情？可以谈一下，未来怎么走大家看着办。时时刻刻的情况都在变。

大家都知道我是一个不懂技术的，技术太高深、太复杂，我研究不了，我水平有限我只研究简单的基本面。因为价格涨跌是由供求决定的，当然还有价值规律。供求分析一句话概括不了。看它在什么样的价位，它是一套成体系的系统，不是这么简单的一句话，不管宏观、微观、价值规律、人性等，都包含在里面，都可以左右供求，包括人性的疯狂，都可以左右供求。供求分析毫不含糊，可以预测，可以百分之百预测。

主持人：为什么？

傅海棠：如果不能百分之百预测，我就不来做期货。就是这样的。为什么？万事万物都是因果关系，找到了原因就知道了结果。不是先果后因，一定是先因而后果，这是宇宙的规律，这个是任何人改不了的。不管什么事情的发生，都是先有原因，后有结果。你找到了原因，就知道了结果，找不到原因怎么办？不做。你找不到就找不到，不懂就不懂，千万不能不懂装懂，一定要实事求是。

今年的苹果行情那么火，它是一个巧合，前期挂牌7800，当天涨到了8200，我看了一下，没想做苹果，感觉这个东西不能做，这个东西哪能玩？这个怎么交割？一个水果，不太好标准化的，中国期货市场真厉害，敢上苹果期货，美国都不敢玩。谁知道巧了，一开始说是过剩，谁知道4月6日老天来了一下，把苹果花一冻，冻得还不轻，一下子严重的供大于求突然转变为严重的供不应求。我一看这下来机会了，仓单成本是9000，9000是农民不赚钱的价格，还有贸易商亏钱的价格，连亏好几年了。因为老天的天气原因，一个早晨就变为供不应求了，你说它是涨还是跌？

当然，供不应求会涨价，是因为价格在低位；价格在高位，即便供不应求，未来该跌还是跌。价格影响需求，时间一长就会变为供大于求，这个里面还有一个价值规律的问题。当然还有很多其他因素。时间问题，先讲这些。

- **买在好的价格，这是盈利的第一步**

主持人：傅老师在基本面方面是大师级的人物了，我这里在收集网友们的提问。您先跟我们分享一下怎么样成为基本面大师，人人都可以成为吗？

傅海棠：大师不敢当。基本面分析说复杂很复杂，说简单非常简单。我们重点要关注低价位的东西，这是重点。关注便宜的东西。因为只有便宜我们才能赚到大利，价格不便宜我们从什么地方捞利？一定要足够便宜，便宜的一涨起来就存在暴利，并且越便宜越安全，非常简单。生意经里面，有一句经典的名言叫"买不出利，卖不出利"。我们的利润来自你买的时候是不是有利，你如果买得足够便宜，一进货就占据主动。

第二个，有句话把我们投资圈好像搞惨了。前天有一个饭局我还在说，这还来做投资？来做期货？有些是号称专家，说什么"会卖的是师傅，会买的是徒弟"，我说反了，买是第一步，最重要的一步。你说会卖重要，买不重要。买不重要？你一出手拱手把利让给别人了。一定要在入场时占据主动地位，这跟打仗是一样的，一夫当关万夫莫开，一个杀你一百个。这是我们最终能决胜的要领，一定要关注足够便宜的货物，价格高了，别理它。

我为什么不太喜欢做空？也不是一根筋，因为做空发不了财。我往前找了很多年，好像我的水平不够，你如果水平够，你就给我找一个跌了150%的，我请你吃饭，上海最好的饭店都可以。没有下跌幅度怎么赚大钱？大行情的上涨少则百分之百，多则百分之几百，这是一个级别吗？反之，做空你要是做反了，让你死无葬身之地。对手交易，有赚得快的就有亏得快的，这个很简单。

比方说焦炭，当时500多元/吨，一年以内涨到2000多元/吨，300%的涨幅，短短一年就涨这么多，而跌了好几年才跌了百分之几十。你想想这是一个级别吗？500多元/吨，你做空，涨到了1000元/吨，不加杠杆，一分钱没有了。

100万买铁矿，跌到了5块钱还是那一吨铁矿。做空天然有劣势，我不太喜欢做，当然偶尔也做，都做你不做那也不行。不过**我更喜欢逢低抄底，我买便宜的货，一看见便宜，我眼睛就发光，看看是不是有机会，看看这个能发财不**。这是重点，找便宜的。

再一个，不光是农产品，虽然我们这个圆桌论坛是针对农产品的，工业品也好，农产品也好，**一旦这个市场上预期一致，就要小心**。年前到处都唱空，没有一个说多的，做盘的也是空，经济学家不做盘也是空，说要崩盘了。怎么可能？我们见过有一次经济危机是在地球人都预期要发生的情况下发生的？都预期到了，怎么会发生？早就做准备了。包括中央政府都害怕了，会出很多政策，怎么可能有危机？都知道前面是一个坑还开着车去？怎么可能？一定是向好发展，多么简单的一个问题。因为你都知道了，就不可能发生。

还有一个情况，是价格被打过头了，打过头了，就来机会了。因为预期一致，就像拔河比赛一样，一方力量过于强大，本来正常的价格，比方说有一个品种是 4000，正常的供求，一方力量强大，直接打到 2500 去了，这不让你抓住机会了吗？本来就值 4000，走着瞧，因为你搞过了。不要犹豫，不要说看看吧，突破了再进去，早干吗去了？找准入场时机，毫不犹豫。为什么我们会犹豫？不敢确定，再看看，再看看你看什么？看着看着机会过去了。所以说我们要盯住价格的便宜，如果价位便宜，它会产生一个结果，供应会不断地减少，一定会减到那一天反转，因为价位一跌生产就亏钱，企业就不想干了。价格低了刺激需求，需求上去了。**你盯住这个点，要么盯住库存下来，要么盯住产能下去。**

最准的是什么？告诉大家一个下重仓的秘密。一般不能重仓，我们的风险就是来自杠杆。**价位非常低，都预期供大于求，结果现货买不着了，现货启动开始涨价了，而期货没有动，并且期货比现货还便宜，这个是我们重仓出手的大好时机。**现货预期过剩，但实际上买不到货了，涨价了，没货了，现货启动了，期货没有动，人们心理预期没有好转，并且期货价格又大幅度贴水现货价格，这时我们就能重仓出手，一次就成功。2016 年棉花，现货 1.2 多万元/吨，期货贴水 20% 左右，现货买不着了，开始涨价了，到处抢，没了，这不逮着机会了？一涨涨到 1.6 多万元/吨。非常简单，这种机会是隔三岔五会出现，历史重演，这个是会重演的，因为这是价值规律。包括人性是不可改的，价值规律是不可改的。以前的事过去了，以后还有机会吗？有。**市场上最不缺的是机会，缺的是方法。**

主持人：咱们再问问傅老师，现在有哪些便宜货可以买？

傅海棠：目前现阶段好像恐慌已经过去了，工业品年前机会更好，那个时候出现了最低位，现在又反弹了百分之十好几，不太低了，再到低位也有一点难。农产品我目前的观点，现阶段，春节以前观望，因为价位相对较低。如果做多，供大于求，农产品的供应普遍有一点过剩，看不出上涨的迹象来。做空也不敢，有一个天气问题，或者什么风吹草动，来一下也害怕。我目前是观望态度，目前不做，或者春节以后再做。工业品之前恐慌有一点过了，**我还是积极向上的，我对中国的经济非常看好。**

傅海棠：经济发展的鸿沟，一定可以逾越！

2019 年 3 月 9 日

2019 年 3 月 9 日，傅海棠作为圆桌嘉宾参与玉皇山南基金小镇指导、七禾网主办的 2019 私募基金年会"经济学家论坛"，以下是主持人马明超先生和傅海棠互动问答的内容整理。

🔊 观点摘要

真理在任何地方都是真理。

真理只有一个，接近真理有 N 多个，它可能接近真理，不是最终的真理。

特朗普现在就在学习我们。他上台以后采取的手段和前面的总统截然不同。

宏观，不能谈自由，一定要有向心力、有核心；微观，我们要自由。

自由存在于微观，宏观一定要干预、调控，按照计划、顶层设计来展开。

减税，给企业增加盈利，其实这是股市长期牛市最根本的基础。

真正的GDP是财富的生产量，不是企业账面的盈利或者是亏损。

经济不好不代表所有的品种要跌，我们要看单个品种的供求。

股市要以一年来看，上涨应该超过一半了，最起码有一半左右了。我不敢想得太疯狂。

今年商品市场是涨还是跌不知道，但长期来看还是看好的。

很多时候，经济不好就是缺货币。

购买力取决于生产量，生产得多，才可以得到；企业倒闭了，购买力从何而来？

开车要来回打方向调控，才能永远走在正确和准确的道路上。

一系列政策出台以后，企业什么时候感觉舒服？现在已经很舒服了，为什么？起码政策好了，融资成本低了，可以贷到款了，国家也积极搞建设了，加大了需求端。所以今年一年比过去一年舒服多了，还会越来越舒服。

说经济发展有不可逾越的鸿沟是错误的，一定可以逾越，"说不可逾越"那是因为思想的问题，因为思想而左右了经济的发展。

经济发展越快越好，创造财富，富强人民，富强国家，哪来的过热？

• 东方经济学适合全世界

马明超：傅老师，东方经济学体系中有一个观点，就是相信强大的政府。这套理论里面在体现一位中国伟人的话，毛泽东说"人定胜天"，政府能够让经济好！

傅海棠：对。

马明超：您说强大的政府是条件之一，那有一个问题是，东方经济学是否只能够在中国才能实现？

傅海棠：真理在任何地方都是真理。中国能实现得好，全球都可以实现得好，它具有普适性才是真理。如果只有中国实现得好，其他国家实现不好，那就不是真正的经济学。任何国家都可以实现得好，它是普适性经济学，才是真正的经济学。

马明超：明白了。您觉得特朗普下一步还要对我们出手吗？

傅海棠：特朗普现在就在学习我们。他上台以后采取的手段和前面的总统截然不同。当然也和他的政治制度、理念有关，虽然他的阻力很大，但他想做到，而是否真正能落实，那是另外一回事。起码特朗普想，他认为中国这个制度是非常好的，关键是他做不到。可能由于以前的政治习惯、政治制度、政治体系问题做不到。当然如果他做到了，对他的国家会非常有利；做不到，对他的国家伤害也是非常严重的。**向中国学习，国家发展得就会更强大；不向中国学习，就无法较好发展甚至倒退。**

真理只有一个，接近真理有N多个，它可能接近真理，不是最终的真理。美国有瑕疵，虽然是碧玉，里面还有较多瑕疵，而我们几乎没有瑕疵。到底谁的文化好？各人说各人好，这很正常，美国说美国好，中国说中国好，当然在中国不强大以前，我们也认为美国好。我以前也认为美国的文化好，直到最近这些年才认识到中国的文化非常好。不出国不知道中国好，出国以后经过对比，发现还是中国好。我原来也以为自由、民主多好，后来想想不是这么回事，自由、民主是相对的，只存在于微观，不存在于宏观。

我的看法是：**宏观，不能谈自由，一定要有向心力、有核心；微观，我们要自由。**市场经济也是这样，自由只存在于微观，不存在于宏观。要自由存在于宏观，那国家一定会付出惨重的代价。但是微观不讲自由，经济也不行。当初完全的计划经济为什么会失败，其实就是因为从宏观到微观都搞计划，所以错误就出现了，后来加以修正，叫市场经济，其实就是**自由存在于微观，宏观一定要干预、调控，按照计划、顶层设计来展开。**

其实我对西方经济学有点看法，我也不是说它不好。当然我要说它不好，我得要有依据，即为什么说它不好，起码对它进行证伪。当时《国富论》说要完全放开市场，我就认为这个观点不对，如果市场制度好，那人类就不如进入农耕文明，粮食可以自产两千斤，水稻也可以自产两千斤，但是不加强施肥和管理，农作物也不会高产。人类进行了干预和管理以后，通过各种手段，才会实现高产，几乎年年丰收，旱涝都不怕。近些年发明了塑料大棚，原来冬天北方寸草不生，现在遍地都是生机，水果一年四季不断，这是局部的人定胜天。调控干预也要讲自由，那就完了。还有一点，如果绝对自由的市场自己航行，那就不用红绿灯了，也就不用董事长了，这可能吗？

• GDP 超过 10% 并不难

马明超：傅老师，请您用三句话评价一下这次中国政府的报告，比如其中关于减税、降负、增加流动性的意义。

傅海棠：这对经济发展的意义非常重大，肯定会给中国带来经济的大繁荣、大发展。国富民富，民富国强，这是一定的。减税，给企业增加盈利，其实这是股市长期牛市最根本的基础。不给企业减税，企业老是不盈利，股市涨了也是白涨。只有企业不断盈利，分红不断增加，股市才能不断上涨，涨上去也没有风险。不光要减税，还要降负，一些地方赋税也要减。并且还有长期贷，近期的可以先不要还，二十年、三十年再说。国家还要大搞建设，造福国家和造福人民，是多措并举，渗透到各个毛细血管。这样的话，中国经济腾飞是显而易见的。我们政府做了 6%~6.5% 的预期，还下调了一点 GDP，一系列的政策出台以后，GDP 目标不难实现。

马明超：能超过 7% 吗？

傅海棠：在我看来，2018 年就可能超过 10%，未来是多少未来再看。过去一年的 GDP 增长，应该是比较高的。这是我自己理解的。为什么？看看三大主要指标：发电量、货运量、能源消费量。2018 年的发电量同比增幅是 2012 年以来最高的，货运量也不低，能源消耗量也不少，这是经济最主要的三大指标。我们也能感觉到路上，无论是国道、省道还是高速公路都越来越好了，国家统计货运量大幅度增加也是事实，发电量大幅度增加也是事实。

当然有的观点不太一样，说企业经营非常困难。但是企业盈亏和GDP高低没有必然关系，**真正的GDP是财富的生产量，不是企业账面的盈利或者是亏损**。企业亏损了，无非就是消费者沾光了，他亏了就是我们赚了；企业大幅度盈利，就是我们（消费者）吃亏了。我们是一个锅里吃饭，在一个国家里面没有谁亏谁赚的，不能一方老是盈利也不能一方老是亏损。我们考虑GDP不要看企业盈利，也不要看股市，而要看实际生产量。即便股市崩盘，中国GDP也照样好，当然这是中国特色，也是中国政府的伟大英明。

• 股市不敢想得太疯狂

马明超：我要回去以后好好想想如何理解2018年的经济情况。我们现在面临一个问题，刚才傅老师说的降负、流动性、融资等，是否已经表现在过去的市场价格中？

傅海棠：股市要以一年来看，上涨应该超过一半了，最起码有一半左右了。我不敢想得太疯狂，当然今年（2019年）涨到5000点更好，现实还要保守一点。

马明超：黑色系商品呢？

傅海棠：我们看需求和产量，是需求大于产量还是产量大于需求。**经济不好不代表所有的品种要跌**，我们要看单个品种的供求。当然经济好，宏观好，市场表现会更好，但是我们还是要具体评判到底是供应多还是需求多，还要结合价位和企业利润，到底处在盈利还是不盈利，亏损还是大幅度亏损，需要综合评判。

马明超：相关商品的需求，什么时候能反映出来？

傅海棠：我的评判已经出来了，从去年（2018年）年底人们最悲观以后，到现在除了农产品部分没涨以外，所有的工业品和化工品几乎全涨，涨幅还不是太小。未来尤其有些硬的东西，比如说黑色和有色，长周期来看还是比较硬的，短期波动再说。今年商品市场是涨还是跌不知道，但长期来看还是看好的。美国经济也不差，想要发展制造业，欧洲也要开始了。

很多时候，经济不好就是缺货币，之前虽然宽松了，但是不到位，比如原本需要3个馒头，只给了2个馒头。有人问为什么量化宽松了还不好？我说是太保守了，放不开、看不透，老是怕通胀。其实我们有很多经济学的基础知识没有解决。比如说一个国家有通胀问题，这不可怕，我们只要生产量再加大，通胀和不通胀有什么区别？我们就生产那么多东西，并且消费这些，通胀了也是这么多东西，不通胀也是这么多东西。有人说购买力减少了，这个观点大错特错。物价上涨了，企业生产积极性提高了，生产的东西多了。购买力取决于生产量，生产得多，才可以得到；企业倒闭了，购买力从何而来？西方经济学没有跟我们讲这些知识。只要企业行，生产量加大，通胀就通胀，只要控制通胀的幅度即可。很多人对这个基础知识理解有问题，老是怕国家宽松货币就稀释了我们的财富。

● 政府合理调控，经济可以实现持续发展

马明超：有时候我们在解读国家政策包括国家相关部门讲话的时候，常常发现有自相矛盾或者说有我们不理解的地方，该怎么处理？

傅海棠：不理解是没有站在那个高度。国家是司机，他不能给你一个固定具体的方向，开车要来回打方向调控，才能永远走在正确和准确的道路上。政府在及时调控，不能和人们的预期完全一致，也要保证不能太过，一看要有点过，就要打方向。

马明超：我想请问一下傅老师，您认为中小企业或者实体，什么时候能够好起来，或者比现在明显好起来？

傅海棠：什么时候感觉会舒服起来？我们现在的多项政策是同时发力，供应和需求同时发力，生产和需求肯定会增加。我非常赞同雷教授（雷良

海）的观点，如果你想让企业盈利，还是要需求端的发力大于供给端，企业才能马上好起来。过去就是因为需求端稍稍弱于供给端，造成了价格相对较低。我们的需求有没有？有。但生产了不少，库存也比较多。

我们老是以为经济不好，但是各行各业的库存还不多，这就说明需求不少，就是因为在博弈过程当中卖方没有博弈过买方，始终是降价销售甚至于亏损销售，造成卖方没有盈利，其实就是消费者在博弈过程当中占了上风。你想让企业占据上风，就应需求大于供给，价格有一定幅度的上涨，最终企业的盈利才会加大。到底谁博弈过谁？不好说，但是我认为信心是很重要的因素。你要有信心，这个天平就会稍稍倾斜。**一系列政策出台以后，企业什么时候感觉舒服？现在已经很舒服了，为什么？**起码政策好了，融资成本低了，可以贷到款了，国家也积极搞建设了，加大了需求端。所以今年一年比过去一年舒服多了，还会越来越舒服。

市场是可预测的，我们为什么预测不准？是因为我们的认知水平和方法不对，或者认知不到位、水平不够高、方法不正确，我们就预测不准。至于宇宙世间的事，上帝除了不让我们知道自己活到哪一天以外，所有的事都可以预测到，但由于自己的认知水平、方法有限，你只能预测一小部分。比如说你要穿什么衣服，热了穿羽绒服肯定不行，这也是一个预测。再复杂一点，说半年以后的宏观、微观、国际形势、供求、基本面、自然规律，好像对一般人有点深奥了，感觉看不见、摸不着，所以他感觉不可预测。当然之所以有人认为可预测或者说我们认为不可预测，实际上是基于我们的认知。

预测当然是非常复杂的事，它涵盖了宇宙所有各个角度各个方面的问题，全面认知到位，你就能准确到位。这是宇宙整个的运行规律，很少有人考虑。中国有两本书讲了宇宙的规律，《易经》和《道德经》，可是它们没有给我们讲坐标，我们无法定位，物极必反、阴阳平衡，这是最基本的道理。但是没有给我们坐标，到底阴阳到什么程度了？没有给坐标。一切重大事件都是宇宙让它发生的。可是本身宇宙存在，无形的手要调控。你预测不到了，莫名其妙地出现了很多事件，你就叫黑天鹅。为什么叫黑天鹅？没有预测到，就叫黑天鹅。第一，因为你没有考虑宇宙的规律，没有找到坐标；第二，宏观经济学，其实就是顶层设计；第三，商品本身有其价值规律，很少有人研究；第四，研究人性，反其道而为之，绝对不能和大多数人站在一起。

马明超： 您现在已经变成东方经济学哲学家了，时间有限不能继续讨论下去了。

傅海棠： 这就是讲理，对老百姓就是讲理。讲一个真理，其实就叫哲学。

马明超： 我11月份在上海跟许多朋友交流，特别是一些期货公司的宏观研究员，我说为什么经济不好，他们说经济规模已经上到一定程度，再上去就难了，人口变老了，资源有效利用率降低了，经济肯定要不好。这是不是一个不可逾越的鸿沟？是不是一个不可改变的存在？是不是我们这个牛市过了两三年又要再次往下走？或者说经济规律是不是不能改变？

傅海棠： 说经济发展有不可逾越的鸿沟是错误的，一定可以逾越，"说不可逾越"那是因为思想的问题。因为思想而左右了经济的发展。比如说美联储就认为经济过热，哪有过热，那是发展得好，可它出手阻止了经济的发展，那就是加息。如果美国一直加息下去，一定会崩盘。

经济发展越快越好，创造财富，富强人民，富强国家，哪来的过热？ 我们投资赚钱赚快了有风险就不赚了？个人叫赚钱，国家叫GDP，本质上就是想发财，那发得越快越好。我没有发现哪个人赚钱赚快的时候有风险就停下来，国家也一样。不能杞人忧天，天没有塌下来，自己把自己吓得半死，说经济过热有风险。一天赚十天的钱，那才富得快。如果我们一天能完成，干吗还要两天，什么叫超越，什么叫弯道超车，我们不能老是在别人身后。

傅海棠：唯有确定性，能解决所有问题！

2019 年 3 月 17 日

本文是 2019 年 3 月 17 日资管网"第六届（2019）中国资管精英大会"上傅海棠的演讲内容整理。

🔊 观点摘要

> 2019 年是转折点，对未来不必悲观，中国经济大发展、大腾飞，这个是一定的。
>
> 总而言之，未来看好中国经济没有问题，原来没有问题，现在更没有问题。
>
> 宇宙之间的万事万物的运行都是既定的，只要你找到了原因，就知道了结果。

如果投资没有确定性，你所有的问题都解决不了，没有确定性，心态练到下辈子都练不好。

人性亘古不变。江山易改，禀性难移。

想赚钱一定不要从众，尤其是在投资市场。

选品种有四看：价格涨跌看供求，供求矛盾看库存，涨跌幅度看资金，价格高低看成本。

供求有没有矛盾，库存是一个非常直观的指标。

以成本为基础去衡量价格是高是低，就一目了然目前的商品处在什么位置和阶段。

五句金律，一做一个准。低价格、低库存、负利润、需求好、高价差。

安全边际就是你买到了这个东西一定要值。

一定要多看少动，轻易不出手，出手咬住不松口。

之所以投资飘忽不定，就是抓不住主要矛盾，为每时每刻出现的次要矛盾蒙蔽了双眼。

一定要注意升贴水结构。如果是升水结构，想做多，不能确定马上涨，千万不要做。

• 四条永恒不变

非常高兴再一次来到深圳和各位朋友们交流和分享投资经验。

今天给我定的题目是"大变局下的大宗商品投资策略"。大变局大概指的是开足马力干。2019年是转折点，对未来不必悲观，中国经济大发展、大腾飞，这个是一定的。

简单说一下我对股市的看法。牛市确定无疑，当然由于近段时间涨得有点太快了，是不是回调不知道，跌了是不是马上涨也不好说，总归拉长时间一定会涨。这个是100%要涨的。咱们英明的领导提出"经济兴，金融兴；经济强，金融强"，把金融定位国际竞争力的一部分，所以说不要怀疑，现在虽然有一点晚，但不是太晚，要找到好的价位，逢低买入。总而言之，未来看好中国经济没有问题，原来没有问题，现在更没有问题，我对股票就这么一个简单的看法。对商品的看法大概也差不多。当然要分品种、分结构，**追涨杀跌绝对是没有出路的**，具体问题具体分析。时间拉长一点肯定是向好。

下面把我最新的研究框架体系毫无保留地给大家进行分享和交流！

首先，投资要有"确定性"。这个问题在投资市场上一直是争论不休，认为没有确定性的占大多数，认为有确定性的占少数。到底有没有确定性呢？我可以明确地告诉你，"有"！因为万世万物都是因果关系，找到了原因就知道了结果。举一个最简单例子，天冷了降温要多穿衣服你知道，这个是确定的。饿了是不是要吃饭，这个也是确定的。复杂一点的，对于未来价格怎么走搞不清楚，很多人认为没有确定性，这个是不对的。**宇宙之间的万事万物的运行都是既定的，只要你找到了原因，就知道了结果。如果投资没有确定性，你所有的问题都解决不了；没有确定性，心态练到下辈子都练不好。你有确定性，所有的问题都解决了；没有确定性，所有的问题都解决不了。**我接下来围绕怎么寻找确定性的问题来讲一讲。

找不变。四条亘古不变，**第一，宇宙运行规律亘古不变。第二，经济本质亘古不变。**经济好坏完全是由政策导致的，不是经济本身所具有的规律，那怎么办？我们就要对全球各个国家对经济采取的政策敏感一点，去年（2018年）年底政府告诉我们大规模减税，很多人始终充耳不闻。现在减税力度出来，超出我们的预期，其实早就告诉你了"大规模"。股票没有涨以前就告诉你了政策，包括货币政策、信贷政策、利率政策、个人减税政策、企业的减税力度，为什么充耳不闻？这都是政策导致的结果，不过政府提前都会吹风，各个国家都是这么做的，所以对全球各个国家采取的经济政策一定要敏感一点，鼻子要灵一点，**千万不要相信教科书上的经济学。**

第三，商品本身具有的价值规律亘古不变。商品的价值不可能跌到零，下跌有底，上涨无顶，在这个过程当中寻找一个转折点。**第四，人性亘古**

不变。**江山易改，禀性难移**，所以巴菲特说别人贪婪我恐惧，别人恐惧我贪婪。去年年底到今年（2019年）年初，整个投资市场一片恐慌，你那个时候贪婪，现在回过头来看钱赚得都没有地方放了，那个时候跟着别人也恐慌，现在回头一看，账户里面的钱没有了。**想赚钱一定不要从众，尤其是在投资市场**，要找到一个好的投资方法坚持。只要众人一个想法，基本上注定要犯错误，自古以来都一个方向了几乎都是会犯错误的。抓住不变的，就是确定性。这是宏观，我们再看微观。

• 选品种有四看

怎么选品种呢？有四看。第一看，**价格涨跌看供求**。都知道供求决定价格，哪个品种供求出现了问题，你就盯住哪一个。当然，还有价格在低位发生了供不应求才可以涨，如果价格处在高位，供不应求也不能做，价格处在高位，未来会发生供大于求。

第二看，**供求矛盾看库存**。供求有没有矛盾，库存是一个非常直观的指标，排除淡季和旺季，如果库存在增加，证明当前的产出大于当前的需求，如果库存在下降，证明当前的产出小于当前的需求。排除淡旺季，是非常直观的，从库存上最可以体现未来的供求关系走势。

第三看，**涨跌幅度看资金**。什么意思呢？如果一个商品价格非常低，发生了供不应求，正好处在国家货币扩张时期会加倍上涨，幅度会增加很多，本来涨一千，可能涨三千。如果一个商品供大于求，正好处在国家采取紧缩的货币政策，跌幅会扩大，本来跌三千，可能跌四千，超出你的想象。涨的时候涨不死你，跌的时候跌不懵你，所以在这种情况下一定要富有想象力，这不是盲目的，我们有事实依据。

第四看，**价格高低看成本**。何为高，何为低？这里面有一个成本的概念，当然成本也不是一成不变的，你要动态地去衡量，不过商品会有一个最低成本。以成本为基础去衡量价格是高是低，就一目了然目前的商品处在什么位置和阶段。

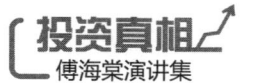

- 五句金律

五句金律，一做一个准。低价格、低库存、负利润、需求好、高价差。这五个如果同时出现，一定是个非常好的机会，人无横财不富，马无夜草不肥，抓住机遇，一定要猛干。不过这种机会很少，平时还是要小心谨慎，一般还是要控制风险。

高价差就是贴水大，现货亏得要死，现货涨价了，期货没有涨，而且期货比现货便宜很多。举一个例子，2016年的棉花就符合这五句金律，我就重仓做了一把，现货从来没有低于12000元/吨，而期货打压到10000元/吨。大家预期经济要崩溃，没有需求，国家的库存非常庞大。结果到了4月份棉花买不着了，新疆到处抢货找不到，现货上涨已经启动三天了，期货还在10380元/吨。我得到现货涨价的信息就到处核实，真涨价了。山东当时涨了300~500元，新疆涨了400~600元还抢不到货，当时的棉花贸易商这么说的："我们下半年没有事干了，棉花卖光了，我们要失业了。"你想想当时的空头不就犯了天大的错，4月11日开盘涨停板，多头一追，空头一砍，后来一口气涨到16000多，我大概到13000平了，后面又涨了3000。期货涨，现货涨，现货涨，期货再涨，期货贴水2000，谁规定不能升水2000，阴阳平衡，物极必反。

- **安全边际，主要矛盾，升贴水结构，物极必反，择时**

讲一下什么叫安全边际，安全边际就是你买到了这个东西一定要值。举一个例子，基本的生产成本比方说要2000元，现在市场价格1500元，这时候就非常安全，时间到了一定会发财，因为一个产业链都亏钱了，涨价是时间问题。只不过做期货比做现货要求更高，做现货无所谓，买着放着就可以了。打死高位不做多，打死低位不做空，这个是我们投资的基本原则。

我曾经在《一个农民的亿万传奇》这本书上讲了一个小故事，叫作鱼和渔夫的关系，**我们是渔夫所抓的鱼，鱼就没有翻身之地了吗？也不一**

定，我们鱼什么时候才可以把渔夫吃掉，首先大风大浪要来，渔夫不知道，开到湖中心想抓鱼，突然天空乌云来了，雷电把船打翻了，渔夫掉下来了，这个时候鱼可以把渔夫吃掉。我们是鱼，想吃庄家，想吃主力，我们就等他们研究犯错，咱们和老天站在一起，只有那个时候，才可以赚大钱。所以说一定要多看少动，轻易不出手，出手咬住不松口。我们是鱼，发挥我们的优势，站在天道的一边，站在大势一边，站在商品所具有的本身价值规律这边，一定会赢，任何人阻挡不了。

要抓主要矛盾，一定要记住，我们之所以投资飘忽不定，就是抓不住主要矛盾，为每时每刻出现的次要矛盾蒙蔽了双眼。什么叫主要矛盾？比方说立春以后，天就热起来了，这个是主要矛盾，不管明天是刮风还是后天下雨，还是倒春寒，总归温度是要升高的。你知道立春了，倒春寒来的时候就做多温度，这就是大势。抓住主要矛盾，少管次要矛盾的问题。

去年年底市场一片恐慌，说2019年要发生历史上最严重的一次经济危机。哪来的危机？好得很，事实不是说的那样，我当时也是经过调查的。你说企业亏了，企业亏钱就是经济不好，企业发财就是经济好？不对的，我们一个锅里吃饭，没有谁亏谁赚。去年生产量很大，库存非常低，货运指数、能源消费指数非常高，谁说是经济不行的表现？经济本来就是非常好的，国家又开始出台好的措施，你说经济会怎么样？推荐一本书，毛遂自荐一下，看看《中国崛起的奥秘——财富论》，花一百块钱亏不了。之前有一个投资者，我们一起调研经常交流，非常反对我对经济学的观点，现在突然要研究我的那本书，我挺惊讶的，同时我非常高兴。

一定要注意升贴水结构。如果是升水结构，想做多，不能确定马上涨，千万不要做。如果是贴水呢？可以，大幅度贴水，可以做长线投资。做空，升水结构不能确定马上跌，可以换月，价位越高了，成本越低了，长期换下去就非常舒服，如果有一天跌下去就赚到了。一定注意升贴水结构，宁可不赚也不要做错，升贴水幅度越大越好。你能看出马上跌马上涨才可以不管升贴水。

物极必反，阴阳平衡的坐标。什么意思？前面我讲了宇宙的规律亘古不变，我们怎样站在宇宙规律的转折点做投资，话题有一点大，再大我们也要找到它的坐标，中国古代有两本书讲了宇宙的自然规律，一个是《易经》，一个是《道德经》。一定要给坐标，没有给坐标我们做得不到位，物极必反，阴阳平衡的点在什么地方，这两本书没有说，但是我告诉你，虽然我没有深入研究这两本书，但是我感觉《易经》和《道德经》没有我讲的清楚。什么叫极，什么叫阴不能再阴了，阳不能再阳了，转折点在什么地方？你发现一个事物往一个方向运动，到了一个极限以后，再往前走车毁人亡，宇宙会出手。这个不迷信，这个点往前不能再走了，这就叫绝处逢生。

我2009年做大蒜就是这样的，2009年如果看需求、看库存看不出要涨价，一定不会涨，我当时请现货贸易商吃饭，跟他们打听还有多少库存，过了2009年春节，问他们大蒜涨不涨，一口说不可能涨。我就问那大蒜还兴吃吗？只要兴吃必涨无疑，不但涨，还是大涨，为什么？跌得太狠了。阴阳平衡，今年再不涨价，明年一个种大蒜的都没有，老天一定会出手让大蒜涨价。所以我当时就做多，到了4月份老天出手了，全球爆发甲型H1N1流感，新闻上说吃蒜对防甲型流感有好处，金乡县原本可以吃一年的库存，不到一个月抢光了。包括2015年年底也是这样的，钢厂倒闭，煤矿倒闭，航运公司倒闭，当时再跌就全死光了，后来也涨了，国家政策也好，大幅度涨。

最后，择机择时，一定要把握时机。最简单的办法、最明显的办法就是大幅度贴水，现货亏得要死，现货开始涨价了，期货没有动，放心大胆做一把。谢谢大家！

傅海棠：正确的单子，要坚定持有

2019 年 4 月 28 日

2019 年 4 月 28 日，由中电投先融期货主办、七禾网协办的 2019 投资机会研讨论坛在北京成功举办，傅海棠做了题为《宏观经济和投资理念》的主题演讲，以下是演讲内容的文字整理。

🔊 观点摘要

做投资，不懂宏观真不行。

实际上，现在很多研究宏观的人并不懂什么是宏观。最大的宏观莫过于国家政策。

我们不用把问题想得太复杂，钱少，经济就不好，钱一多，经济就繁荣了。钱从哪里来？央行。抓住这个主要矛盾和主要逻辑，事情就一目了然，未来是怎么回事，也能一眼看穿。

我们经常听到一个词，叫"超预期"，实际上就是看错了。为什么没看对呢？因为没有看清真相，没有把握住关键的因素。只要把握住关键的因素，就不会超预期，一切都会如预期所发生。

减税就是放钱的一种形式。

经济好了，股市就不会差，好的企业、有价值的股票就可以逢低买进，长期持有，不要怀疑。

经济要发展，就得加强管理。有问题就解决，没有解决不了的问题，只有不想解决的问题，面对经济问题，政府是万能的。

为什么要增发货币，无非就是钱不够了。这就跟汽车太多，把路堵了一样，多修两条路出来就畅通了。

本来车辆在路上畅通行驶，经济繁荣，车辆继续增加，其实应该修更多的路，结果非但不修路，反而还把原来的路也给砍了，于是经济开始萧条。

价格上涨可能无上限，下跌一定有底线，因为商品是有价值的。我们可以多关注生产企业持续亏损的品种，然后选一个重点观察。

我们要利用期货的爆发性特点，抓住大涨的行情。

期货市场中最不缺的就是机会，缺的是合理的分析方法和正确的投资理念。

我们做投资一定要做中长线，短线交易对大部分人来说注定必死无疑。

要买就买生产者亏损很多的品种，要卖就卖价格在天花板上的品种，再长线持有，基本上就成了。

什么波浪理论、道氏理论、均线、蜡烛图，这些我都不会研究。

顺势的前提是知道势，要想知道势，就要找出推动势的内因是什么。什么力量推动了势？是供求。

供求关系影响价格走势，供不应求，价格在低位，必涨无疑，供大于求，价格在高位，必跌无疑。

何为高、何为低？我以成本线来衡量，低于成本越多越为低，高于成本，赚钱越多越为高。

好了伤疤忘了疼，这就是人性。一次次重复着同样的错误。

价值规律从来就没有变过，低了高，高了低，春夏秋冬，一年四季，这是地球永恒的规律。

正确的理论，正确的投资方法，长期下去，最多十五六年，你会发现自己怎么做就怎么赚钱。

要想有底气，要想心态好，要想资金配置合理，一定要有确定性，有了确定性，什么都有了。

什么叫风险？看错了才有风险，看对了哪有风险？

如果对未来没有正确的预测，还做什么期货？

看明白了《一个农民的亿万传奇》，小目标或许可以实现，看明白了《中国崛起的奥秘——财富论》，或许能赚更多。

脚轻头重站不稳，越高越加仓，这完全是误导，肯定有问题。

止损是止错，犯错了要不计代价地逃出来，如果我的投资逻辑对行

> 情的判断有问题，我会止损。
>
> 如果看对了，仓位又轻，就要坚定持有。
>
> 现在有很多投资者不知道单子是对是错，就胡乱止损，钱是怎么没有的，可能是这个原因。

● 做投资要懂宏观；研究宏观，主要看货币

非常高兴有机会和各位投资者进行面对面的交流。我今天演讲的题目是《宏观经济和投资理念》。

什么是宏观？对普通投资者来说，应该如何去研究宏观？这是一个深奥的问题。但必须承认，**做投资，不懂宏观真不行**。不管是农产品还是工业品，都和宏观紧密相连，尤其是工业品，受宏观的影响非常大。那应该怎样去看宏观和研究宏观呢？我们不可能研究得太细，但也绝不能太模糊。实际上，现在很多研究宏观的人并不懂什么是宏观。**最大的宏观莫过于国家政策**。离开了国家政策，还研究什么宏观？从这个角度来说，目前主流的西方经济学所倡导的放任自流的市场就不存在。大家一定要认清这个事实，不然可能不但保不住钱，甚至还会亏损累累。

再进一步讲，就是货币的问题。**我们不用把问题想得太复杂，钱少，经济就不好，钱一多，经济就繁荣了。钱从哪里来？央行。**抓住这个主要矛盾和主要逻辑，事情就一目了然，未来是怎么回事，也能一眼看穿。我们经常听到一个词，叫"超预期"，实际上就是看错了。为什么没看对呢？因为没有看清真相，没有把握住关键的因素。只要把握住关键的因素，就不会超预期，一切都会如预期所发生。

我们做投资也是一样，如预期所发生才能做对，才能提前布局。远的不谈，就说2019年春节前后，从现在来看，就是超预期。当时市场情绪一片悲观，很多人认为经济史上最严重的一次经济危机要发生了。结果一季度的各项数据一出，大家的观点又全变了，认为经济形势一片大好。中国所有的经济指标都是超预期的。超预期说明原来的理论研究体系肯定有

问题，这是一定要承认的事实。什么人口老龄化、经济周期、高速增长不可持续、人口拐点等说辞，都不是事儿，经济萎靡不振就是因为钱少。为什么老是饿得心慌？就是因为没吃饱。冬天来了冻得瑟瑟发抖，多穿点棉衣不就好了吗？本来是一个很简单的问题，却被搞得无比复杂，以至于很多人都看不清事实。

谈宏观其实很简单，搞得太复杂了，普通投资者也没有时间去研究。**大家只要看一个指标就可以了，那就是货币**。国家未来是要缩表还是扩表，取决于国家的政策。只要合理放水，促进生产和消费，经济立马就会好起来。大家可以回顾一下是不是这样子。2008年经济危机的时候，出来一个四万亿政策，经济马上就好了。2018年年底，又缺货币了，一放水马上又好了。经济就是这么简单，为什么还有很多国家一再犯错呢？就是经济学理论有问题。咱们要做投资，如果家里面有经济学教科书，建议回去以后可以扔掉，否则钱很快就会没有。

• 经济不好，是因为货币不足；国家要加强货币政策的管理和调节

经济不好是什么导致的？主要就是缺钱。国家年前就告诉我们要放钱。**减税就是放钱的一种形式**。给个人减税，收入提高；给企业减税，企业的钱就更多了。钱一多，经济不就好了吗？那现在怎么办呢？**经济好了，股市就不会差，好的企业、有价值的股票就可以逢低买进，长期持有，不要怀疑**。

大家可以看一看《中国崛起的奥秘——财富论》。这本书在孙博士（孙成刚）和沈总（沈良）的大力相助下，得以出版。书里面的内容与西方经济学完全不同。传统的西方经济学认为，经济不好不能让政府管，而是要让市场进行自我调节。难道生病了不去医院，就光坐在家里等着吗？**经济要发展，就得加强管理。有问题就解决，没有解决不了的问题，只有不想解决的问题，面对经济问题，政府是万能的。**

现在国家对企业也很好，因为企业债务过重，所以开始实施减税措施，

降社保，企业的债务也就一点点减轻了。然后是货币。货币不够了，可以发债，发多少债就是增加多少货币。从某种程度来说，我们可以将债券理解成定期存款，买入以后就等于将钱存在银行了。政府有多种增发货币的形式，名义上可能有所不同，但其本质都是增发。为什么要增发货币，无非就是钱不够了。这就跟汽车太多，把路堵了一样，多修两条路出来就畅通了。可是主流的传统经济学理论不这样认为。经济繁荣的时候，他们认为是经济过热了，为了控制风险，就开始缩表、加息、减少贷款。这就等于，本来车辆在路上畅通行驶，经济繁荣，车辆继续增加，其实应该修更多的路，结果非但不修路，反而还把原来的路也给砍了，于是经济开始萧条。路砍了，就堵车了；为了控制所谓的经济过热而减少货币，商品交换受阻，所谓的过剩就产生了，于是经济开始萧条。但是传统的西方经济学理论并不认为经济萧条是因为砍路引起的，而是由于商品过剩。我一听到"过剩"就头晕。现在大部分人还没有房子，一出门就堵车，明显是商品不足，哪里过剩了？还有，很多人尽管有楼了，但100平方米以下的占大多数，一个家庭怎么样也得住200平方米的房子吧，再好一点还应该搞个500平方米的大平层。为什么不是家家都能住上500平方米的房子？就是因为钢不够，水泥不够，综合产能不足。所以还是要大力发展生产力，提高生产效率，增加产能，才能让更多人富裕起来。

• 如何找低价做多的大机会

因为时间有限，宏观的部分就先讲这些，接下来我和大家分享一些把握大行情的基本纲要和逻辑。期货要求比较高，因为有杠杆，进早了不行，进晚了也不行，咱得进得刚刚好，最好买进去就开始涨，卖了就跌，不然不好赚钱。因为加了杠杆，仓位轻了赚钱少，仓位重了可能一不小心就爆仓了。怎么办呢？只有一个办法，精准预测，及时把握拐点，及时入场。有人会说，这太难了，该如何把握？再难也有办法，还是能把握住的。我们只把握两头，要么大涨，要么暴跌，中间不要。另外，大家再把握一个重点，**价格上涨**可能无上限，下跌一定有底线，因为商品是有价值的。所以我做多的机会把握更多一些。我们可以多关注生产企业持续亏损的品种，然后选一个重点观察。只要它到成本线以下了，那亏损的时间就不会太长。因为价格跌到成本线以下必然会导致一部分停产、破产。产能去掉了，但需求还在，必涨无疑。最近几年表现最明显的就是2015年年底，各行各业都亏得很惨，几乎就是不要钱白送，动力煤280、铁矿280、螺纹钢1600、焦炭560。当时就是百年一遇的大好时机，所以有了2016年的暴涨。在当时已经没有第二条路了，只有上涨才能有生产积极性，才能保障供应。另外，大家还可以看库存。**去库存以后，生产力被缩减，下游开始涨价，如果期货没有涨，那就毫不犹豫地买入。**

期货有杠杆，能带来具有爆发性的、几何式的财富增长。很多人有一个误区，想要追求稳定盈利、复利增长，每年稳定的年化收益20%。其实这是不存在的，尤其在期货市场，加了杠杆哪来的稳定收益？这不符合市场规律。我们可以看一下市场规律，什么时候稳定过？都是在上下起伏、阴阳转换间形成一种动态平衡。如果市场稳定了，那就没意思了。巴菲特做股票也没法保证稳定，每次暴跌他也有不少回撤。做期货总会有爆发，不爆发就不叫期货。这是期货的特点。**我们要利用期货的爆发性特点，抓住大涨的行情。**当然，要爆发首先得有确定性，这个确定性就来自于价格低，不少企业倒闭，去掉库存，需求不差。

• 案例回顾：2017年鸡蛋上涨

简单举个例子，**2017年的鸡蛋**。一开始，养鸡的不赚钱了，因为确实存量太大，于是有人就开始抄底做多鸡蛋。我一看，才刚刚开始亏钱，还没有出现宰杀蛋鸡的情况，这么急做多干什么？过了两个月，有朋友说他们做多鸡蛋了，我还是不敢买，因为鸡还没有变少。后来过了快半年，养鸡场终于撑不下去了，钱亏光了，也没法从银行贷到款了。有的人甚至一起床看到鸡还活得好好的就头晕。为什么？一万块的饲料，出来的鸡蛋只能卖五千，眼看着就亏五千。所以蛋鸡开始集中性地被大量宰杀，网上也出现了大量宰杀母鸡的新闻。当时的蛋鸡非常便宜，有些地方就卖五块钱一只，买鸡的自己可以去挑最大的。我一看差不多了，就安排了几个信息员去调研。他们回来以后跟我说，宰杀轻的地方已经杀了30%以上的蛋鸡，严重的地方已经达到了 50% 以上。而且他们还提供了一个让我更加确定鸡蛋会涨的信息，他们在路上碰到一个收鸡蛋的小商贩，原来在一个村收的鸡蛋一车都装不下，现在走三个村都装不满一车。说明鸡蛋要涨价！但为什么还没涨起来呢？因为市场还处在悲观氛围的惯性中。于是我就毫不犹豫地进去了。进去当天没涨，还跌了几个点。到了第二天，直接就冲到涨停板了。

● 做期货，投资理念一定要正确；推动趋势的内因是供求

期货市场中最不缺的就是机会，缺的是合理的分析方法和正确的投资理念。千万不要只看均线、K 线，突破了就跟进，刚进去，结果发现是个假突破，你立刻出场，它又涨上去了，待你再入场时，它又跌回来了，来回挨巴掌，来回止损。从这点来讲，**我们做投资一定要做中长线，短线交易对大部分人来说注定必死无疑**。做长线，生存和盈利会大大提高，期货本身不是涨就是跌，就这两个方向，抓阄选一个方向，也不分析了，比如早上起来抓阄做多做空。很多研究方法最后都亏损了，说明有些方法还不如抓阄。做长线，只要做对了，盈利率大幅提高，持有越长时间，盈利概率越提高。

我们再进行深入研究，要买就买生产者亏损很多的品种，要卖就卖价格在天花板上的品种，再长线持有，基本上就成了，并不复杂，长期坚持，坚定不移持有。如果没有什么把握，仓位可以稍微轻一些，就一直拿着，采取简单有效的办法。什么波浪理论、道氏理论、均线、蜡烛图，这些我都不会研究。

有这样一句话——高抛低吸，顺势而为，千万不要逆势，这句话说得确实不错，但是你告诉我是涨还是跌，我不知道势怎么顺势，顺势的前提是知道势，要想知道势，就要找出推动势的内因是什么。到底是什么力量推动了势的形成？找到了内因你才能抓住势，什么力量推动了势？是供求。供求关系影响价格走势，供不应求，价格在低位，必涨无疑，供大于求，价格在高位，必跌无疑。这是毫无疑问的，那么何为高何为低？以成本线来衡量，低于成本越多越为低，高于成本，赚钱越多越为高。以成本

线为基础，如果一个商品在成本线以下非常多，生产者亏损程度非常严重，这个时候又发生了供不应求，因为它价格越低，去产能越快，一旦去产能，库存也就没有了，这个商品马上就会涨，一直涨到它盈利丰厚，退出这个行业的人又回来。例如种大蒜，大蒜价格便宜了，不赚钱了，很多人就决定不再种大蒜，两年后，大蒜暴利了，这些人又回来种大蒜，大蒜供大于求，价格开始下跌，他们又继续亏钱，待他们退出市场，大蒜价格又开始上涨，他们又再回来，完全是好了伤疤忘了疼，这就是人性。一次次重复着同样的错误，所以我们一定要改正，一定要想明白，要理性投资。

• 价值规律永远有效，用好了投资就成了

何为理性投资？我们要有一个正确的理论，按照这个理论去投资，不能凭空想象。价值规律从来就没有变过，低了高，高了低，春夏秋冬，一年四季，这是地球永恒的规律。不要因为商品价格低的时间比较长，你就相信永远不可能上涨，也不要因为价格长期在高位，你就认为永远不会跌下去。宇宙永恒的规律，低了必然涨，高了必然跌，只是周期有长短，不同的行业不一样。

你再分开来看行业，看这个行业到底是什么特性，全面地研究清楚，当然这需要点功夫，十几年一过，你会发现自己"修炼成仙"了。正确的理论，正确的投资方法，长期下去，最多十五六年，你会发现自己怎么做就怎么赚钱，感叹原来期货这么好玩。用你正确的方法重复做，盈利概率越来越高，因为你是正确的。为什么很多投资者做了几十年都没有提高，因为他们采用的是错误的方法，怎么做也提高不了，在不同的环境当中，他们重复着同样的错误。因为他们没有确定性。所以非常简单，要想有底气，要想心态好，要想资金配置合理，一定要有确定性，有了确定性，什么都有了。没有确定性，资金管理等于零，开仓轻一点就亏得慢，开仓重一点就亏得快，早晚都是亏。对于风险控制，什么叫风险？看错了才有风险，看对了哪有风险？风险来自看错，所以我们要想办法看对，风险控制自然就解决了，资金管理也就解决了。你说你没有把握和确定行情

的能力，你何谈资金管理，何谈控制风险，何谈好心态，最根本就在确定性上。

当然也有人不赞同，认为行情不可预测，一切跟着市场走。期货有发现价格的功能，不可预测，怎么发现价格？这不就自相矛盾了吗？如果对未来没有正确的预测，还做什么期货？所以我们一定要把所做的品种研究清楚，按照正确的方法，正确的投资理论研究清楚。看明白了《一个农民的亿万传奇》，小目标或许可以实现，看明白了《中国崛起的奥秘——财富论》，或许能赚更多。如果你看不明白，我也没有办法。其实我有时候很不好意思推荐书籍，有很多投资者让我向他们推荐书籍，我都不好意思推荐，我要推荐了自己的书，就有人说我自吹自擂，所以我回答他们我不太看书，我也不知道什么书好。今天我胆子大一点，就稍微推荐一下自己的书。昨天有投资者和我聊天，他说他在看利弗莫尔的书籍，其中有一条是浮盈加仓，突破加仓，我觉得这是"害死人不偿命"，**脚轻头重站不稳，越高越加仓**，这完全是误导，肯定有问题。他们一看回调就立马斩仓，对于止损，他们倒有一套。在我看来，**止损是止错**，犯错了要不计代价地逃出来，如果我的投资逻辑对行情的判断有问题，我会止损。如果看对了，仓位又轻，就要坚定持有，暂时的亏损不用止损，被套住是正常，这叫浮亏，浮亏不是亏，我又没有离开市场，但如果止损平仓，就变成真的亏损了。现在有很多投资者不知道单子是对是错，就胡乱止损，钱是怎么没有的，可能是这个原因。

因为时间关系，就分享到这里，谢谢各位。

傅海棠：贵上极则反贱，贱下极则反贵

2019年6月23日

上海财大上海国际银行金融学院（SIBFI）成立15周年庆系列活动之名家讲坛于2019年6月23日开启。以下为傅海棠的演讲内容整理。

🔊 观点摘要

> 有句话叫"适合自己的就是最好的"，实际上这句话是严重错误的。正确的方法任何人都适合，错误的方法任何人都不适合！真理只有一个。
>
> 做期货其实就是做生意，做买卖。在电脑上做生意，和菜摊子上卖菜并没有本质的区别。
>
> 论其有余不足，而知贵贱。贵上极则反贱，贱下极则反贵。
>
> 期货投资要抓住主要矛盾，其实核心就是供求关系和价值规律的综合分析和判断。
>
> "无我无为"的意思是一切分析判断要符合自然规律，符合真理，符合事实，不是凭空想象捏造出来的。实事求是就是"无我无为"的表现。
>
> 到底有没有确定性，我可以毫不含糊地告诉你，有的！
>
> 宇宙的运行规律，以前是这样，以后也会是这样。
>
> 如何预判经济走势，最重要的是看国家货币政策的宽松程度。
>
> 商品价值规律从来就没有变过，低了高，高了低，春夏秋冬，一年四季，这是永恒的规律。
>
> 正确的理论，正确的投资方法，长期下去，最多十五六年，会发现自己怎么做就怎么赚钱，感叹期货这么好玩。
>
> 白糖目前每年大概有3%的需求增量，需求端的变数不大，不要重

点看需求端，要看供应端，要看库存。

一旦发现这个商品在这个时间节点和价位结构上，继续持续下去就会"车毁人亡"，这就是"极点"，就是入场的最佳时机。

行情不确定，重仓被深套，这换谁心态都好不了。要解决的不是心态问题，首先要解决的是确定性问题。

其实我的一切智慧就是建立在所有问题都实事求是、遵循客观规律，从来不主观臆断，凭空想象。

拥有的财富越多，身上肩负的责任越大，越需要更加努力奋斗，历来如此。

只有知道买方和卖方心态的变化，才能准确地把握行情的走势发展。

猪肉和鸡肉、鱼肉、鸡蛋等没有直接的关系，最多是一个间接的关系。

• 正确的方法只有一个：用供求关系和价值规律做期货

我做期货也有20年了，在这20年的期货生涯中也算是充满波折和起伏。期货交易是比较复杂的，首先我们需要弄清楚大部分人为什么亏钱，之后才能走向盈利之路。

做期货为什么亏钱？方法不正确。首先期货交易的方法非常多，但是真正正确的方法只有一个。有句话叫"适合自己的就是最好的"，实际上这句话是严重错误的。正确的方法任何人都适合，错误的方法任何人都不适合！真理只有一个。如果运用正确的方法从事期货交易，那么随着时间的推移，水平会越来越高。只要方法正确，并且生存下来，那么结果一定会成功。如果方法不正确，无论过程中有多风光，最终都会失败。真理是永恒不变的，只要方法正确，最后只会不断靠近真理，炉火纯青。

做期货其实就是做生意，做买卖。在电脑上做生意，和菜摊子上卖菜并没有本质的区别，凌晨去批发市场采购青菜，天明了去零售市场去零售，如果菜很多卖不出去，只能亏本打折出售；如果看准了，市场上菜很少，反而可以溢价卖出，那就赚钱了。期货投资是在电脑上做，他们是在菜市场做，本质上一模一样。当然，要想做好生意，则需要懂行，懂生意经。而现实是绝大部分期货投资人都不懂行，不懂生意经。

技术交易，比如依靠均线做判断，看着均线突破了做进去，结果回调了，你判断是假突破止损了，结果止损了又涨上去了。如此反复，什么时候能做对行情？还有波浪理论，但是"千人千浪"，没有一个固定的标准，无始无终，不是一个正确的方法，浪费时间，浪费精力，浪费金钱。我们中华民族五千年灿烂文化，古人是非常有智慧的，给我们总结了非常实用的规律：市场运动遵循天道规律，价格趋势源于供求动力。**论其有余不足，而知贵贱。贵上极则反贱，贱下极则反贵**。意思就是首先要知道标的物数量是多了还是少了，才能知道价格便宜了还是贵了。便宜过度了就会涨价，贵过头了就会便宜。

期货投资要抓住主要矛盾，其实核心就是供求关系和价值规律的综合分析和判断，一切都是围绕这个核心进行的。只要把核心搞清楚，就知道接下来要干什么工作了，所有的一切工作都是围绕这个核心进行的。供求决定价格，供大于求一定是下跌的，当然这前提就是这个行业目前盈利丰厚。供小于求，价格会上涨，前提是，这个行业目前亏损累累。

一旦价格低于成本时间足够长，或者说亏损足够深，如果亏得不够狠不够多，那么企业可能还想继续生产，不想退出。本质就是搞清楚供求关系和价值规律，以此才能顺势而为。

有人说要"无我无为"，做"墙头草"不要主观判断，这是大错特错的。没有了主观判断，如何去判断和分析涨跌？"无我无为"不是不要有主观判断，这样的想法是没有真正理解这句话。"无我无为"的意思是一切分析判断要符合自然规律，符合真理，符合事实，不是凭空想象捏造出来的。实事求是就是"无我无为"的表现。

• 因为宇宙规律永不变，所以有确定性

到底有没有确定性，我可以毫不含糊地告诉你，有的！万事万物都有着规律，宇宙的运行都是有规律的，只要搞清楚宇宙和万物运行的规律，就相当于知道了未来。做期货如果没有确定性，我就不来做期货了。不但有确定性，而且可以 100% 的确定性。

宇宙的运行规律，以前是这样，以后也会是这样。只要宇宙不爆炸，这运行规律是不会改变的。最典型的例子，一年四季，春夏秋冬。就像天气不会一直热下去，也不会一直冷下去，阴阳转换就是围绕这个宇宙规律。**阴阳平衡，物极必反，这是确定的。**这就像我们开车，为了不车毁人亡，就得左右转换，阴阳转换，阴阳平衡，物极必反，这就是宇宙的规律。**供求两端出现严重的不平衡，"势"就来了，我们就做极端，就做"势"。**这就像跷跷板一样，如果一边的"势"太大，那这边就会翘起来。我们就研究供求的两端偏差大不大，如果供应减少，需求增加，价格还低，那么价格一定会大涨。无论你信不信都会涨。2007 年我判断 2009 年大蒜会出现大涨行情，因为 2007 年大蒜价格暴跌。当然我前面说了一定要懂行，外行是不行的。比如说你做豆粕，不知道豆粕是何物，什么用途，怎么可能做得好。

我们分析时，要做到去繁就简，不要把投资搞得太复杂。只要你抓住主要矛盾，如果你判断现在供应减少，需求增加，价格不高，那么这个就是主要矛盾，这就会导致行情上涨。

经济本质永恒不变。如何预判经济走势，最重要的是看国家货币政策的宽松程度，一定要关注国家货币政策的变化。只要货币供应跟得上，经济会越来越好。为什么经济会有起伏，那实际上是货币政策导致的。货币一紧缩，经济就下滑。货币一宽松，经济就上行。所以说，我们只需要抓住其中的主要矛盾。

货币一旦被储藏起来，不用于流通，就失去了货币正常的效用，就不是真正意义上的货币。失去流通属性的货币，不能发挥商品交换媒介的作用。货币储蓄在银行，只要有人把它借出去使用，流通属性就没有消失。

储藏和储蓄不同，储藏是藏起来不流通了，储蓄是存在银行，只要有人贷款，钱还在流转。持有现金不消费，是储藏；存银行，是储蓄。

储藏实物商品，不会造成流通货币的不足。而储藏实物货币，则会造成流通货币不足。货币储藏多少，就是流动性消失多少，就是有多少商品销不出去，对生产者的打击就有多大。

商品本身具有的价值规律永恒不变。**商品价值规律从来就没有变过，低了高，高了低，春夏秋冬，一年四季，这是永恒的规律。**不要因为商品价格低的时间比较长，就相信永远不可能上涨，也不要因为价格长期在高位，就认为永远不会跌下去。宇宙永恒的规律，低了必然涨，高了必然跌，只是周期有长短，不同的行业不一样。

再分开来看行业，看这个行业到底是什么特性，全面地研究清楚，当然这需要点功夫，十几年一过，会发现自己"修炼成仙"了。**正确的理论，正确的投资方法，长期下去，最多十五六年，会发现自己怎么做就怎么赚钱，感叹期货这么好玩。**用正确的方法重复做，盈利概率越来越高，因为你是正确的。为什么很多投资者做了几十年都没有提高，因为他们采用的是错误的方法，怎么做也提高不了，在不同的环境当中，他们重复着同样的错误。因为他们没有确定性。所以非常简单，要想有底气，要想心态好，要想资金配置合理，一定要有确定性，**有了确定性，什么都有了。**没有确定性，资金管理等于零，开仓轻一点就亏得慢，开仓重一点就亏得快，早晚都是亏。

对于风险控制，什么叫风险？看错了才有风险，看对了哪有风险？风险来自看错，所以我们要想办法看对，风险控制自然就解决了，资金管理也就解决了。没有把握和确定行情的能力，何谈资金管理，何谈控制风险，何谈好心态，最根本就在确定性上。

人性永恒不变。**人性是不变的，是趋同的、从众的。**当发现所有的观点都是一样的时候，你就要注意了。**事实证明，趋同性越高，犯错的概率越高，**当所有人的观点几乎都一样的时候几乎就没有对的时候。以前是这样，以后还是会这样。短视、贪婪、恐惧、不讲理是人性的缺点。我们要讲理，做到客观公正、实事求是，这样做期货投资才能赚钱。不能见利忘义，见利忘义一定亏钱，这实质上就是短视。

• 多层次分析，选到好品种

怎么选择品种？有四看：价格涨跌看供求，供求矛盾看库存，涨跌幅度看资金，价格高低看成本。

供求决定价格，价格涨跌看供求。我们只需要搞清楚是供大于求还是供过于求，就可以判断供需矛盾。

供求矛盾看库存。很多企业是没有办法搞清楚有多少生产和多少需求的，比方说白糖，曾经有一个投资者调研白糖需求去汇源和可口可乐公司，这个是错误的。白糖目前每年大概有3%的需求增量，需求端的变数不大，不要重点看需求端，要看供应端，要看库存。如果库存增加，说明供大于求。如果库存在减少，说明生产的不够需求。再看甘蔗比上一年种的多了还是少了，长势怎么样，或者收获时产量怎么样？去果汁厂只会浪费时间、浪费精力，什么都搞不清楚。现在库存等数据相关网站都有，做期货比以前方便了很多。

涨跌幅度看资金。这个资金指的是国家货币政策，比如这个品种现在供应减少，库存减少，国家又宽松货币，涨起来就快了。如果碰上产能释放，货币减少，那会导致下跌更多。哪有什么经济周期，只有货币周期或者政策周期。经济没有过热，只有繁荣。

价格高低看成本。成本是一个重要的指标，有一个经济学说"价格围绕价值上下波动"，价格从来没有围绕价值波动，"价格围绕成本上下波动"，供大于求，价格可能低于成本，供小于求，价格就会大于成本。掌握了这个规律，其实就掌握了主要矛盾。当然成本也是变的，如果到了最低成本，上下游产业链全部亏损，那就只有一个办法——涨！

选品种还有五句金句：低价格、低库存、负利润、需求好、高价差。一定要注意升贴水结构，选择升贴水结构对我们有利的，做多，想长时间做最好是贴水结构。

物极必反的极点在哪？一旦发现这个商品在这个时间节点和价位结构上，继续持续下去就会"车毁人亡"，这就是"极点"，就是入场的最佳时机。

• 实事求是，遵循客观规律，具体问题具体分析

现场问答

问1：傅老师能否给我们介绍一下橡胶调研的情况？

傅海棠：橡胶这个品种有着和其他品种不一样的复杂因素，目前橡胶相对过剩，因为橡胶树就长在那里，随时可以割。目前价格影响了工人割胶的积极性，所以下跌空间不大，但是上涨空间也有限，一旦价格上涨到一个合理的价格，产能很快就能够恢复。还有一点就是新合约升水问题，导致目前橡胶这个品种没有办法移仓换月持有。

问2：傅老师您好，我是一名短线重仓交易者，请问您是如何处理重仓交易过程中出现资金回撤或者大幅亏损时心态的调整？

傅海棠：行情不确定，重仓被深套，这换谁心态都好不了。要解决的不是心态问题，首先要解决的是确定性问题，如果你对这个品种研究得足够透彻，足够确定，那么也就不会存在所谓的心态问题，也能够坚定地持仓。其次才是仓位管理，做好仓位管理，兵无常势、水无常形，要根据具体情况具体对待。根据对行情确定的程度，合理地进行仓位管理。核心是抓住主要矛盾，寻找到确定性机会！

问3：看了您的书，我想怎么会有这么智慧的人，所以一定要来现场听一下您的讲课。我们了解到您调研棉花刚回来，您能给我们介绍下目前棉花的调研情况吗？您是行走的期货传奇，目前已经拥有很多财富了，那么您现在赚钱的动力是什么？

傅海棠：首先对于你的认可，表示非常感谢。其实我的一切智慧就是建立在所有问题都实事求是、遵循客观规律，从来不主观臆断，凭空想象。

第一个问题，对于棉花我可以给大家介绍一下调研的情况。**目前现有库存还是相对较多的，但今年（2019年）棉花长势受低温天气影响，会减产**，至于减产的程度以及如果减产之后，行情是涨是跌，这个需要及时跟踪，结合具体情况具体分析，由自己做出一个判断。总库存是否减少，这个关键还是要看全球库存变化情况，世界第一大产棉国是印度，第二是中国，第三是美国，产地非常多，且不集中。

第二个问题，赚钱的动力有两个，财富的拥有量是一个人成功的标志，也想通过积累财富，实现自己的人生价值，更好地服务社会，回报社会。其实**拥有的财富越多，身上肩负的责任越大，越需要更加努力奋斗**，历来如此。还有就是中国人的传统思想，也想给子孙后代留下点物质财富和精神财富。

问4：我们都知道您不看任何技术面，我想请问，您说交易结构很重要，您是如何做到买进去就涨、买进去就是拐点？

傅海棠：之所以不能做到买进去就涨、卖出时就跌是因为你们没有从事过具体的生意买卖。我不到10岁就开始卖玉米棒，在上学的时候也在做着生意，这个研究工作是要有"童子功"的。因为你没有深入产业，没有了解行业特点，不能把握现货供需关系的拐点以及现货供需变化对人们心态的影响，**只有知道买方和卖方心态的变化，才能准确地把握行情的走势发展**。价值规律是永恒不变的。

问5：傅老师您好，周末唐山传出限产消息，您如何看待螺纹？

傅海棠：对于唐山限产，可能会导致铁矿原料需求的减少，当然这需要关注库存的变化。限制产能是一方面，还需要关注需求端。

问6：感谢各位老师的分享，请问傅老师调研时间节点如何选择？未来农产品有哪些机会值得关注？

傅海棠：**农产品目前整体处于一个相对较低的位置，也没有低到极端，但大部分都在底部区域**。价格低的原因，第一是世界过去很长时间处于一个丰收周期，全球范围内没有出现大的自然灾害。第二，全球资源的配置，尤其是巴西、南美洲各国，这些地方国土面积比中国小，但是这些地方的可耕肥沃的土地非常多。十几年以来，粮食等农作物的扩种面积非常大，因为雨林放火一烧就可以种地，且土地非常肥沃，还有就是单产的提高，随着全球种植技术的提高，包括种子的培育和种植技术等，所以全球的供应是持续增加的。但是从今年开始，我们要重点关注，过去十几年的一个丰收周期，可能突然要转变了，因为全球范围内的气候都是不正常的，我们要重点关注气候。尤其是北半球的低温多雨，比如美国的玉米、豆粕，由于天气的问题，种植面积下降，种植时间晚了很多。中国东北、新疆等地也存在不同程度的低温气候问题。就怕美国低温多雨，种植偏晚，影响单产，种晚了就会少收，农产品就这样。农产品受灾周期大概是6年、12年一个较为严重的灾害。拉长周期还真的是这样，美国的大豆牛市也差不多是6年，自然现象就是这样，虽然现在种植技术提高很多，但是全球农产品还是没有摆脱"看天吃饭的情况"。后期重点关注吧！

问7：傅老师您好，我是河南的豆粕经销商，也是您的粉丝，想问一下如何选择出场点？出场的依据是什么？

傅海棠：这个需要具体情况具体分析，进场的时候，要根据当时的情况和你预期未来要发生的情况，每个品种不一样，都有价值规律的。要对参与的品种搞得非常清楚，现在什么价？现在的供求关系是什么样的？未来会发生什么样的情况？未来的供需关系会如何转变？要具体判断在当前宏观背景下，这个品种行情应该是什么样的？预期未来会出现什么情况？是否出现？是否超预期？本来预期涨2000点，赚了1500点出场了就非常好了，你要预期1500点，1000点出就很好了。具体问题具体分析，不能生搬硬套。

问8：目前肉鸡、蛋鸡补栏量很高，生猪的缺口很大，可能达到1000万吨到2000万吨，请问您对于未来养殖业如何看待？

傅海棠：首先目前生猪数量、存量确实下降得比较多，因为非洲猪瘟的问题，全世界范围内目前还没有有效治疗方法和预防的疫苗。

其次，生猪未来要涨价，但是也不会像我们想象的那么夸张，不会涨到天上去。因为生猪养到100~110公斤是正常的，但也可以养到150~200公斤左右，猪越大出肉率越高，1头200公斤的猪可能高于2头100公斤猪的出肉率，那么折算来看全国生猪的减少也就影响没有那么大。说毛猪涨到 30 元/斤，那几乎是不可能的，20 元/斤可能也差不多了，以前的历史高点是 11.5 元/斤。

最后是替代性，你不能算猪肉减少 1000 万吨，就需要 1000 万吨的鸡肉，不是这样的。贵了就不吃了，也不是必需品。**猪肉和鸡肉、鱼肉、鸡蛋等没有直接的关系，最多是一个间接的关系**，影响是有限的。不能那样算替代性，那样算会犯大错误。你算猪肉缺口 1000 万吨，鸡肉鸡蛋增加 200 万吨，还差 800 万吨缺口，那肉鸡就会涨到天上去，这样推演是错误的！调研豆粕途中，我们发现企业养肉鸡是比较疯狂的，鸡苗是 9.5~10 元，大量扩栏。2 个月过去了，鸡苗 1.5 元左右了。肉鸡价格下降，猪肉价格上涨，你涨你的，我跌我的，不是一个品种，最多是一个间接关系，还是得关注本品种的增量和减量，间接关系只是一个辅助，没有直接的关系。当然对于未来鸡蛋是涨是跌，我是没有方向的，我也不建议做多或者放空，就是分析这个逻辑。

问 9：同时满足 5 句金句的机会是比较少的，哪个条件比较关键？

傅海棠：同时满足所有条件的情况很少，要搞清楚目前处在一个什么样的情况之下，比如说目前生产这个品种也不亏钱，所以也就不是"负利润"，可是赚钱也不是很多，相对是低价，如果供应减少，需求增加，那么价格也会上涨。所以这 5 句话，每句话都很重要，看当前处在怎么样的供求关系和价值规律，要具体问题具体对待，实事求是。

傅海棠：准确把握大行情的系统性解读

2019 年 7 月 13 日

2019 年 7 月 13 日，为庆祝复旦求是东方经济学研究中心成立一周年，复旦求是学院在上海复旦皇冠假日酒店举办公益授课。傅海棠系统性解读了确定性的投资大机会的投资理念。以下是傅海棠授课内容的文字整理。

🔊 观点摘要

> 期货的制度好，一是保证金制度解决了资金的问题，二是解决了仓储、买进、卖出等烦琐的流程，也解决了现货贸易赊账的问题。
> 期货复杂之极，从某种程度上来说比造原子弹还难！
> 只要理念正确，方法正确，一定能成功。
> 期货交易是典型的顺势而为，所谓的顺势而为是看商品是否有明确

的大趋势。

做期货就是做现货，只是只见合同不见货，一定要把现货的概念深入心中，否则在期货中赚钱很难。

做期货实际是做50多个品种的综合贸易商。

做期货亏钱的原因：一、方法不正确，理念有问题；二、交易有手续费。

研究基本面和价值规律真正占据主流，也就是这一两年的事。真金不怕火炼，基本面才是正确的理念。

基本面研究的核心是供求关系和价值规律，价格是供求关系和价值规律的综合反映。

在现有的宇宙层次之下，供求决定价格永远不变！

高价坚决不做多，低价坚决不做空。

一定要去找原因，通过原因确定结果，而不是通过结果猜原因。

多头和空头永远都是一对一。

万物都有规律，规律永恒不变，它在一代一代地重复，谁发现了规律，谁就占据社会的主流。

期货中最好的机会在对手集体性犯错的时候。

记住，价格规律永远不会变，不要怀疑。

内在价值，就是基本成本 - 适度的盈利。

我们研究价值，主要看它成本线以下这段时间的价格。

发现某个品种低于成本，并且亏损很严重，还有很多人退出不生产，大家买不到货，开始涨价，那就要立刻入场。

有的人急于求成，着急上火，很容易亏钱。尤其亏钱后急于翻本，后续很可能更亏。越轻仓亏钱的概率越小，赚钱的概率越大。

做期货就不能天天赚钱，经常亏点小钱没有问题，抓住一波大行情加倍奉还。

功夫在盘外，不在电脑前。

做商品首先看它的特性，有些商品，一涨就翻倍，有些商品，涨30%就是很大的行情了。

顺势而为的前提是知道势是怎么来的。势的推动力是什么？市场运动遵循天道规律，价格趋势源于供求动能，供求动能推动着它。

不要急于求成，一定要有耐心，白蛇修炼了一千年才变成了白素贞。

基本面能量化，技术面不能量化。所谓的技术面量化是伪量化，所信任的指标都是自欺欺人，技术找不到根据，找不到事实，而且求的是概率，不够精准，不够精准能叫量化吗？只有基本面才能量化，分毫不差，非常精准。

"无我"是我的主观判断都来自事实和自然规律，不是自己凭空捏造的，不是没有事实凭空想出来的。

懂行的人不一定懂基本面，但要懂基本面首先得懂行。

行情的短期波动是无序的，因为我们没有办法在短期内获得市场交易的所有信息。

首先要重点选择供求偏差大的品种；其次是价值严重错位的品种；最后，盯住有问题的品种。

价格高了，生产者有暴利，千万不要做多；价格低了，生产者都亏钱，千万不要做空。

上涨的顶很难预期，但是下跌的底好找。

下跌只是打折，但上涨可以翻倍、翻几倍。

工业品为什么看需求呢？政策的松紧对需求的影响特别大。

虽然我们一直说供求决定价格，那谁决定供求呢？价格决定供求。两者之间的关系是相对的，双方相互影响，我们要辩证看待。

只要贵了就不要买，哪怕涨到天上去也不要眼红，但如果有个品种没人要了，价格也足够低，反而可能是买入机会。

为什么刚出现亏损的时候不涨呢？因为有积压的库存。

物极必反，"必"是100%，不是概率，关键是找到那个"极点"。如果再跌下去，整个行业就会车毁人亡，那么，这个价格就是极点。

规律永不变，事件发生前都有前兆，都有迹可循，只要细心去观察，都能看出端倪。

物极必反，阴阳平衡，只要找到极点，找到自然规律，就能知道即将发生哪些事情。

四条永恒不变：宇宙运行规律永恒不变、经济本质永恒不变、商品本身具有的价值规律永恒不变、人性永恒不变。

宇宙规律最大体现在物极必反和阴阳平衡，涨跌交替和四季变换都属于宇宙规律。

我始终坚信，如果我的投资理念和方法不能在期货中赚钱，那没有任何一种方法能赚钱。

物极必反不是概率，物极必反是100%。只要你能找到极点，最好在极点之前就入场。

钱多经济就好，钱少经济就不好，相信这个道理，就是这么简单。

现在好多经济学家最大的错误是看不得经济好，他们用的名词是"过热"，发展经济又不是害人，繁荣是好事，放水是增加流动性。其实把货币宽松叫"放水"也不妥当，应该叫增加流动性。

什么是经济？经济和种地是一个道理，发展经济就像怎么让庄稼丰产高产，就是这么简单，出了什么问题就对症下药。

东西多了，需求不好，扩需求；东西不够，生产不足，扩产能。

这两年最大的机会在工业品，工业品有机会就是因为大部分人不懂经济学。

2008年底、2015年底、2018年底，几乎所有的经济学家的预测都是错的，都是悲观的，而我是乐观的，事实证明，未来都挺好的。

价格涨跌看供求，供求矛盾看库存，价格高低看成本。

有些品种量很大，想要调查供应和需求确实有困难，那就只能从库存的变化上去看。

论其有余不足，则知贵贱。

为什么我们在交易中老是摇摆不定，就是因为抓不住主要矛盾。

价值就是价格值不值，人们常说"价格围绕价值波动"，更准确的说法应是"价格围绕成本波动"。

安全边际最确定的就是实际的价格现在被严重低估。在基本的成本线以下，价格越低，越具备安全边际。

价格围绕成本波动，大部分时间，价格在成本之上，小部分时间，价格在成本之下。

> 在交易中一定要注意升贴水结构，很多投资者吃亏就是吃亏在这里。
>
> 期货大幅升水于现货的，做多要谨慎，必须是马上大涨的机会，才能作为重点做多的品种。
>
> 当你发现一个对人类有用的商品，价格到了一个位置，如果再跌下去，整个行业就会车毁人亡，那么，这个价格就是极点，最终一定会反过来，不要怀疑。

• 我走上期货之路的故事

今天有这么多愿意交流和学习的投资者来现场，我感到非常高兴和荣幸，接下来我会与各位投资者朋友、各位老师进行深度交流。我从2000年入行做期货，到现在差不多20年，过程并非一帆风顺，而是波澜起伏，到了今天，只能算马马虎虎，还没被市场淘汰。

我走上期货之路的故事比较离奇，大概在1996年，当时生活在农村，由于信息闭塞，根本不知道期货是什么东西。一次出门走亲戚，亲戚家没人，我自己坐在椅子上，脚下有一页杂志，于是从地上捡起来翻阅，看到一个小栏目，写着"期货"二字，让我产生了好奇心，我就想看看什么是期货。杂志上介绍期货是远期标准化的合约，以保证金的方式进行交易，可以随时转让，也指出了期货不像摆地摊那么简单，需要对天文、地理、历史、金融都有全面、系统、深入的了解。当时我就觉得**期货的制度好，一是保证金制度解决了资金的问题**，如果按照10倍杠杆算，1万就可以做10万的生意；**二是解决了现货仓储、买进、卖出等烦琐的流程，也解决了现货贸易赊账的问题。**

自从知道期货以后，我就对它印象特别深刻，为什么呢？在不知道期货之前，我就在想做一件事，如果发现哪个商品价格低要大涨，就在涨之前买货，等到大涨以后再卖出，没有比这赚钱更快的生意！那种从一个市场买进，到另一个市场马上卖出赚点小价差的生意，既辛苦又难赚到钱，更不可能赚到大钱。我觉得赚大钱的方法就是先买入，等到行情爆发再卖出，但这件事因为缺少资金而没有做成。

我曾经向有钱人游说这种方法，由于当时人微言轻，没人在乎我的想法。所以，当我知道期货的时候，就觉得期货好，任我找不到地方做期货。后来，我在中央电视台上看到郑州粮食批发市场，也就是最初的郑州交易所。但是由于距离太远，知道交易所在哪里也没有办法去做，就这样一直拖着。直到2000年，我那时还在养猪，认识了一个饲料贸易商，他是做股票的，我问他知道哪里能做期货吗，他跟我说济宁就有，于是他带我去了济宁信托大厦，在14楼的"三隆期货"的营业网点开了户，自此走上了期货的不归路。

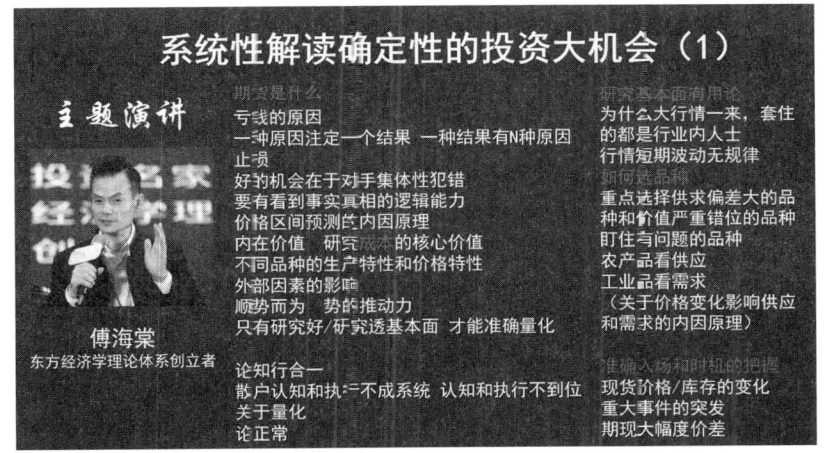

- **做期货亏钱的原因**

我怀着一颗美好而热情的心进入了期货市场，后来发现市场远没有那么简单，**期货复杂之极，从某种程度上来说比造原子弹还难！**我也发现，做期货的人不管盈亏，在社会上应该都属于高智商人群。我做过研究，智商低的人不敢做期货，只有在社会中小有成就，心智非同一般的人，才敢开户做期货。

在这么多高智商的人当中，怎么才能成为佼佼者？其实**只要理念正确，方法正确，一定能成功**。当然，也没有这么简单，交易理念、方法都正确，只能保证在成功之前活着。首先，要搞清楚从事的事业到底是什么？大多数投资者不知道自己在做什么。市场上流行技术分析，我并不是打击技术分析，如果有天分或者灵感，技术分析也能做，只要能赚钱就是好办法。我对技术分析一窍不通，现在也是如此。

大概在5年前，在杭州有个培训班，有学员找我交流，一个从台州过来的学员是做豆粕期货的，我问他知道豆粕是什么东西吗？他说不知道。我又问他如何下单，他说看均线、成交量、KDJ交叉。我又问他有多少资金在做，原来他只有5万，打算亏光了就不做了。我跟他说你这种做法还不如把5万存银行。他都不知道豆粕是何物，这样怎么做豆粕期货？这样的人不在少数，看线有什么用，线又不会说话。

期货交易是典型的顺势而为，所谓的顺势而为是看商品是否有明确的大趋势。但是跟现货有所不同，现货只能做一个方向，期货可以做两个方向。如果认为价格暴跌，可以超前卖出；认为价格暴涨，可以超前买入。现货贸易商如果不能把自己做的东西研究透，如何看到趋势？**做期货就是做现货**，只是只见合同不见货，一定要把现货的概念深入心中，否则**在期货中赚钱很难**。我不否认也有不懂现货能赚钱的，抓阄还有一半的概率呢。但是，要想长时间在市场上赚钱，一定要对现货有研究，凭运气赚钱不能持续。即使你靠运气有50%的胜率，但是要交手续费，加上生活成本，做着做着钱就没了。有些人不知道钱是怎么亏的，实际就是这样亏掉的。

做期货实际是做50多个品种的综合贸易商。期货就是做生意，不要被高大上的名词误导，要把基础概念搞清楚。

做期货为什么会亏钱？第一，**方法不正确，理念有问题**，没有辩证思维，也没有正确的哲学；第二，**交易手续费**，做一笔交易可能感觉不到，一年下来不停地做交易，时间累积起来，手续费就是一笔大数目。

期货市场上投资者赚钱的概率有多少？我估计长期赚钱的不足1%，很多人研究什么KDJ，研究什么波浪理论，一浪二浪三浪，浪不够了又说延伸浪，我一听就头晕，这就是走进了误区，按照这种方法做期货，还不如去抓阄。

● 一种原因注定一个结果，一种结果有 N 种原因

2010 年后我赚到一点钱了，去上海交流交易理念，那时候没有基本面研究，老的期货投资者几乎清一色的技术分析派，甚至不知道基本面是何物。那时谈到基本面供求关系还会被笑话，说我的方法是妖魔，研究基本面会害死人，我受到了打击和耻笑。并且还说技术的方法可复制，而我的不可复制。我觉得这是说反话！到底是技术的方法能复制，还是我的方法能复制？甚至，有部分人做基本面赚到钱了，也被说成是"磕头碰到蛋上——碰巧了"。2012 年左右，盛行程序化交易，当然现在还有程序化，但不盛行了。研究基本面和价值规律真正占据主流，也就是这一两年的事。真金不怕火炼，基本面才是正确的理念。

基本面研究的核心是供求关系和价值规律，价格是供求关系和价值规律的综合反映。但供求关系和价值规律在每个阶段和不同环境中的影响力不一样，我们要做的是研究在目前的价位和供求关系下会发生哪些事，以及在现有的价格之下，发生的事件对未来价格会产生什么影响，这是基本面研究的核心。

在现有的宇宙层次之下，供求决定价格永远不变！大家都知道供求决定价格，但是并不是这么简单，还要考虑到价值规律。商品价值低于成本或者接近成本的时候，生产商品不赚钱，甚至暴亏，亏得越来越多，在这种低价位的情况下，供不应求的商品必涨。商品价格高，但买不到货，这个时候不要去买，这是从事期货事业一生都要坚持的基本原则。它要涨就涨，价格已经很高的商品，价格涨得再高，也不用去管。一定要记住这一点，**价格高，坚决不做多**。如果商品供大于求，**价格低，库存增加，产量增加，这种时候不要做空**。产业已经亏得一塌糊涂了，还要继续大跌，这是不符合价值规律的。了解商品供求关系，再结合价值规律，只要把这些都搞清楚，大行情能 100% 确定。

为什么我不认可技术分析？**技术分析是看结果来分析，而研究基本面的供求关系是看原因找结果**。我承认技术分析在理论上非常正确，信息会包含在图形里面，也同意行情会重演。但重演不是简单地重复，图形里面

的信息也不会说话，它代表的是一种结果，一个原因注定一个结果，但一个结果可能有多种原因。假如同样的一个涨停板，可能有一百个原因导致涨停，你没办法弄清到底是什么原因涨停。所以，一定要去找原因，通过原因确定结果，而不是通过结果猜原因。

很多投资者在大部分时间在做无用功，画了很多图表，既浪费资源，又污染环境。2000年的时候，我有个朋友就是这样，他天天花时间画图表，经常邀请我去他家看看，一开始我不去，后来邀请的次数多了，再不去不好意思。到了他家后，我看墙上挂满了图表，还有分析公司持仓的。要我说，**管别人持仓做啥？谁做错了谁亏钱，谁做对了谁赚钱，管其他人没有用**。当然，这些东西也可以看看，但不要当真，闲着没事的时候看一眼还好，如果要当真，就麻烦了。我还经常在评论里看到**多头比空头多，或者空头比多头多的说法，简直是瞎扯，多头和空头永远都是一对一**。

做期货不是研究图形，而是研究供求和价值，需要关注的是未来会发生哪些事，只要能研究透彻，不夸张地说，可以算天算地算人算事，姜子牙能前算800年，后算800月，这是有道理的。

万物都有规律，规律永恒不变，它在一代一代地重复，谁发现了规律，谁就占据社会的主流。但是大部分人发现不了规律，也不能让大部分人发现，因为一旦大家都发现了规律，社会就不成体系。只有勤奋好学的人才能发现规律，其他大部分人还是普通人，就像每个蜂群一样，一个蜂群的蜂王只能有一个，其他的只能是工蜂，社会规律如此。

人到老了明白的事情会更多，尤其是男人，在临死前那一秒智商最高。女性则不同，随着年龄的增长，智力会退化，但阴阳平衡，女性小时候比男性聪明得多。男孩小时候是傻子，女孩小时候天生聪明。随着年龄的增长，男人智商不断增高，等到什么都懂了，老天爷就不让他活了。人想要长生不老是不可能的事情，不符合宇宙规律。

• 好的机会在于对手集体性犯错

期货中最好的机会在对手集体性犯错的时候。做期货切忌乱交流，但也不能不交流，要与正确的人交流。一般来讲，交流得越多，亏钱概率越大，要想在市场赚大钱，必须找到市场上集体性犯错的机会。现在市场上最成熟的品种像鸡蛋、农产品等，定价很合理，半年甚至一年之后都很少发生变化，这种情况谁也赚不到钱。市场上有很多人在等待对手犯大错。比如2015年底，铁矿价格280，螺纹钢1600，动力煤280，很多品种价格非常低，但市场上大多数人仍在看空，说经济要崩盘，大量的人前赴后继地往里冲（做空），我就想这不是跳火坑吗，他们却不这么认为。

随后几个月的时间，所有商品大涨，做空的人只能爆仓或大亏，这就是集体性犯错的机会，只有市场上集体性犯错才能赚大钱。一旦整个市场观点出现一边倒的时候千万要小心，一致性预期几乎没有正确过，且预期时间越长，犯错的概率越高。大家一定要擦亮眼睛，不要随波逐流，人云亦云，要观察市场上大部分人的想法，分析市场形成一致性预期后犯错的概率有多大，叠加上你自己研究的事实，如果发现市场上大部分人看错了，事实不是他们想的那样，那就好办了，不要害怕，坚持自己的想法。

• 要有看到事实真相的逻辑能力

有部分人研究基本面和供求关系，但做不好，就是因为没有分辨真伪的能力，这是整个人类社会的共性。举个简单的例子，有邪教说如果天塌了，练了什么功就砸不死，不练他的功就会被砸死，这属于恐吓。他还说练什么功没有忧愁，不用做生意，不用上班，也不用当官，无忧无虑。这还不够，最忽悠人的是说钱是身外之物，身外之物你怎么不把钱分掉，还要钱做什么？不要迷信，他说得再好也不要相信，他在忽悠。再举个例子，当年某个气功大师、风水大师，凭空变出事物，隔空取蛇，非常厉害。他收了一个徒弟，这个徒弟前前后后给他1000万元左右，但学习2年多时间什么也没有学到，后来徒弟醒悟知道所谓的大师是个骗子，师徒反目成仇。徒弟开始揭穿师傅，并打官司讨回钱财，后来师傅就雇用杀手把徒弟绑架杀害了。不少人都被这个变戏法的骗子忽悠了，还有一些明星也是他的徒弟。有不少人相信风水大师，看手相等，大家不要相信这些，如果这些所谓的大师真的厉害，为什么不给自己算命，为什么他们还不发财？我有时候无聊了，会拿着 2 块钱去看相，看这些人怎么忽悠，后来发现他们都是一个套路，一哄二吓，连哄带吓，都是这样的套路。

做期货更是要辨别清楚真伪，要有分辨真伪的能力，假的就是假的，真的就是真的，真的假不了，假的也真不了，所以是很容易分辨的。去年（2018 年）苹果大涨，有盘手说要看阻力位、看支撑位，也有人说超买，其实这个品种是因为出现天灾大涨，哪有什么超买，事实就是该涨就涨。看不明白，觉得不正常，这其实是正常的。

• 内在价值，研究成本的核心价值

有人说，我们什么时候买？幅度怎么预测？这个原理的内因是什么？其实是有价值规律的，举个例子，大蒜，你要预测它涨多高，首先要看历史上它曾经的最高价是多少，当年是什么情况，距现在过了多少年，还要看现在大蒜的成本、价位、相关的收益，包括今年大蒜的强弱和当年有什么区别。首先找到大蒜的成本，我当年做大蒜，农民的基本成本是 1.2 元一斤，然后看价格是在成本线以下还是成本线以上，当年大蒜的最低价格是 1 毛一斤，发生了供不应求，它开始涨价，第一步肯定会先涨到成本价，后续能涨到多少则要看具体的供求矛盾。大蒜上涨容易出现暴利。什么叫暴利？一天涨 1 块钱不算多，从 1.2 元涨到 2.2 元不算高，所以大蒜价格一涨，1 吨就是 4000 多元。这非常好预测，有人说涨太多了，赶快平仓走人，在我看来心里有数的人不会跑（"心里有数"是指看得清、看得明，一切都在心里），想让我下车几乎没门，我就是不走，做对了大趋势，要一直缠住。记住，价格规律永远不会变，不要怀疑。

内在价值，就是基本成本 + 适度的盈利。我们研究价值，主要关注成本线以下。昨天晚上我和朋友聊天，有一个现货贸易商，他说看不明白某个商品的价格，怎么近月价格那么高，远月那么便宜？这应该不对，远月有仓储费，有利息，怎么反而便宜？我说不用管仓储费、利息，我们看成本，主要看它成本线以下这段时间的价格。因为商品低于成本以后，就会影响生产积极性，有两种情况，一种是亏损时间长，一种是亏损狠。要么短时间内出现大亏，很多人就会退出不再生产，改变工作。要么小亏，但是亏的时间长，也会有很多人退出。还有一种情况，亏的时间长且亏得狠，那就是千年一遇的大机会，后续价格可能要"涨上天"。出现了以上情况中的一种，它都会涨，我们关注成本主要是关注这点。我们研究成本的核心，发现价格低于成本线以下，就要注意生产这个商品的人是否开始亏钱了。我们要睁大眼睛，盯着这些人什么时候开始退出，或者盯着什么时候库存没有了，最重要的一个，盯着什么时候买不到货了。**发现某个品种低于成本，并且亏损很严重，还有很多人退出不生产，大家买不到货，开始涨价，那就要立刻入场。**

有的人急于求成，着急上火，很容易亏钱，这也是亏钱的原理，尤其亏钱后急于翻本，后续很可能更亏，一定不能着急，稳住，轻仓。事实证明，**越轻仓亏钱的概率越小，赚钱的概率越大。**做期货赚钱，可能3年甚至10年才等到一个大机会，但有时候一波行情就足以改变你的一生。**做期货就不可能天天赚钱**，天天赚钱不正常，有问题，经常亏钱才正常，亏点小钱没有问题，抓住一波大行情加倍奉还。所以大家别急，平时下功夫研究学习，提高自己，功夫在盘外，不在电脑前。

• 不同品种的生产特性和价格特性

我们一定要有针对性研究，商品和人也一样，虽然都是人，有胖的有瘦的，有高的有矮的，有丑的有俊的，有喜欢吃甜的有喜欢吃辣的，有脾气暴躁的也有脾气温和的。研究商品也这样，所以**做商品首先看它的特性**，有些商品，一涨就翻倍，有些商品，**涨30%就是很大的行情了**。例如大蒜，一涨就上天，一跌就入地。从5块跌到1毛，非常容易，然后再从1毛涨回5块，也像玩儿一样，历来如此。以前是这样，以后还这样，它就没有变过。做大蒜是个可能发财也可能破产的生意，大蒜价格波动太大。不懂的人，觉得不正常，实际上它的特性就是这样。

2000年以前，期货市场有些乱，有红小豆期货、绿豆期货、咖啡期货，很多品种天天大涨大跌，有人说有资金推动，其实不是的，实际上这些品种就这样的特性。我记得咖啡现货，历史上现货曾经有过1天涨20倍。好在现在期货市场稳定了。

所以做期货，一定要知道商品特性，针对这些品种，在它特定价位的时候，我们要将风控做好，因为一旦犯错就"要命"。我们一定要记住，有的钱不能赚，在什么价位的时候，我们不能赚这个钱，一旦行情启动就不会给我们逃脱的机会，一定要把每个品种的性质研究清楚。

• 外部因素的影响

每个商品都会受到外部相关因素的影响，比如2010年的棉花，涨到30000多，没涨以前，我就认为它要涨到30000。在棉花涨到35000以前，几乎所有的商品都创了历史新高，铜最高从13000涨到80000，其他商品都涨上去了，棉花几乎是最后一个，终于产生了供不应求，最后涨到了34700左右。其实我当时预测涨到35000，29600时我就出来了，那5000块钱不要了，万一涨到35000，连着3个跌停板下来，还不如30000就出场。不要做到最后，做到最后可能出不来。所以**我们不要看最高点和最低点，想要在最高时成交1手，大概率也是做不进去的**。

尤其是期权，我上了一次当，这辈子不会再轻易做期权，有人说做期权赚40倍，甚至有人说赚400倍，我怎么算都不如期货赚得多且赚得稳。当然，可能是我的技术不够高，如果你的技术高，可以继续玩。

所以**我们要好好分析和研究，不要光想着发财，一定要实事求是**。

• 顺势而为，势的推动力

首先，势是什么？顺势而为的前提是把势研究透，你还没有研究透，怎么顺势而为，有人以突破月线均线为标准，这不是顺势。前两年，在北京的一个大会上，圆桌论坛环节我是嘉宾之一。有一个嘉宾说顺势而为，拥抱趋势，趋势是金。我听了不太赞同，大家都知道顺势而为，都知道千万不要逆势，都想拥抱趋势，问题是怎么抓住势？怎么顺势？怎么知道它是会涨还是会跌？**顺势而为的前提是知道势是怎么来的**。你要告诉我是涨还是跌，是牛市还是熊市，涨多少或跌多少，我才能顺势。

势的推动力是什么？市场运动遵循天道规律，价格趋势源于供求动能，**供求动能推动着它**。价格低了，供不应求，这是它的推动力，最后形成牛市，当然过程会反复震荡、回调，这些都不用太在意，方向不会改，心里有数就行。价格高了，出现暴利，货开始增多，供大于求，形成熊市，即使中间有反弹，但最终还是会往下走。我们拿住单，要知道什么时候入场，什么时候出场。

若你不知道它的供求和价值规律，就连成本等一概不知，还提顺势而为，提突破 K 线均线，根本没有用。假突破比真突破多太多了，10 次突破里有 1 次真突破就算不错了，有人突破就进场，结果发现是假突破，立刻止损出场，价格很快涨上去了，又立刻追涨，结果价格又跌了下来，一来一去，钱都亏没了，心态更不好了。顺势的前提是抓住势的内因，盐为什么是咸的？醋为什么是酸的？**搞清楚内因，才能顺势而为，想不发财都难**。一定要把核心了解清楚，一定要在这方面下功夫，不愁不赚钱，当然这也需要时间，不要急于求成，一定要有耐心，白蛇修炼了一千年才变成了白素贞。

● 只有研究好、研究透基本面，才能准确量化

社会主流的说法是技术可以量化，基本面不能量化，我的观点是反的，**基本面能量化，技术面不能量化**。所谓的技术面量化是伪量化，所信任的指标都是自欺欺人，技术找不到根据，找不到事实，而且求的是概率，不够精准，不够精准能叫量化吗？**只有基本面才能量化，就像 3 × 9=27，分毫不差，非常精准，这才是量化**。我刚才讲了，要去研究价值规律，只要供求动力足够大，什么时候涨什么时候跌，都非常准确，这才是准确的量化，才能做得游刃有余。

基本面能量化，还有哲学也能量化。我曾经听到很多人说，东方哲学的缺点是不能量化，西方哲学能量化，我说反了，**西方哲学不可量化，东方哲学才能量化，且东方哲学的量化空间越来越大**，西方哲学要是能量化也是伪量化。那些说东方哲学不能量化的，大错特错，因为他们看不懂。老子讲"道可道，非常道"，他们都不知道说的是什么。他们理解的"无

我"是不要主观，"没有自我"这是错误的，"无我"不是没有自我。"无我"是我的主观判断都来自事实和自然规律，不是自己凭空捏造的，不是没有事实凭空想出来的。那些人说不能研究不能判断，要无我，一切跟随市场，在我看来，这是"鬼话"。没有研究，什么都不懂，怎么跟随市场？无我不是没有自我，我们都要实事求是，按照事实来得出结论。

● 论知行合一

有人说做到知行合一太难，说自己明明知道，就是做不了。我认为这不对，做不了，还是表明你不知道。**知行合一的标准是真知、正确的认知、知透**，要真知透了，知行合一很简单。

为什么做不到？因为不知道。**很多人都是伪知道，只有做到了真知道、知真道，一定会做到**。有人说我也知道这是个大牛市，我进场了，但因为行情回调提前出场了。你为什么会提前出场？因为你迷茫，行情反向运动，你开始怀疑，拿不住单子。如果真知道，怎样都不会下车，看到身边的人平仓离场，你也会坚定持有，所以做不到知行合一，是因为你不知道。一定要真知道，有正确的认知，并且知透。

散户的认知确实很散，做期货是系统性的，期货与宇宙之间任何事情都有关系，价格涵盖了宇宙万物所有的东西，比较复杂，需要我们每一个方面都要认知到位，这对散户来说太难。为什么我们做不好，是因为我们没有全面认知到位。

● 论正常

关于正常都是概念性的、基础性的。我们所谓的正常标准是什么？就是大部分时间是这个样子，我们习以为常，以为这就是正常，只要和大部分时间不一样，我们就称它为不正常。实际上这样是不对的，**什么叫正常？现实发生的事情就是正常，我们以为不正常，实际上是我们不正常**。

我们大部分说的正常，其实是自己感觉，什么都是相对的。有的人做错了，以为行情不正常，却不会找自己错误的原因，不会找自己的缺点，不去找肯定做不好。你以为这是不正常，实际上这才是正常。

在投资领域，尤其是期货，发生了什么事都是正常。有人说有黑天鹅，**其实没有黑天鹅，只是你没有预测到，预测到了就不叫黑天鹅**。我们要研究未来会发生哪些事，在你的预期和研究范围以内发生了，你就看对了。这都是很正常的，所以要把定位定准。

● 研究基本面有用论

为什么大行情一来，套住的都是行业内人士？很多人就说，研究基本面没有用，因为被套住的都是懂行、懂基本面的。比如在棉花的大行情中，被套住的都是贸易商；在天胶的大行情中，被套住的很多是做天胶现货的；大豆的行情一来，被套住的不少是压榨企业和豆粕贸易商。所以，有人就说研究基本面没有用。

其实这个观点是不正确的，因为**懂行的人不一定懂基本面，但要懂基本面首先得懂行**。上述那些被套住的人，属于懂行，但不懂基本面，不了解价格规律。在基本面的研究上，他们的功底比较弱，不懂系统性的研究，所以往往在大行情中吃亏的都是他们。还有一个原因，他们不服。比如棉花涨到 19000 以上，他被套住了，但他认为 19000 是历史高价，涨到 19000 以后马上就会跌回 13000。他们靠历史经验做判断。结果涨到 22000，不服；涨到 24000，卖房做空；涨到 28000，贷款赔钱；等到 35000 的时候，就"死"光了。他们被套住是因为习惯性不服。很多人对研究基本面有误解，认为亏钱的都是研究基本面的，大错特错。基本面研究具有系统性，不能靠单方面的因素做决定，需要全面了解、通盘考虑。

行情的短期波动是无序的。我们很多时候都想着在短期波动中找到规律，实际上很多做程序化的人也确实在这么做，但这其实是很难的，甚至是不可能的。**因为我们没有办法在短期内获得市场交易的所有信息，所以我们研究不了**。如果能在短期内获得市场的全部交易信息，那很快就会发财，可是我们做不到。市场上有这么多投资者，你知道下一秒谁要买，谁要卖，以及量是多少吗？从这个角度来讲，研究不了就算是无序的。我们只能从大的方面，比如从供求关系、价格规律等方面去研究。在微观上，只能是在稍微大一点的层面，去看一看价格走势，以及整个市场是否处于供不应求的状态，这样去定位。

- **如何选品种**

首先要重点选择供求偏差大的品种。行情的魅力在于爆发，我们说顺势而为，不大涨、不大跌，能叫大势吗？大家都知道，趋势是最好赚钱的。**做趋势，就是盯住供求偏差大的品种**，因为只有这样才能形成大的趋势。

如果供求基本平衡，或者偏差不大，那不叫势，叫震荡。涨 10% 也行，跌 10% 也行，你做这个很容易亏钱，因为背后有主力。你做多，就往下打 300 点；你止损，再拉起来。因为供求偏差不大，所以涨跌都可以，只要你进去就会亏钱。这就跟之前"撒瓜子"的骗局一样。"撒瓜子"的人叫"坐地"，人坐在地上，在地上铺一块布，布上撒一堆小黑瓜子，然后

"坐地"的往小碟子里撒瓜子，用一个乒乓球拍盖上，让周围的人猜数押钱。先让同伙猜对造声势，吸引围观者参与。有些人看到别人猜对赚钱，眼红了也会参与进去。但是不知道碟子里有瓜子仁是铁的，一旦猜对，"坐地"就将带吸铁石的乒乓球拍放在碟子盖上，将碟子里的铁瓜子吸住，将盖碟子的乒乓球拍拿起来的同时铁瓜子也被吸了起来，这样受害人永远都猜不对。有时候做期货也是这样，主力先用一段小行情吸引你入场，然后再将你的钱赚走。**供求偏差不大，价格不高不低，尽量少做**。所以说，我们一定要做大行情，因为这样的行情，谁也挡不住。价格非常低，严重的供不应求，还会不涨吗？价格非常高，货超多，那还不跌吗？早晚而已。

其次是价值严重错位的品种。主要就是看在成本线以上还是以下。我们要注意研究成本，重点关注成本线以下的那段时间和价值，低于成本的时间长了，或者短时间大幅低于成本，就会有人退出生产，价格一定会涨上去。在这里提醒一下各位，**价格高了，生产者有暴利，千万不要做多；价格低了，生产者都亏钱，千万不要做空**。有些钱是不能赚的，价格不合适，不能去做多或做空，一旦做错，可能亏得连骨头都不剩。

另外，我们还要注意市场的实际表现是否与一致性预期有偏差，也就是说，**事实与大家想的不一样**。打偏了肯定要回归，我们可以将重点放在这上面，没有这样的，就尽量少做。

最后，盯住有问题的品种。这个问题主要包括两个，要么暴赚，要么暴亏。着重注意暴亏，因为只有亏得受不了，没有赚得受不了。一旦开始亏钱，马上就会有人不干。一个产业被伤透了，才会彻底转势。只要一个行业的生产者亏损时间长了，后续就会有大行情。再一个，涨价无标准，**上涨的顶很难预期，但是下跌的底好找**。所以说，**做空可以赚钱，但如果想大赚，应该做多**。跌 1500 个点和涨 1500 个点，收益是大不相同的。有人说我数学没学好，明明都是 1500 个点，为什么收益不一样呢？收益风险比不同！我没有见过跌一倍的行情，但是涨一倍，甚至两三倍的行情有很多。我们的盈亏比是按幅度计算的，没有幅度哪来收益？**下跌只是打折，但上涨可以翻倍、翻几倍**。另外，风险也不一样。**做空容易爆仓，但是做多的话，只要是方便储存的商品，你不加杠杆，永远不会爆仓**。换句话说，既然空头亏得快，那多头一定就赚得快。做空头，资金少还好，一旦资金量大了，风险就会非常大。我从来不相信做空能发大财。

• 农产品看供应，工业品看需求

农产品看供应，工业品看需求。一般来说，如果没有突发事件，农产品的需求都是稳定增长的。每年的增量大概在3%，经济好的时候可能有4%，经济不好的时候也有2%左右，几乎没有出现过萎缩的情况。农产品变量比较大的方面在供应，主要体现在种植面积和单产上。如果不赚钱，老百姓的种植意愿就会下降，种植面积也会因此大幅下滑。而天气则会对单产产生非常大的影响。这里面主要有涝、旱、低温以及不明原因四种天气情况。一般旱灾会比较厉害，发生的也相对频繁。所以说，大家做期货，也要具备一定的农业知识，做到心中有数。

工业品为什么看需求呢？因为它的生产不受天气影响，它的变量在于需求，而影响需求的主要因素就是国家政策而非市场，**政策的松紧对需求的影响特别大**。国家要造几座桥、要修几条路，都会对工业品的需求带来影响。所以大家研究工业品的时候要多关注国家政策，不要太被市场影响。

• 关于价格变化影响供应和需求的内因原理

虽然我们一直说供求决定价格，那谁决定供求呢？价格决定供求。两者之间的关系是相对的，双方相互影响，我们要辩证看待。价格影响供需，一旦暴利，生产积极性就会大幅提高。当然，针对不同行业、不同品种，我们对它的扩产周期，以及在原有产能基础上生产提高后不同的情况也都要有所了解。当然，也要知道价格低的时候，到什么位置就有人不干了。一般来说，有这么几个过程：减产、停产、破产、跑路。一到这个时候，大机会就来了，必涨无疑。当然，我们不愿意一个行业变成这样，还是希望它可以正常生产和发展。这是为什么需要政府及时调控的原因。

只要贵了就不要买,哪怕涨到天上去也不要眼红,但如果有个品种没人要了,价格也足够低,反而可能是买入机会。无论做期货,还是做现货,都是这样。当然,期货有杠杆,要求更加精准。不管是农产品还是工业品,都是这样的。周而复始,这个规律永远不会改变。只要你掌握了这个规律,想不赚钱都难。

• 准确入场和时机的把握

我们要如何做到买入就涨,卖出就跌,甚至于今天开仓进去,明天就是涨停板?准确入场的条件是什么?我们首先一定要确定这个东西十分便宜,也就是行业大幅亏损。在大幅亏损以后,就会有人退出。**那为什么刚出现亏损的时候不涨呢?因为有积压的库存。**一开始产能退出的时候,原有的库存开始消化,供求基本上也处于平衡的状态,所以不涨价。一旦库存消耗殆尽,从事这个行业的人也已经退出了,想买货都不好买了,并且期货价格相对比现货价格还贴水了,这个时候就应该毫不犹豫地入场。

我们可以回看一下历史上的大行情,都是这样的。最典型的例子就是2017年的鸡蛋。鸡已经杀了百分之三四十,鸡蛋也没有库存,鸡蛋后来唰唰就上去了。还有2016年的棉花,现货买不着了,期货大幅贴水现货2000元,价格低得不得了,能不涨吗?棉花从11000元涨到16000多元。物极必反,"必"是100%,不是概率,关键是找到那个"极点"。一个对人类有用的商品,价格到了一个位置,如果再跌下去,整个行业就会车毁人亡,那么,这个价格就是极点。

准确入场的时机就是买了马上涨,卖了马上跌。有人说这个很难做到,我建议大家可以多读读范蠡。他说的"贵出如粪土,贱取如珠玉"就是我前面说的意思。只不过他讲的是文话,我讲的是白话。如果大家把范蠡研究透了,就能搞明白价值规律和供需关系。买足够便宜的,卖足够贵的,这是原则。做期货,再正确的方法,也要讲究纪律。

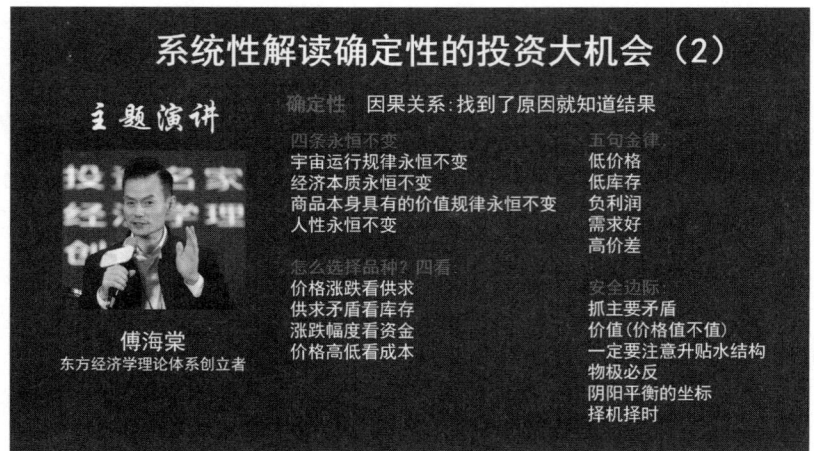

• 四条永恒不变

商品价格规律的核心是围绕供求关系和价值规律运行,接下来我会系统地从宏观到微观进行讲解。

预测行情是比较深奥的事情,最典型的预测就是寻找规律,**规律永不变**,事件发生前都有前兆,有迹可循,只要细心去观察,都能看出端倪。黑天鹅事件多数被认为是突发事件,大多数情况没有想到,也没有人能预测到。实际上,黑天鹅事件也能被预测,正所谓**物极必反,阴阳平衡**,只要找到极点,找到自然规律,就能知道即将发生哪些事情,要记住四条永恒不变(宇宙运行规律永恒不变、经济本质永恒不变、商品本身具有的价值规律永恒不变、人性永恒不变),先把不变的研究透彻。

宇宙运行规律永恒不变。宇宙规律最大体现在物极必反和阴阳平衡,涨跌交替和四季变换都属于宇宙规律。但这背后的原因不好研究,大多数人也不相信,最关键的就是如何坚信正确的理念,而不是信仰错误的观念。阴阳平衡背后的逻辑是可持续,只要事情可持续,就存在阴阳平衡。举个简单的例子,开车的左右方向可以认为是阴和阳,假设右侧是阴,左侧就是阳,开车就是做好阴阳调控,不能过分往左或往右,中间的路就是阴阳的平衡点。宇宙能持续这么久的原因,就是因为遵循阴阳平衡。

物极必反,只要找到极点,就能找到确定性。最典型的例子就是大蒜,大蒜主产区是山东金乡和以金乡为中心的周边地区，当年我们村90%以上的土地种植大蒜，所以我对大蒜这个品种非常熟悉，它的特点我一清二楚。大蒜的"猴性"特别强，行情经常上蹿下跳，价格高的时候3000元/吨左右，价格低的时候只有1000元/吨左右，即使没有重大灾害也是这样，原因之一单产不稳定。原因之二是用种量大，大多数作物都没有这个特点，与大蒜有相似特点的是甘蔗，但没有大蒜明显。大蒜如果需要扩种，就需要很多蒜作为种子，而扩种一般是在价格高的时候，这时市场上商品量本来就少，一旦扩种，市场上流通量少上加少，价格一下子就上天。大蒜就是一个极端的品种，价格越高，农民底气越足，就越多种，它正好给人一种正反馈。所以，一旦大蒜数量少，价格高了，农民都想要扩种，价格必涨无疑。

了解了大蒜的价格逻辑之后，再分析起来就简单了。同理，如果大蒜数量多，跌起来也没完。因为数量多，价格低，种植意愿下降，没有人愿意留着蒜做种子，所以下跌幅度非常大。正是由于我对大蒜特别了解，所以当年做起来也很有底气。

我在农村的时候，了解到大部分老百姓不懂这个道理。举个例子，假如今年种辣椒赚钱了，第二年全都一哄而上去种辣椒，于是转为供大于求，价格下跌，农民就倒霉了。第二年他们就不种辣椒了，这样供应紧张，价格又会大涨，往往复复。故期货的投资者往往也会这样，没有分析清楚价格背后的逻辑，摇摆不定，在犹豫当中失去了机会。

我的第一桶金是从大蒜上赚到的，之前的八九年之间，亏多赚少，但从来没有对投资丧失信心，因为**始终坚信，如果我的投资理念和方法不能在期货中赚钱，那没有任何一种方法能赚钱**。我也研究过很多期货投资者使用的方法，那些方法我都觉得不靠谱，我始终坚信自己的方法，从来没有丧失过信心。

2007年的时候，我注意到大蒜要涨价，看到了希望，心里很舒服，压力也很小，自知快要发财了。我推测大蒜大涨的时间大概在2009年，距离还有700多天，等待发财的时间对我来说很难过，简直是度日如年。在这期间，我也没闲着，反复对影响大蒜价格的因素做了预想，结果证明，价格走势跟我的预想差不多。

为什么我能提前预测大蒜涨价？因为**一个产业在没有伤透之前，不会彻底转势**。2007年的时候，伤得最深的是大蒜库存商，当时蒜农卖出价在7毛钱/斤左右，虽然也是亏本，但亏得不算多。然而库存商收购价7毛/斤左右，加上冷库费，成本接近1元/斤，但卖出只能卖到1毛/斤左右，这一年把大蒜库存商伤透了。到了2008年，伤得最深的是农民，由于前一年库存商元气大伤，他们不肯出高价，普遍收购价格在1.8毛/斤左右，而农民种植成本在1.2元/斤左右，这么低的收购价把蒜农伤透了，随后农民大幅减少种植。贸易商伤透了，农民也伤透了，所以2009年大蒜大面积减种。最初，我从自己村里了解到大蒜减种95%，我很激动，已经想到蒜价会涨上天。但由于自己的村庄不具有代表性，于是我开着一辆破奇瑞汽车出去调研。调研途中，我了解到其他地方的大蒜种植情况比自己的村庄稍好，后来我总结了一条经验，主产区就是主产区，价格再低减产幅度都不会变化非常大，变化大的区域是副产区，每个品种都有这样的规律。所以，我要搞清楚副产区和主产区的比例，把各自的减产比例做一个统计，取平均数。于是，我又去河南、江苏等地调研，跑了几万公里，各个乡镇基本都走遍了。

那一年，蒜农确实灰心丧气到了极点，我看到蒜地里面杂草长得比蒜还高，让他们除草也不除，都说大蒜没人要，死了拉倒。这些情况还不算重点，大蒜在国庆前后种植，大概一个星期左右出苗。那一年，大蒜出苗以后就开始烂根，大片大片地死亡。本来种植面积就少，还出现了大面积烂根的情况，我打听了很多地方都是这样，我就想这是不是老天爷出手调控了。于是，我来了信心，只要把大蒜拿住就能发财。但是，年前我不敢入场，因为大蒜价格在出蒜之后才会上涨，大概时间在5月份以后，如果入场早了，对手有足够的时间把我打爆仓。所以要耐心地等着，过春节以后我就入场了，那时候是800块，后来它从800跌到700多，晚点入场赚得更多。即使大蒜量减少，农民不好好管理，也还是看空的，因为库存太大。当时蒜可以加工成蒜干、蒜油等，可以保存很长时间，那时候号称大蒜3~6年不加工也吃不完，蒜便宜时，大家加工成蒜干保存，现在蒜还是过剩，蒜干也加工不了，因为没有人买。我记得当时大蒜收获以前，号称50万亩以上的大蒜可能卖不出去，整个行业都亏损没钱了，都预期不会涨价。我当时想，老天爷不出手调控，不可能涨价，根据自然规律和物极必反阴阳平衡，老天爷一定会出手让它涨价，**物极必反不是概率，物极必反是 100%**，只是我想不出它会从哪个方面让大蒜涨价。后来老天爷真出手了，全球爆发甲流，报纸上都登吃大蒜可以防治甲流，全世界一下把中国的大蒜都抢光了，库存迅速消化。这时候人们反应过来，大蒜库存没有了，当年种植又少，且蒜农没有好好管理减产了，大蒜肯定要涨价。人们这时候才明白过来，但为时已晚。那年蒜苔创历史新高，也就是在 2009 年以前，蒜苔历史高价是 1.2/ 斤，那年最高价卖 1.8/ 斤。大蒜还有一个特点，**大蒜的价格一直比蒜苔贵**，没有一年大蒜的价格比蒜苔便宜，直到现在，一年也没有，蒜苔多少钱，你就知道后面大蒜的最低价在多少。总之，物极必反一定要了解清楚，不管是凭主逻辑，还是副逻辑，还是各种条件，都是配合的。这是大蒜物极必反最经典的一个案例。只要你能找到极点，最好在极点之前就入场。

经济本质永恒不变。这个规律不变，这不是传统经济学的周期，不是他们说的多少年一个大的债务周期。其实是钱的问题，**钱多经济就好，钱少经济就不好，相信这个道理，就是这么简单**。国家货币政策一宽松，经济马上就好，当然还要看宽松的度。比如本来我需要吃 3 个馒头，你只给了我 1 个，我还是饿的，你再加 1 个，还是不够，我需要吃 3 个，这就是为什么 2014 年、2015 年连续地降准、降息，增加流动性，但经济还是一再地下滑。经济学界得出一个结论，说放水效用在递减，其实不是放水效用在递减，而是力度不够。

特朗普也有厉害的一面，作为美国总统，他首次把美联储主席搞定了，他一直缠着美联储降息，天天抨击美联储，后来美联储终于松口，答应要降息。**现在好多经济学家最大的错误是看不得经济好**，他们用的名词是"过热"，发展经济又不是害人，繁荣是好事，放水是增加流动性。其实把货币宽松叫"放水"也不妥当，应该叫增加流动性。

大家可以去看看《中国崛起的奥秘——财富论》，仔细研读经济到底是怎么一回事。什么是经济？**经济和种地是一个道理，发展经济就像怎么让庄稼丰产高产**，就是这么简单，出了什么问题就对症下药。旱了就浇水，涝了就排水，生虫了就打药，长草了就拔掉，氮肥不够施氮肥，磷肥不够施磷肥，种子不行换种，想办法让它高产。经济也是这样，**东西多了，需**

求不好，扩需求，东西不够，生产不足，扩产能，很简单。其实很好解决，你要懂得这个道理。

经济不好到底是什么问题？是因为东西不够，还是因为东西不好卖，假设钢多了，多架桥，多修路，本来只需要100吨钢，可以用500吨来修。我们国家建鸟巢的时候，原设计方案用钢非常多，后来金融危机，少用了几万吨钢。本来需求不好，应该多用10万吨钢，道理很简单，需求不足，扩需求。为什么需求不足，就是没钱了，有钱肯定有需求，乞丐有钱了马上买别墅，西装革履，问题是他没钱。生产不足扩生产，需求不足扩需求，经济学哪有那么复杂，我们把这些看透以后，做期货就简单了。

这两年最大的机会在工业品，工业品有机会就是因为大部分人不懂经济学。为什么这几年农产品没有机会，因为做农产品的人都懂了，都不犯错，对手不犯错，哪来的机会？所以看经济就这么看，别人恐慌时你不要恐慌，看国家是什么政策，看放水力度。**2008年底、2015年底、2018年底，几乎所有的经济学家的预测都是错的，都是悲观的，而我是乐观的，事实证明，未来都挺好的。**把这些看透，商品就好做了，商品本身所具有的价值规律永恒不变，这里我就不再细谈了。

人性永恒不变。人性就是从众、虚荣、贪婪、不过大脑，大部分人就这样，为什么你从众？就是因为老想着好事。大家一定要记住，天上不会掉馅饼，世界上没有免费的午餐。求人不如求己，要自己努力，实事求是，这样才能最终获得成功。

还有很多人喜欢烧香拜佛，其实这个没有什么意义。信佛是不做坏事，要做好事，照顾比自己条件差的人，而不是向泥塑像磕头。烧香是求不来财和运的。能做好事就做好事，这就是最大的福报。做不了好事，也不要做坏事。

• 如何看供求、库存、成本

价格涨跌看供求，供求决定价格。**供求矛盾看库存**，对于很多品种，我们要看是生产大于消费还是消费大于生产。如果库存不断增加，肯定是当前的生产大于当前的消费，然后再据此判断未来是什么情况。有些品种量很大，想要调查供应和需求确实有困难，那就只能从库存的变化上去看。这个时候，同比就显得非常重要。以中国的玉米为例，我们不知道它今年的供需情况如何，可以去看上一年是什么情况，是剩了还是不够。另外，再去看今年种的量多了还是少了，单产有多少，这样一来立马就心中有数了。同比是一个很好的方法，我们不用要求具体的数字，只需要知道同比的增减幅度是多少就可以了，最终你也会知道是多还是缺。**如果最终要缺，现在的价格又很低，那就可以长期持有。**慢慢地，供求不平衡就显示出来了。**如果多了，价格又高，你可以逢高做空。**不要急于一时，时间一到，慢慢就下去了。

价格高低看成本。以成本线为依据，高抛低吸。何为高，何为低？暴利就为高，暴亏就为低。**范蠡说过一句话，贵出如粪土，贱取如珠玉，人弃我取，人取我弃，就是这个道理。**所谓的"贵"，就是暴利。一旦有一个东西暴利了，那就不要再持有了。做期货也是一样，**一旦商品进入暴利时代，就千万不要持有多单，赶紧处理掉。**如果没有确定性，也不要急着做空。同理，**亏损累累的品种，也不要持有空头头寸。**一定要坚持这个原则，否则容易吃大亏。只有搞清楚商品是多了还是少了，才能知道这个商品未来是贵还是便宜。**论其有余不足，则知贵贱。**有人说东方哲学不能量化，这就是典型的量化。

五句金律。低价格、低库存、负利润、需求好、高价差。符合这五句金律的品种，后续会有大行情。前几年有一位微信好友给我发消息说，他研究了一下，发现很难有行情符合上述五条金律，好像只有2015年年底的时候是这样。其实，符合一两个有时也能做，不一定要全部符合，只是仓位要轻。若真要说全部符合，2015年年底确实是一波，所以2016年才会有这么大的行情。

所谓的安全边际非常简单，就是低于成本，还低于实际价值。最确定的安全边际是，它已经低于实际价值，而且还被严重低估。尤其是做股票，比如银行早前最狠的时候几乎快打对折了，又不会倒闭，这就是最好的安全边际。买了不怕被套，早晚赚到钱。安全边际最确定的就是实际的价格现在被严重低估。在基本的成本线以下，价格越低，越具备安全边际。因为在这种情况下，往上涨到成本线以上是100%的事情，只是时间问题。如果做期货和做股票一样，合约是永久的，那你逮到一个亏钱的品种买入，100%赚钱。但因为期货有杠杆，而且合约有期限，到期要平仓，所以比较难。这就要求我们精准出击。

在交易中，抓住主要矛盾非常重要。为什么我们在交易中老是摇摆不定，就是因为抓不住主要矛盾。而且大部分投资者都容易把次要矛盾当成主要矛盾。我们要记住，面对一个品种或者一波行情，一定要抓住主要矛盾，不要去管明天好卖还是后天不好卖。

下面说一下价值。**价值就是价格值不值**，人们常说"价格围绕价值波动"，更准确的说法应是"价格围绕成本波动"。大部分时间，价格在成本之上，小部分时间，价格在成本之下。价格和价值其实是同步的。**价格是在成本的基础上结合供需的反映。**

在此提醒一下各位，在交易中一定要注意升贴水结构，很多投资者吃亏就是吃亏在这里。很多投资者向我请教，觉得橡胶不好做，因为看不出涨跌来。这几年很多做橡胶的人吃了不少亏。橡胶老是升水，**期货大幅升水于现货的，做多要谨慎**，必须是马上大涨的机会，才能作为重点做多的品种。反之，做空也是一个道理。如果不注意这个问题，你在不经意间就把钱亏掉了，而且还不知道是怎么亏的。

最后讲一下阴阳平衡的坐标。当你发现一个对人类有用的商品，价格到了一个位置，如果再跌下去，整个行业就会车毁人亡，那么，这个价格就是极点，最终一定会反过来，不要怀疑。比如我当年做大蒜的时候，很多人问我为什么这么有信心，就是因为我找到了极点。如果2009年大蒜再不涨，到2010年就没有人从事这个行业了，那就达到极点了。当时，我请几个贸易商吃饭，问他们大蒜会不会涨，一桌子人都说涨不了。我又问他们："以后还兴不兴吃大蒜？""当然兴啊。"既然兴吃，那大蒜就得涨，所以我对那波行情很有信心。当然，这些机会都是可遇不可求的，一旦出现，千万不要犹豫。

由于时间关系，今天的分享环节就先到这里，谢谢大家。

傅海棠：中国要去杠杆，必须扩大基础货币投放

2019 年 9 月 1 日

本文根据 2019 年 9 月 1 日傅海棠和学术界、投资界相关人士交流时的观点整理而成。

🔊 观点摘要

> 杠杆率高，说明两点：第一，贷款太多；第二，自己的钱太少了。
> 要去杠杆，其实就只剩下一条路：扩大老百姓和企业的自有资金。一方面，让企业多赚钱；另一方面，让居民收入增长。
> 国家应该扩大基础货币投放。
> 当前的货币供给其实是严重不足的。
> 贷款记账下的存款增长，不是真正的货币供应量增加，而只是数字的增加。
> 居民层面，提高收入和补贴。
> 企业层面，扩大基础农产品和资源品的国家储备。
> 社会层面，让特定企业扩大基础设施建设补短板。

● 中国应该去杠杆

中国应不应该去杠杆？完全应该，因为目前的杠杆率太高了。

杠杆率高，说明什么？因为杠杆率就等于贷款额与总资产的比，就是贷款额/(自身资产+贷款额)。所以，**杠杆率高，说明两点：第一，贷款太多；第二，自己的钱太少了。**

假设一个人，自己有资金 100 万元，去贷款 100 万元，那么，我们说他的杠杆率是 50%。如果自己资金 100 万元，贷款 300 万元呢，杠杆率就是 75%。一般来说，杠杆率超过 50%，就显得有点高了，而且，杠杆率越高，还款压力越大。一旦自身经济条件不好，无力偿还贷款，就只能选择破产，最后倒霉的除了贷款者自己，还有银行和储户。

所以，杠杆率高了，不好，要去杠杆。

既然要去杠杆，就得先分析好为什么杠杆率高。然后才能去想去杠杆的办法。前面说过，杠杆率太高，说明两点：

1. **贷款太多**。如果自己有足够的钱，谁也不愿意去多贷款，因为贷款有成本，借 1 万还款的时候要还 1.05 万，每个人都要琢磨一下的。

2. **自己的钱太少**。这是贷款多的根本原因。正因为自己的钱少了、不够了，所以才会去贷款。

• 国家、企业、个人，都缺钱

要解决杠杆率高的问题，先得弄清楚，为什么自己的钱太少。

一个社会，资金无非在三大主体中流转：国家、企业、个人。如果个人的钱太少，是不是企业的钱很多？如果企业的钱很少，是不是国家的钱很多？

可是，我们转了一圈下来，似乎三大主体的钱都不多。

居民个人的杠杆率越来越高。因为房地产贷款（中长期消费贷款）增长迅猛，中国的居民贷款越来越多。2015 年年初，住户存款 50.6 万亿元，贷款只有 23.5 万亿元，杠杆率只有 31.7%。到 2019 年 7 月，住户存款 78.3 万亿元，贷款 52.1 万亿元，杠杆率已经达到 40%。短短四年半时间，住户存款只增加 27.7 万亿元，贷款却增加 18.6 万亿元。很多专家已经说，居民负债率太高了，不能更高了。

企业的杠杆率也高高在上。国家三令五申要降低企业的融资负担、降低实际融资成本，正说明企业的债务很重，借款成本很高，但又不得不借款。实际上，中国几乎所有产业、行业，都面临着所谓的产能过剩问题。所谓产能过剩，就是本来应该能生产 100 的产品，结果只能生产 60，还有 40% 的产能闲置、关停。为什么这样？因为产品卖不掉。为什么卖不掉？因为没人买。为什么没人买？因为没有钱。结果呢？企业就赚不到钱，企业没钱，当然产能就开不了。中国大量的闲置产能，只能说明企业缺钱。

国家呢？债务好像也挺重。个人和企业都缺钱，那么，钱也许都跑国家那里了？不对，虽然央行的数据显示国家财政存款有 5 万多亿元，似乎钱挺多，但国家的债务也不轻，每年财政都有赤字，2019 年的财政赤字预算是 2.76 万亿元。而且，很多人一会儿说国债太多，一会儿又说地方债太多，后来又说地方融资平台杠杆太高，也要去杠杆。

这么看下来，**国家、企业、个人，都缺钱**，中国的钱并不是单独流向了哪一块，而是三大主体都缺钱。

● 去杠杆，应扩大基础货币投放

那怎么办呢？**怎么降低杠杆？** 好像就只有一条路：**国家、企业和个人，都要把贷款降低下来**。只有这样才能去杠杆。

怎么降低贷款呢？有两条路：**第一条，还贷款**，还了之后不能再贷款了；**第二条，减少贷款总额**。就是先还贷款 100 万，新贷款只能有 90 万，这样降低贷款规模。

问题是，如果有能力还贷款、减少贷款，谁还去贷款？国家有能力不再有赤字吗？目前不行。企业有能力减少贷款吗？可以，但那样就无法扩大生产规模，经济增速不只是要下降，甚至要出现负增长。个人呢？可以减少贷款吗？也可以，无非是不再买更多房子了，但老百姓的改善性住房需求怎么办？年轻人结婚刚性需求怎么办？

我们当前的社会，一个萝卜一个坑，一元贷款一个点。没有一分钱贷款是闲置的、浪费的。这维持了中国每年 6% 左右的经济增长速度。减少贷款，能否首先承受经济减速呢？恐怕不行。

一方面要去杠杆，一方面又不能容忍经济增速下滑或者负增长。这真是又要马儿跑又不给马儿吃草。天底下哪有这样的好事儿？

那么，还有什么好办法能去杠杆的吗？

当然有。杠杆率 = 贷款额 /（贷款额 + 自有资金）。如果我们不降低贷款额甚至扩大贷款额，也可以实现杠杆率的下降，那就是**扩大自有资金，让自有资金增加起来**。

如果企业的钱多了，贷款增长一些也没关系。如果居民收入多了，贷款增长多些也没关系。至于国家，杠杆率高一点其实不要紧，国家的钱和负债归根结底都是老百姓的。

所以，要去杠杆，其实就只剩下一条路：扩大老百姓和企业的自有资金。一方面，让企业多赚钱；另一方面，让居民收入增长。

但是，如果全社会的资金总量不增加，企业怎么赚钱？在总资金不变的情况下，甲企业赚了钱，就意味着乙企业必须亏损。居民 A 如果收入多了，则居民 B 必然支出多了。结果，全社会资金还是没变化，杠杆率只是结构性降低了，而不是全面性降低。

怎样解决这个难题呢？也就只有一条路：国家应该扩大基础货币投放。

扩大基础货币，要求央行多印刷一些钞票，多给企业和个人一些记账、收入，而不是央行通过公开市场操作增加货币供给，也不是给企业更多贷款，是要实实在在让社会的钞票多起来，本金多起来。

基础货币每增加 1 亿元，在当前的存款准备金率限制下，就可以增加 5 亿元以上的贷款。如果增加 10 万亿元基础货币，则包括贷款在内，社会总资金就可以增长 60 万亿元，相当于社会贷款规模增长 30%。这个水平，基本可以让企业的产能充分开起来。企业的产能利用率增长到 90% 以上，社会经济发展就可以更快一些，GDP 增速可以从 6% 左右提高到 10% 左右。经济形势将大为好转，社会总杠杆率也就会相对下降。

这是一个皆大欢喜的解决之道。

这个方案提出来，很多人会反对。反对的理由无非是两点，其一，现在的货币供应已经过度了，所以才要去杠杆。其二，扩大基础货币供给，会引起通货膨胀，最后得不偿失。

当前的货币供给其实是严重不足的。很多人总是以 M2 的居高不下作为例证，或者用 M2 与 GDP 的比值来说明中国的货币供应量是充足的。这是不理解电子货币时代的重大变化，那就是银行贷款可以创造存款，而这种存款根本不构成购买力。

在电子记账体系下，银行对外贷款 1 亿元，企业和个人乃至财政，都不会把这笔钱取走，而是继续记账在银行里。于是，贷款增加 1 亿元的同时，几乎必然增加 1 亿元存款。这些存款即便用于投资和消费，也还是在银行体系内循环。所以，看起来是存款总量增加了，但这种属于贷款性质的存款，根本不可能构成实际购买力，根本不可能严重影响到物价——须知，所有贷款都是要还的。今天记账的 1 亿元如果有买力，他日还款，是不是有卖力？

所以，一定要明白一点：**贷款记账下的存款增长，不是真正的货币供应量增加，而只是数字的增加。不要用 M2 的增长来说明货币供给增多了。更重要的是，贷款记账下的存款增长，是不会导致通货膨胀的。**

由此可见，解决中国高杠杆率的问题，最佳的做法就是扩大基础货币供给。国家可以采取三种模式扩大基础货币供给：

1. **居民层面，提高收入和补贴**。对国家公务员，尤其是科技工作者、教师、军人等，大幅度提高薪资水平，让他们的收入在一定时期内实现倍增。同时，大幅度提高低收入群体的补贴，让他们生活条件大大改善。这些薪金和货币的发放，除了遵循原有财政体系渠道外，再通过央行直接印刷或转账钞票的模式来增加，实现基础货币的真正增加。

2. **企业层面，扩大基础农产品和资源品的国家储备**。可以设立新的企业，专门用于收储农产品和矿产品资源等，形成国家储备。而这些企业的资金是来自央行直接发行的货币，而不是通过其他单位注入资本金。这

样，每年高价收储农产品、矿产品，可以提高农民和相关企业收入，又使得国家储备资源增多，提高国家的粮食和资源品安全。

3. 社会层面，让特定企业扩大基础设施建设补短板。可以面向中国建筑等大国企发行基础货币，专项用于建设国家特定地区的学校、医院、养老院、文化设施等基础设施补短板工程，满足人民日益增长的教育医疗养老等需求。这些设施的建设，在建设的时候可以促进经济增长，建成之后也有相对稳定的收入来源，并且可以满足人民需求，提高民众福利。这些建设，以国家发行货币的方式提供资金支持，可以一举多得。

按照匡算，中国的基础货币短缺量至少有三分之一。造成基础货币短缺的原因有两点：

一是中国从计划经济转向市场经济的过程中，我们有大量欠账是没有货币支撑的。比如居民的住房、养老、医疗、教育、交通等各个环节，从计划经济的指派、分配转向了货币购买。在经济转型期，我们没有投放足够的基础货币。

二是在中国外贸出口增长后，实施的强制结售汇制度，使得所有企业和个人的所有外汇大多变成了央行的外汇储备，央行再根据收到的外汇数量发行人民币。这种事实上锚定美元的做法，类似于锚定黄金白银。中国作为世界第二大国，再去锚定世界第一大国的货币，不但没有必要，更是不利于国家金融安全的。而以前锚定美元的货币发行模式，使得货币供给量不能符合国内经济增长的实际情况，造成了事实上的基础货币不足。

综上所述，我们应该清醒地认识到，当前中国货币的根本问题是基础货币供应不足。只有扩大基础货币供应，才能有效实现杠杆率的降低，同时维持经济持续健康快速发展。

傅海棠：中美和则两利，打也无妨

2019年9月7日

本文根据傅海棠2019年9月7日在上海的演讲内容整理。

🔊 **观点摘要**

> 中美之间，和则两利。两国本来应该互相取长补短、互相合作，共同发展求进步。如果这样，对中国好，对美国好，对世界也好。
>
> 中美之间，打也无妨。仔细想想，两国闹贸易战，某种意义上说对中美都是有好处的，因为中美贸易战之后，两国政府都在积极地做对本国经济有利的事情。
>
> 过去几十年，美联储一直是美国经济乃至世界经济的绊脚石。
>
> 中美贸易战，才让美联储第一次改变了传统的金融政策。
>
> 中国的情况跟美国等发达经济体完全不同，中国不是货币发多了，而是基础货币严重不足。
>
> 真正的经济学在中国！我们是要回归东方经济学来看经济，才能看得准。
>
> 当今世界，健康的国家，扩大货币只会促进经济发展，而不会导致严重的通货膨胀。
>
> 面多了加水，水多了加面，水和面要匹配，这就是央行正在逐渐明白的道理。所以，经济周期可以化于无形。
>
> 只有扩大房子的供应，房价才会从上涨转到平稳甚至转到下跌。
>
> 扩大货币供给，一定要引导到生产上面去。
>
> 我们的货币供应增长速度其实已经比较高了，但还是不够。为什么呢？因为我们的社会发展速度更快了，对货币的需求更多了。

• 中美扩表:打出来的政策

中美贸易战,是坏事,也是好事。对中国如此,对美国也如此。只不过,很多人仅注意到了它不利的一面,很少注意到它有利的一面。

中美之间,和则两利。两国本来应该互相取长补短、互相合作,共同发展求进步。如果这样,对中国好,对美国好,对世界也好。这就是中国追求的目标。可惜,特朗普不干,他想美国好,但不想中国好。至于世界好不好,他是不管的。所谓美国优先、美国第一,就是这个意思。

中美之间,打也无妨。仔细想想,两国闹贸易战,某种意义上说对中美都是有好处的,因为中美贸易战之后,两国政府都在积极地做对本国经济有利的事情。

先看美国。美国人过去 90 年的历史,基本在重复一个怪圈:经济好了,他们怕经济过热,赶紧加息,结果就导致股市和经济趋势出现逆转甚至崩溃。一次又一次,屡试不爽。这一次呢?特朗普不同,他意识到了跟中国闹贸易战的危机,所以在股市创新高的时候反复要求美联储降息。结果他的要求还真被满足了,美联储不但不再缩表,还在经济数据不错、股市迭创新高的时候一举降息,这是美国历史上从来没有过的。

过去几十年,美联储一直是美国经济乃至世界经济的绊脚石。他们所谓的"在酒宴正酣时撤走红酒杯"的理念,一次又一次将大好经济形势葬送。缩表、加息,是他们最擅长的东西。一直等到经济搞坏了、衰退了,才又开始扩表、减息,等经济好了他们再邀功,说他们阻止了经济衰退。完全不想一想,其实正是他们把经济搞坏了。

如果没有贸易战,美联储说不定还在按照既定方针加息,美国经济也许正处于风雨飘摇的前夜或者已经开始掉头,美国股市也许早就跌下来了。所以,**中美贸易战,才让美联储第一次改变了传统的金融政策。**

中国的情况也有相似的地方。中国央行 9 月 6 日宣布降准,要释放 9000 亿元资金。8 月份,央行还改革了 PPR 的贷款利率形成模式,贷款利率锚定公开市场操作的中期借贷便利的利率,并且在不降低存款利率的情况下事实上开始降低贷款利率。又降准又降息，这都是正确的做法。

回顾一两年前，我们是不是在说中国货币供应量太多了？是不是要降低负债规模？如果中美之间没有贸易战，一切运行正常，现在是不是也可能还在缩表？其实，**中国的情况跟美国等发达经济体完全不同，中国不是货币发多了**，而是**基础货币严重不足**。从企业到个人，从地方到中央，到处都缺钱，不得已去借贷、发债，企业不得已只能降低开工率，居民不得已只能限制消费欲望。这一切，是经济体缺钱的表现。我们去缩表干什么呢？要缩表，就要减少贷款，就要还贷款，问题是谁来还贷款？谁减少贷款？从哪里拿钱来还呢？都缺钱，怎么缩表？

结果，因为中美贸易战，大家觉得有问题了，把经济下滑的原因之一归于中美贸易战。其实，只要收紧货币，有没有贸易战，经济都会下滑。

所以，我们现在也意识到问题了，开始降准、定向降息了，当然，**这不是大水漫灌而是精准滴灌**。

但不管怎么说，中美贸易战，逆转了全球加息的步伐，全球各大经济体都开始降息了，全球降息在路上，经济转暖有希望了。

所以说，中美之间，和则两利，打也无妨，也许有利。

● 经济好坏，取决于钱多钱少

中国经济没有问题，经济形势其实很好。上高速公路去看看，拉货的斯太尔，川流不息。坐坐高铁就知道，经常找不到座位。热线航班的飞机，动不动就满座。好的餐馆要预定，生意兴隆。周末节假日，旅游景点人满为患。走出去看看就知道，经济很好，没有问题。

有问题的是心态问题。很多人不懂经济学，很多人迷信西方经济学。岂不知，**西方经济学是伪经济学**。很多人动不动谈周期，谈衰退，谈崩溃，根本原因是不懂经济学，或者盲目迷信西方经济学。他们哪里知道，**真正的经济学在中国**！看看两千多年前的《管子》，那才是真正的经济学，是东方经济学的鼻祖。如今的重商主义、重农主义、资本主义、社会主义等观点，管子都提出过。甚至于货币的运用原理，管子也早已提出。**我们是要回归东方经济学来看经济，才能看得准。**

用东方经济学的理论来解释经济状况的好坏，其实很简单。**排除了战争、天灾、瘟疫等不可测因素，经济好坏，就是跟钱多少有关。经济为什么好？因为钱多。经济为什么不好？因为钱少。**为什么钱这么重要？因为在相对稳定的经济体中，货币具有激励属性，能促进经济发展。人们为了追求更好的生活，会想办法去赚钱。要赚钱，就要扩大生产，就会增加社会财富，社会就会进步。

其实，没有多余的钱。社会上的每一分钱，都有其应有的位置，都能在合适的地方发挥应有的作用。经济不好，绝大多数状况下是因为钱不够而不是钱多了。适度的通货膨胀不会影响经济发展，反而对经济发展有好处。只是很遗憾，按照西方经济学理论，经济发展好了就会通胀，为了防止通胀就要减少货币供给。这是完全错误的。

中国有个成语，叫**削足适履**。鞋子小了，正确的做法是换大一点的鞋子，但为什么有些人就不懂这个道理呢？他们要把人的脚砍削一下，让脚去适应鞋子。这岂不是荒谬得很吗？经济也是这样，经济发展受到阻滞，是因为钱少了，正确的做法是多发一点钱，来适应经济发展的需求。哪能反而收缩货币供应，反过来让经济体量去适应货币的多少呢？

这又好比路上汽车拥堵，正确的做法是多修道路，让道路适应车的数量。但是，有的人不这么想，他们反而把路砍掉一些，让道路更少，并要求车子数量减少以符合道路的情况。还有更厉害的，单双号限行。人家买了车，也交了税，为什么不让人家开车呢？应该扩大道路，而不是限制车子。限制车子，跟削足适履有什么区别？

经济发展也是如此。明明很多产能闲置，明明很多企业困难，明明很多行业亏损，明明人民生活还不能让人满意，这个时候更应该扩大生产、扩大供给，满足人民对美好生活的向往，结果却偏偏收紧银根，导致企业歇业，限制生产限制养殖，却还要经济好，这怎么做得到呢？在经济状况还不好的时候加息、缩表、减少货币供给，不就是削足适履吗？

经济管理，跟农民种地没什么两样。地干旱了就浇水，地里水多了就排涝，虫子多了就打药，风刮倒了就扶起来，长草了就拔掉，要根据实际的情况进行调整，目的只有一个，就是要稳产高产。经济也是如此，钱少了就扩大货币供给，企业开工不足则鼓励消费，消费不足就扩大居民收入。一切以经济良性发展为前提，轻易不要去缩表、加息、减货币。

• 不要怕通胀、不要说滞胀

当然，我们也理解西方经济学的做法，理解国家采取的一些措施，都是因为怕通胀，尤其是怕滞胀。滞胀是一个很奇怪的名词，它指的是经济停滞但是物价却在上涨。经济发展不前，那说明经济状况很差，为什么会出现通胀呢？因为物价在上升。但是，经济不好，说明东西卖不掉，怎么可能通胀呢？通胀，物价上涨，说明东西供应不足，要涨价才能卖，这恰恰是经济状况很好的标志嘛。世界上怎么可能出现滞胀呢？

所以，**滞胀，是一个错误的经济学概念**。不要简单地把物价上涨看成是通货膨胀。比如，世界上出了石油战争，导致原油供应不足而出现大涨价，国内的很多商品就跟着涨价。这不是通胀，这是外来因素造成的物资短缺，这个时候出现的物价上涨是正常的，完全不必恐慌，将来原油供应足了，物价自然就不再涨了。国内某些物资，尤其粮食和肉类供应不足，出现价格上涨，也是正常的，比如猪肉涨价是因为猪瘟，不用过分着急价格，而要重点加大供应，将来供应充足了，价格一定会下降。没有必要因为这些商品的价格涨跌而调整政策，去收紧货币、减少货币供给，结果削足适履了。而是应该恰恰相反，猪肉导致的物价上涨，老百姓生活可能受到影响，可以加大货币供给，比如加大对养殖业的贷款支持、给低收入人群发放猪肉补贴。千万、千万不能因为猪肉价格涨，物价指数升高，就说通胀，就要收紧货币，结果导致经济衰退。

这就是东方经济学的理论：货币，货币，有货才有币。要研究货和币的关系，看看货和币究竟是哪里出了问题。货不足，就扩大生产，满足对货的需求。币不足，就扩大货币供给，满足对币的需求。力争做到货和币的匹配，货与币恰好满足社会经济发展的需要。

不要怕放水就通胀。货币供给与通货膨胀没有直接关系！只有传统的经济学、古典的货币论才认为货币多了会有通胀。那是硬通货（实物货币）时期可能适应的理论，在当前社会早已是错误的理论。当代社会，电子货币盛行，货币只是符号，增加货币只是银行调整记账方式而已。货币与物价的关系已经没那么明显了。一定要理解，**当今世界，健康的国家，扩大货币只会促进经济发展，而不会导致严重的通货膨胀**。更何况，适度通胀更有利于经济发展。

好消息是，世界各国正在慢慢转变认识。这一次，美国一改加息传统，在股市还没有下跌的时候就开始降息。印度则在股市创下历史新高的时候降息。日本的安倍干脆明白无误地表示要放水再放水，不达到通胀不罢休，目的也是为了经济发展得好。中国呢？2008年的四万亿政策非常恰当，让中国逆风飘扬成为世界经济的火车头。2015年，经济下滑苗头严重，马上扩大货币供给实施PPP等政策，经济立马回升。最近也是如此，发现苗头不对立马重新宽松。

• 扩大货币供给，促进经济发展

归根结底，是央行在学习、世界在进步。很多人担心世界再出经济危机，又说什么第二次1929年、第二次2008年，这都是杞人忧天的怪论。人是有智慧的，不会在很短的时间里重复犯同样的错误。**面多了加水，水多了加面，水和面要匹配，这就是央行正在逐渐明白的道理。所以，经济周期可以化于无形。**

太阳有周期，我相信。至于**经济，哪有什么经济周期，都是人为管理失败造成的恶果**。明明经济形势很好，央行说酒宴正酣，要防通胀，乱加息，乱缩表，所以才让经济衰退的。等经济衰退了，又不得不降息，放水，然后经济又好了。如此循环，果然形成了周期。这种人为瞎干预形成的周期，还堂而皇之形成了周期理论，真是荒谬啊。

所以，明眼人能看出来，西方经济学的那套理论是错误的，按照他们的理论走，是行不通的。西方经济学扼杀了经济的活力，它从来没有挽救经济，只会破坏经济。

比如，按照东方经济学理论，我们现在有些政策和观念，还是有改进的余地。

第一，扩大货币供给，是不是应该允许扩大房地产建设？房地产不是虚拟经济，不是泡沫经济，房地产是很大的实体经济。衣食住行，民之大事，有了钱，谁不想买房子？钱多了，谁不想住好房子？所以，刚需、改善性需求，本来就是房地产市场的最大需求。有钱了，不买房子，让他住哪里？辛勤工作，想换套大房子，结果不让买，谁还有积极性拼命赚钱？发展经济的目的，本来就是满足人民改善生活的需求，人民有住房的需求，当然应该满足。至于要抑制房价上涨，非常正确，应该去做。但只有**扩大房子的供应，房价才会从上涨转到平稳甚至转到下跌**。又想房价跌，又想不盖房，天下哪有这样的好事儿？

第二，扩大货币供给，会不会影响货币的购买力？货币货币，有货才有币。只要东西多，货币的购买力是会上升的。因为放出去的钱，不是沉淀在水里的，而是要投入生产的。多生产一些衬衫、多生产一些粮食，就可以多养活一些人，或是让原来的人生活质量更高。这是货币促进生产的功能。只要促进生产，就会增加货币的购买力。反之，如果没东西，货币再少，也没有购买力。所以，**扩大货币供给，一定要引导到生产上面去**。假设原来1万元钱，能买1平方米的房子，如果不放水、不扩大房地产建设，也许就要2万元才能买1平方米。如果放水扩大房地产建设呢，也许2万能买3平方米。所以，有了币才有货，扩大了币就能扩大货，社会才会进步。

第三，扩大货币供给，要不要担心自己的钱购买力不足？其实，很多人的想法是，最好把增加的货币给自己，然后让社会上其他人的货币没有增加，这样自己的购买力就增加了。这是很狭隘的想法。不要光盯着自己的口袋里的钱，局限于自己的小家庭，盘算自己的小九九。天下绝无这样的好事。扩大货币供给，看起来有些东西好像贵了，但你买贵我买贵，等于没贵。只要东西多，大家的福利就会都得到改善。你口袋里有10元钱，只能买一个水杯。如果国家扩大货币供给一倍，生产的杯子多了10倍，而你口袋里有20元钱了,再买一个杯子,如果只需要花2元钱,这个时候,你的货币购买力是不是增加了?

最后一点,我们也必须承认,**我们的货币供应增长速度其实已经比较高了,但还是不够**。为什么呢?因为我们的社会发展速度更快了,对货币的需求更多了。因为社会生产效率提高了。比如,袁隆平的高产水稻,亩产提高到1200公斤了,这在以前是不敢想的。5G时代,网络的速度飞快。如今的移动支付、网上购物、飞机高铁等,大大加快了物流速度,提高了经济运行效率,这个时候,如果货币理论还停留在实物货币、硬通货时代,无疑是错误的。世界各国的央行,目前也没有完全适应新时代发展的要求,货币的供给其实还是不足的,货币扩张还有很大的余地。

傅海棠：谁懂农民的心理，谁就能抓住未来的方向

2019 年 12 月 7 日

2019 年 12 月 7 日，傅海棠在华泰期货主办的"守望初心创新变局"2020 衍生品市场年会的"农产品论坛"发表演讲，以下是其文字整理。

观点摘要

> 我做期货完全是"自投罗网"，没有人来拉着我开户，而是自觉走向了这条"不归路"。
>
> 做期货会让人上瘾，生命不止，期货不停。
>
> 有时候我觉得期货不是普通人做的，而是"神"和"鬼"做的。
>
> 你在调研的时候，抓住农民的心理就基本上等于抓住了未来的方向，可以提前两三年预知未来会怎么走。
>
> 最终还是落在供求上，供求决定价格，多了就便宜，少了就涨价。
>
> 供求决定价格，我们要把重点放在研究供求上，重点去调查这个农产品是丰产还是减产。
>
> 一般来说，农民连续两年赚钱，种植面积一定暴增；连续亏损两到三年，就会集体退出。
>
> 阴阳平衡和物极必反的规律自古以来都没有改变过，这就是规律。
>
> 我们所说的金融危机一般来讲是通货紧缩，商品多，钱少，没人要，价格大跌。
>
> 国家增发货币发展生产，我们赚得才多，国家不增发货币，我们赚得就少。
>
> 货币政策宽松经济就好，货币政策紧缩经济一定下滑，这不是概率问题，是百分之百。
>
> 我们不是乱放水，饿了才吃馒头，冷了才穿衣服。

钱多了，我们的生产能力也越来越强大，我们的东西也越来越多，东西和钱同步增加，没有问题。

钱下去了，需求就起来了；地旱了，水下去就不旱了。这就是宏观。

国家没有库存，天气不好，大幅减产。不要怀疑，控制百分之二三十仓位进场。

期货的魅力在于爆发，不在于稳定盈利。

期货的稳定盈利非常之难，你要想做到曲线平滑，但杠杆交易会放大盈利和亏损，怎么可能平滑？

事实发生之前不要急，事实发生以后不要犹豫，不要去怀疑已经发生的事实。

期货中机会很多，做突发事件也够喝一壶。

我不同意"一步一个脚印"这个说法。人的生命有限，如果真的一步一个脚印走下去，那一辈子都走不出几个脚印。

时间不等人，想出人头地就得抓住爆发，"人无横财不发，马无夜草不肥"。

绝对不重仓，切记要轻仓。一般百分之三四十的持仓就够重了，只有轻仓才能提高容错率，才有足够的时间和对手耗。

期货是对手交易，保证本金不亏光，才能等到大机会进行真正的大交易。

• 为什么做期货？

做期货这么多年，我先和大家分享一下我为什么做期货。首先肯定是想赚钱，赚快钱、大钱。在没有做期货的时候，我总想搞一些买进卖出的大运作，看哪个商品非常便宜就买进，等涨了再卖出去，这样就能赚一笔大钱，但是这样的事在没有做期货之前始终没有做成，主要原因是没有资金。因为买进商品以后需要囤在仓库里，货款高、存储费高，没有资金做不成。我以前看到过辣椒、大蒜、黄豆、绿豆、红小豆等很多农产品的大机会，那时候市场其他人还没有察觉，价格也很便宜，但就是因为没有钱，所以买不进去。告诉有钱的人市场上有这么一个机会，赚钱了分我一点就可以，人家也不会理我。

后来，我知道了期货这个平台，当时高兴得睡不着觉。有了期货，除了放大杠杆的好处，我也不用再担心商品的质量、回款以及仓储问题，只需要点点鼠标，敲敲键盘就可以买进卖出，预测对了就能赚钱，而且只需要一个人，就可以解决所有环节的问题。

所以，**我做期货完全是"自投罗网"，没有人来拉着我开户，而是自觉走向了这条"不归路"**，并一直做到现在。前几年一直有人问我什么时候退出期货市场，我回答只要脑子不萎缩就永远不退出，直到生命结束那一刻。**做期货会让人上瘾，生命不止，期货不停。**但是，所谓阴阳平衡，有好处就会有坏处。**有时候我觉得期货不是普通人做的，而是"神"和"鬼"做的。**我也劝了很多投资者不要做期货，但是进来的劝不走，我自己也深有感触，实在退不出去。

那期货到底能不能做呢？能做。我们亏钱的原因是方法不正确，如果方法和理念正确了，盈利的概率会大大增加。只要你投资理念正确，思路没有问题，坚持下去最终一定能赚钱。**任何一个行业都没有期货赚钱来得快。**上市公司那种股价突然爆发不算真正赚钱，100倍的PE都是泡沫，而期货则是真金白银。当然，不管做股票还是做期货，都要合法合规。

● 农产品的特点和现象

我出生在农村，下面我和大家讲讲农产品的特点和现象。1978年，中国改革开放，那时候我才十几岁，村里那一批老人是从毛泽东的计划经济时代过来的，没有市场经历，也不知道什么叫市场。后来放开了，分田到户，自己愿意种什么自己看着办。

我发现期货很简单，我讲完以后大家马上就会明白。今年辣椒很贵，属于暴利，于是明年农民一拥而上全部开始种辣椒，但是种得多了以后卖不出去了，农民很苦恼，发现辣椒白种了，于是集体退出。到了下一年，因为大家都不种辣椒，使得辣椒供不应求，价格就涨上了天。后来老百姓觉得自己找到了经验，于是在价格便宜的时候仍然继续坚持不退出，结果却继续倒霉，只要不退出，就还是不行，连续倒霉，可退出了又暴涨。一个农产品涨价了不种，那就继续贵，等到涨了两年忍不住又开始种的时候，行情又不行了。所以，大家要做农产品，就要抓住这个特征。

你在调研的时候，抓住农民的心理就基本上等于抓住了未来的方向，可以提前两三年预知未来会怎么走。我这里有个经典案例，2009年的大蒜，我在2007年的时候就预测2009年大蒜会暴涨，只要根据规律一推，这个结论就出来了，非常简单。**最终还是落在供求上，供求决定价格，多了就便宜，少了就涨价。**

今年什么农产品便宜？红薯便宜，马蹄便宜，南瓜也便宜。红薯去年卖一块，但是今年两毛都没人要，为什么？因为去年红薯卖一块，农民一看赚钱就种得多了，一亩地的产量有好几千斤，结果今年就跌到了两毛。马蹄和南瓜也是同样的道理。

供求决定价格，我们要把重点放在研究供求上，重点去调查这个农产品是丰产还是减产。一般来说，农民连续两年赚钱，种植面积一定暴增；连续亏损两到三年，就会集体退出。背后的原因是什么？连续赚了两三年的钱，后面收益开始不行的第一年农民舍不得退出，因为他对农作物有感情，认为下一年会继续涨价所以不想退出，但是又种了一年以后收益还是不好，于是就会进入一个两难的境地，最终还是会选择继续坚持，结果还是不涨价。连着三年收益不佳，大家就开始退出了。随着产量的减少，库存也在慢慢被消化，行情就开始了。

农产品还有一个规律，种得少的时候，天灾人祸也就来了，找不到原因，几乎有一次算一次。只要种得少单产也会大幅度降低，只要面积暴增，单产也会大幅提高，可以说是，好的时候就越好，差的时候就越差。老百姓说，黄鼠狼专挑病鸭子，倒霉的时候喝凉水也塞牙，这就是规律，**宇宙意志不以人的意志为转移。**

大蒜连续便宜了两年，随后开始爆发，短短三个月就从一毛钱一斤往上涨了50倍。要是有大蒜期货，现货涨50倍，期货得多少个涨停板？

苹果也是这样，连续便宜了两三年以后，多年不遇的霜冻来了。铁矿连续便宜了很久，结果矿塌方了。确实邪门，**这种阴阳平衡和物极必反的规律自古以来都没有改变过，这就是规律。一旦一个商品在一个价位，尤其是低价位的时间比较长，往往就会来行情。大家可以注意一下这个时间，一般来说不超过三年。**

分析商品的时候，找历史最高价，这个商品历史最高到过什么价位，这点非常重要。而且这些信息很好查，可以向业内人士请教当年的情况。目前是什么情况，当年又是什么情况，两者比较，再加上通货膨胀、收入水平提高等，替代品有哪些变化，根据不同的情况进行衡量，预测几乎八九不离十。

比如 2010 年棉花为什么涨，那年我做棉花，预期涨到 35000 元/吨，最后涨到 34800 元/吨。有人就问我怎么预测那么准？其实我是算出来的。2010 年大牛市以前，所有的商品都突破了历史最高位，棉花是最后一个上涨的。当时铜、铝、锌、小麦、大头菜、茄子、萝卜所有的商品都超过历史最高价一倍。当时我想的是，所有的商品都上涨了，排队也该排到棉花了，棉花的历史最高价是 19000 元/吨，翻一倍是 38000 元/吨，打个折扣是 35000 元/吨。所以棉花 30000 元/吨以下坚决不离场，也不怕震荡。

• 农产品的宏观分析

讲农产品，也要分析宏观，为什么不看涨？因为当时人们对宏观很悲观，认为放钱解决不了金融危机问题。当然，现在有些人观点改变了，认为钱能解决危机的问题。**我们所说的金融危机一般来讲是通货紧缩，商品多，钱少，没人要，价格大跌。**为什么没人要？因为没钱。要是有钱，谁都想住别墅，开豪车。

2015 年一个小段子，经济学家说没有需求，这就冤枉了，大家都想住酒店吃大餐，只是没钱而已，怎么可能没有需求。**人的欲望是无限的，人的需求也是无限的，说没有需求纯属胡扯。**说房子过剩，50 平方米是住，100 平方米也是住，500 平方米也是住，所以怎么会过剩。坐车，绿皮车是坐，卧铺也是坐，高铁也是坐，坐高铁多舒服，时速快也很宽敞，这才叫消费升级，才叫经济发展。目前高铁线再修几条也不够，为什么不修？因为钢不够、沙子水泥不够。道理非常简单，没有多深奥和复杂，所以不存在过剩。当然这不是绝对，例如大白菜可能会短期过剩，但人不能只吃大白菜，还得吃茄子和萝卜，大白菜多了明年可以改种山药、茄子调整一下。行业短期内的过剩非常正常，只需要调整一下。有人说纺织企业过剩，这就不太对了。偏远地区的农民，不能说衣不遮体，但是穿得不好，所以衣服没有过剩，只是人们缺钱不买而已。**国家增发货币发展生产，我们赚得才多；国家不增发货币，我们赚得就少。**原来家里有5万，现在想有10万，不增加5万哪来的10万，只有增发才能赚，不增发赚不到。

我们对宏观要有大概了解，**研究宏观抓两个指标就行。第一，看国家政策。第二，看货币政策。货币政策宽松经济就好，货币政策紧缩经济一定下滑，这不是概率问题，是百分之百**。有人说傅老师你讲得不对，2013年、2014年、2015年就是例外，我说那是国家降息降准降得不够，一辆斯太尔卡车掉到沟里了，你让大公鸡去拉出来，力量当然不够，一只公鸡不够可以再派一头大黄牛。美国的道指，当时（2018年）道指有比较大的回调，很多人说道指要崩盘，有做空的机会了。我就想，道指现在怎么可能崩盘？特朗普当总统，他知道缺钱就放钱，但美联储不听他的话，他就骂。最后美联储没办法，就降息了。

抓住一个重要指标，缺钱，放水就好，放水是无限的。有人理解不了，说老是放水也不行。**我们不是乱放水，饿了才吃馒头，冷了才穿衣服。**有人问，钱越来越多了，钱就不值钱了，怎么办？**钱多了，我们的生产能力也越来越强大，我们的东西也越来越多，东西和钱同步增加，没有问题。**

2015年底和2019年初的时候大家看空，我们回想一下，那时候甚至有人感觉比美国1929年金融危机还严重，因为积累的矛盾太大了，可能要完蛋了。我们过去一年发现完了吗？没完，中国挺好，是西方的理论不行，理论不正确结果能正确吗？所以家里有宏观经济学教科书的朋友，回去赶快扔掉，不然钱都不够亏损。大家可以看一本书《中国崛起的奥秘——财富论》，一定要研究好宏观，把这本书看明白了能知道未来经济往哪儿走。不要天天听信经济学家,惶恐不安,不要害怕。**道理其实非常简单,经济不好就是缺钱,而国家的钱是无限的**,可以随便放,当然,这个随便不是乱放,不要理解为没有目标。当家做主的说了算,票不够了就发。比如五个票,五个萝卜,突然变成了十个萝卜,票不够用了,就加五个票,每个国家都是这么做的。

基建空间是无限的,但有人说地方债务额度大,中央说增加额度,家长说了算,说让多少就多少,无限!回想一下前几年的说法,全部被推翻。国家说多少就是多少,即使没有空间,国家想有空间就有空间。你说债务还不上,那就不要了,五万亿直接给你,挂账重新来,就这么简单。就像儿子找老爸借钱一样,老爸说不要了就不要了,反正经济发展中有纳税,不碍事。

宏观看明白,才知道需求怎么样,农产品和工业品都一样的道理。我2009年做大蒜,2010年做棉花,有人说没需求。钱下去了,**需求就起来了**;地旱了,水下去就不旱了。这就是宏观。

• 农产品的大机会

农产品相对较为清晰,重点是供应,一般情况下不用看需求,因为需求比较稳定。但也不绝对,有时候也得看需求,非洲猪瘟的影响巨大,肉价大涨,需求会少一些。重大的供应变化需要去关注,一看有利益驱动,供应大涨,等到没有利润,供应大跌,供应总量产生重大变化,这时机会就来了。尤其赶上什么时候呢?我讲几个重点:**第一,国家没有库存,天气不好,大幅减产**。不要怀疑,控制百分之二三十仓位进场。期货的魅力在于爆发,不在于稳定盈利。杠杆交易注定了这个特点,**期货的稳定盈利非常之难**,你要想做到曲线平滑,但杠杆交易会放大盈利和亏损,怎么可能平滑?

第二,突发事件影响。以郑商所白糖为例,2008年前后,南方突发多年不遇的冰冻,高压线倒了,白糖涨得很多。那时候我的研究体系还不成熟,抱着等一等、看一看心态,本来开盘就得进去,结果低开,低开就犹豫，是不是等一会还能更低？等了一会红了，觉得刚才还绿，现在红了，那还是绿了再买吧。这一天就过去了，等到明天吧。结果明天继续涨，机会就错过了。一旦这种情况出现，应该一头扎进去，管它三七二十一。

2018年4月6日，多年不遇的冰冻灾害非常严重，微信上面传的零下六到八度，稍微懂点农业知识的就知道麻烦大了。春天开花的季节，零下六到八度不就出问题了吗？怎么办呢？当时价格处在极低位置，想都不用想，肯定要大幅度上涨。

事实发生之前不要急，事实发生以后不要犹豫，不要去怀疑已经发生的事实。事实没有发生可以研究、可以观察、可以紧盯不放。但一旦事实发生了以后，你再等一等、看一看，那这波行情就没你的事了。如果你预期幅度很大，就要高挂价格买入，还在乎二百、三百元钱吗？只要有卖的，那就是我的，交易规则：价格优先、时间优先，谁报价时间早、价格优势大，货就是谁的！出现突发事件，比如去年（2019年）春节以前矿场突发塌方，有人还在犹豫，市场高开之后，甚至有人高位放空，结果傻了。这种情况证明你不适合期货，应该尽快退出。出现这么大的事件还能高位放空，跟不想活了没区别！当时价格很低，宏观政策利好，国家说增加基建，加大投资，有的人却守着预期在做，结果是预期和实际完全相反，预期需求较差，结果是需求极好。**期货中机会很多，做突发事件也够喝一壶。**

现在期货品种越来越多，可能两三年时间到一百个，五年以内一百多个了。品种多了机会也多了，做起来比以前简单一些。如果是在以前，一个品种20年不来机会，等得胡子都白了。

我不同意"一步一个脚印"这个说法。人的生命有限，如果真的一步一个脚印走下去，那一辈子都走不出几个脚印。前面十几岁不懂事，后面老了，减头去尾还有什么？时间不等人，想出人头地就得抓住爆发，"人无横财不发，马无夜草不肥"。当然，我的想法是绝对不重仓，切记要轻仓。一般百分之三四十的持仓就够重了，只有轻仓才能提高容错率，才有足够的时间和对手耗。期货是对手交易，保证本金不亏光，才能等到大机会进行真正的大交易。

• 猪价很难超过前期高点

现场问答

提问：问一下傅老师，猪肉和鸡蛋明年（2020年）的行情会怎么走？

傅海棠：猪肉期货还没上市，不太好说。鸡蛋虽然上市了，但证监会发布新规，具体品种不宜点评。我就简单说说猪存栏的问题。首先，研究一下存栏量，供求决定价格。如果存栏量上升不多，年后价格往哪儿走心里有个数，这个需要各位自己看着办。生猪前一段时间涨了很多，创下历史最高位，基本上一公斤40元钱以上，后来跌了一点，这几天有些反弹。价格上涨可能导致短时间内市场上没有猪。原来正常养到110公斤，现在想养到180公斤，把猪养得跟牛一样。猪肉这么贵，一斤成本5~6元，卖20元，一斤净赚13~14元。猪一天长一斤多，养殖户死活不卖，价格冲到了20元以上。然后才有回落的过程，**再超过那个高点很难**。今年（2019年）情况有些特殊，三元母猪留种开始变多，也非常集中，**价格一直到春节都会维持高位运行**。以目前的**价格，如果没有突发事件，可能在春节后下滑**，年前有需求旺季，不可能跌太深，年后可能回落。年前的猪杀掉了，年后猪也少不了，它的供应是阶梯性的，一茬接一茬。断供的情况已经过去了，饲料成本不过5~6元，只要猪肉价格在10元以上，就有人养殖。现在买个小猪仔一千多，农民也不傻，后面猪仔价格不会这么高，养殖成本基本就是饲料成本，源源不断的猪肉少不了。大概这个情况，至于鸡蛋的涨跌，我刚才说的你研究一下就能明白。

傅海棠：如何分析和捕捉三种确定性行情

2019年12月28日

2019年12月28日，"2020泉城迎新座谈会"在济南举办，以下是傅海棠的发言内容。

🔊 观点摘要

> 过去的2019年，行情惊心动魄、波澜壮阔。
>
> 2019年已经盖棺定论，无法改变。对于2020年，我认为大行情还会继续。
>
> 期货市场上最不缺的就是机会。有人可能因为一次没抓住行情就懊悔不已，其实不需要担心，行情从来都没有断过。
>
> 不缺行情，缺的是什么呢？缺的是抓住行情的方法和正确的理念。
>
> 什么是正确的方法？说一千道一万，就是八个字，供求关系、价值规律。
>
> 供求关系和价值规律的综合体现，就是趋势和行情。定价体系也是以此为依据的。
>
> 如果一样东西的量很多，同时价格又高，那只有一个结果，就是下跌。不在今天，就在明天；不在今年，就在明年，反正是早晚的事。
>
> 确定性很高，但不能百分之百确定，就轻仓，留一点余地。
>
> 降低仓位可以加大容错率，这个"错"不是根本性的错，而是在开仓后短期内行情的走势不符合你对未来的预期。
>
> 人连续赚钱就会浮躁，一旦浮躁就开始乱做，仓位加重，看着品种就开仓，基本上注定了大亏的结果。
>
> 一定要切记，在亏钱的时候，要及时冷静下来，不盲目，不急于求成，不急于翻本。在连续赚钱的时候，不要浮躁，更不要狂妄。

> 如果你亏了钱，不知道自己亏钱的原因，那么下一次交易你还会继续亏损；如果你赚钱了，不知道赚钱的原因，那么你下一次会将盈利还给市场。
>
> 去库存必须产不足需，并不是降价就能去库存，也不是说降价没有作用，只是作用有限。
>
> 一旦库存没有了，怎么办呢？准涨价！
>
> 农产品没有较大库存，如果价位超低，给生产者造成严重打击，可能导致行业都转产停产，但需求还大量存在，这是最佳切入点。
>
> 并不是交流得越多越好，正确的人和正确的人交流才是关键。

● 期货市场不缺机会，缺的是抓住行情的方法和正确的理念

过去的2019年，行情惊心动魄、波澜壮阔。先是开年后股指就大涨，而后又开始暴跌，接着又出现反弹。然后是铁矿的暴涨和暴跌。化工基本上也跌了一年，幅度也很大。鸡蛋在涨了一波以后，也出现了崩塌式的下跌。从一整年看，行情还是非常大的。

现在回过头去看2019年，这么大的行情，随便抓住一个，哪怕是轻仓操作，一年里的收益也不可小觑。当然，如果你都抓住了，可能就能在这一年从小兵变成大元帅。我估计在座的各位，大部分还是抓住了行情的。当然，在整个投资市场，更多的人肯定没有抓住行情，不但没有抓住，可能还做反了。

2019年已经盖棺定论，无法改变。对于2020年，我认为大行情还会继续。近几年的行情都非常大，主要原因是品种多了。假设市场上只有1个品种，50年来一波大行情，那这一辈子就过完了。但如果市场上有50个品种，每个品种都50年出现一次大行情，平均下来一年来一个，更别说有的品种用不了50年，可能一年当中一上一下就能来两回。所以说每年都有很大的行情。

期货市场上最不缺的就是机会。有人可能因为一次没抓住行情就懊悔

不已，其实不需要担心，行情从来都没有断过。不缺行情，缺的是什么呢？缺的是抓住行情的方法和正确的理念。所以在期货投资上，方法非常重要。一定要有正确的方法、正确的理念、正确的观点。

那什么是正确的方法？这已经是老生常谈了。说一千道一万，就是八个字，供求关系、价值规律。供求关系和价值规律的综合体现，就是趋势和行情。定价体系也是以此为依据的。每一个商品的价格都是供求关系和价值规律决定的，进一步说，价格就是在成本的基础上结合供需的反映。每个商品都有成本，供不应求，价格肯定在成本线以上。严重供不应求，生产者就有暴利。供大于求肯定就不赚钱，或者在成本线附近，够本钱就不错了。严重供大于求，生产者就会暴亏，价格可能会跌破成本很多。这是永远不会变的规律。按我自己的说法，这就是宇宙的程序，任何人、任何单位都无法改变。我们就要抓住这种不可改变的唯一性的规律，并加以研究。确定性就是这么来的，这就是百分之百。

我 2010 年刚出来在外面交流的时候，和别人聊天，当我说到行情可以百分之百确定时，边上的人听了都很惊讶，说哪有百分之百的事。当时他们可能确实都理解不了，现在应该有一部分能理解了。我不排斥概率，某些时候我也讲概率。但不能排除在特定的环境和情况下，存在百分之百的确定性，这是特殊情况。当然，在大部分情况下，还是要讲概率的。

什么是百分之百，就是我前面讲的规律的唯一性。**如果一样东西的量很多，同时价格又高，那只有一个结果，就是下跌。不在今天，就在明天；不在今年，就在明年，反正是早晚的事。**跌的时间越晚，跌起来就会越狠，因为期间它的产能和产量会继续增加。所以如果你做了一段行情以后没有出现所预期的走向也不要着急，一定要有耐心。只要你的理论和分析与实际情况没有偏差，就不要慌。当然，前提是你一定要对所做的行情和产业有清楚的了解，掌握真实的情况。

其实大部分人要赚钱，就得靠这种确定性。如果没有确定性，仓位就不好控制。如果看错了趋势，哪怕是轻仓，也会完蛋。所以**只有把趋势确定下来，才能控制仓位和风险。**

如果你确定某个品种未来一定会下跌，只是短期内由于人性的问题算不准是否会继续涨一段时间，或者可能还需要一段时间等待矛盾的积累，然后再爆发，这时候就可以轻仓。如果你确定行情马上会开始，可以适度放大仓位。确定性很高，但不能百分之百确定，就轻仓，留一点余地。降低仓位可以加大容错率，这个"错"不是根本性的错，而是在开仓后短期内行情的走势不符合你对未来的预期。这样一来，就算你拿着单子，心里也不会发慌。

所以一定要有耐心，耐心在投资中非常重要。大部分人就是过不了耐心这一关，不动鼠标就难受。手痒的一个原因是，看着这个品种有行情，那个品种有机会，跌停了就想着自己怎么没做空，涨停又想着怎么昨天忘了买一手，在行情的一涨一跌间就手痒。还有，不能急于求成，想一夜变成亿万富翁，两夜变成百亿富翁。尤其亏了钱以后，着急上火，急于翻本，就如打麻将输钱一样，最后输红了眼，头都懵掉了。

不管哪一种情况，首先我们都要静下心，要有足够的耐心，如果过了这一关，基本上就能"修炼成仙"了。"修炼成仙"以后，你会发现期货真的很好玩，怎么做怎么赚钱，有时候被套住也高兴。有人会问为什么套住还高兴？因为你非常有把握会有趋势，套住了说明矛盾加大，未来能赚得更多，完全在你的预料和掌控之中。

所以，我们一定要找到基本规律和要点，保持足够的耐心，尤其在我们不太顺手的时候，一定要静下心来。我们赚钱的时候，更要保持冷静，尤其是连续赚钱，就会浮躁，就会狂妄，这很正常，所有人都会出现这样的情况，这是人性的问题。人连续赚钱就会浮躁，一旦浮躁就开始乱做，仓位加重，看着品种就开仓，基本上注定了大亏的结果。可能前面连续赚的钱，就因为这一笔交易全部归还市场，甚至还会亏掉本金，最后再重来，不知道又要花多长时间才能赚回来。这是很多投资者的通病，可能也是所有人必须经历的过程，很多成功的大佬都有经历这个过程。我们最好不要经历这个过程，要学会从老期货人身上吸取经验教训，不要重蹈覆辙。捷径还是可以走的，不必重复痛苦的过程。所以一定要切记，在亏钱的时候，要及时冷静下来，不盲目，不急于求成，不急于翻本。在连续赚钱的时候，不要浮躁，更不要狂妄。

还有最关键的一点，一部分投资者做了很多年期货都没有进步，因为他不知道赚钱的原因，也不知道亏钱的原因。亏钱不可怕，赚钱也不可太自信，我们一定要究其原因，明白为什么亏钱，也明白为什么赚钱。有些人使用某个方法亏钱了，就说自己运气不好，将亏损的原因归纳为运气不好，而不去考虑自己的方法是否正确。有些人靠运气赚钱了，却认为自己的方法是正确的，是靠自己的能力赚钱的，那后面肯定要出大事。**如果你亏了钱，不知道自己亏钱的原因，那么下一次交易你还会继续亏损，如果你赚钱了，不知道赚钱的原因，那么你下一次会将盈利还给市场。** 你不知道原因，你不会提高，你也没有进步，只有你清楚每一笔交易赚钱和亏钱的缘由，你才会一点一点提升。

● 三种确定性行情

我一直说"确定性"，今天再和大家谈一下。

什么样的行情是确定性的？第一种是突发事件。

最近几年我们也看到了，有人把突发事件定义为事件驱动，这也是对的。长远的不谈，近两年就有几次突发事件，例如2018年的苹果，2018年4月6日，出现了一个多年不遇的倒春寒，苹果由供大于求一夜之间转变为严重的供不应求。这个突发事件发生后，并且当时苹果的价格非常低，在这种情况下，不要想太多立刻入场，再查一下苹果的历史高价，看下历史的最高价位是多少，就和最终涨的高价差不太多。所以出现突发事件，对生产造成了严重的影响，价格又在非常低的位置，行情有多么确定就不用我说了，我们一定要反应快一点。大部分人发现机会后先是观望一下，看盘面有没有反应，等盘面有反应了，可能就错失了良机。

例如2019年年初，巴西出现了溃坝事故，当时铁矿的价位非常低，500多一点。溃坝事件出现以后，我看到群里面有信息说"明天会高开，高开后可放空"，我看到这个信息我就笑了，我觉得这个人真不应该再做期货，在这种事件面前，他没有一个很好的判断。我们来研究一下他为什么犯错，他的理由是2015年也出现过溃坝事故，当时事件出现后，铁矿仍继续下跌。这个理由初听觉得很有道理，你之后再仔细一想是不对的。首先，当时是增产周期，大量的产能在释放，因为过去几年的高价，矿业公司加大了投资力度。其次，当时的宏观环境和现在也不一样，当时因为政策的问题导致需求下滑，人们的信心已经到了很悲观的程度。最后，时隔没几年又出现了一次溃坝事故，时隔两年又来一回，第一回是巧合，没隔几年又来一回，还死了那么多人，你想都不用想，政府不能坐视不管。这件事太好分析了，这回和那回怎么可能一样，最后咱们都知道了，政府强制性的措施，把所有违法矿场全部关停。给你一点时间你就可以分析出来，这一次不同于上一回，这次事情很严重，当时涨到价格才520出头，对这件事进行深度分析以后还需要犹豫吗？不需要，买就是了。当然，涨的过程也是非常艰难，爬坡爬了很长时间，可能几天的涨幅一个跌停板就跌完。爬坡难的原因，可能是主力放着空，散户买了多，他们难受，不想涨。后来没有办法，不涨不行，价格就上去了。

现在有了这么多品种，以后这种事件出现概率会更高，不一定哪个事件就对哪一个品种造成重大影响，现在已经有70多个品种了，上市速度还在加快，未来几年可能陆续上市几十个品种。等上市品种达到100个以上，你想一想这种突发事件发生概率多么大，所以期货对我们来讲大有希望，我们的方法一旦正确了，就对我们的对手产生危害了。就算只做突发事件，期货市场也够喝一壶的。没有机会我就去玩，找朋友打麻将、钓鱼、旅游、聊天，只要你不是败家子，消费也花不了多少钱。

第二是关注库存。

库存非常重要，一定要注意库存变化。去库存的过程中必然有一个前提条件，那就是产不足需。我发现很多投资者对这一方面不重视，其实去**库存必须产不足需，并不是降价就能去库存，也不是说降价没有作用，只是作用有限**。比方说玉米，鸡和猪吃的饲料有限，1元钱和8毛钱的差距不会促进饲料消费，降价也不能有效去库存，唯一去库存的可能是产量小于需求。

一旦库存没有了，怎么办呢？**准涨价！**让更多人进来生产，才能保证供应，要不然就是持续供不应求。去库存的过程就是产不足需的表现，盘点历史上的超级大牛市，2010年棉花的行情，就是库存去空的过程。2008年国家收储了270万吨棉花，其实那年供应不过剩，而是因为金融危机，导致市场对未来没有信心，造成农民的棉花卖不出去。正常来说，新棉花上市的时候轧花企业和纺织企业会囤很多货，金融危机造成当时的轧花企业和纺织企业不敢收货。农民手上的棉花也急于出售，国家及时出手，我记得当时是以12600元/吨的价格进行收储，总共收了270万吨。到了2009年，因为市场上没有棉花了，但还有需求，国储开始抛储，共抛储了262万吨。其实，当年的供求还是比较平衡，只是由于心理预期，大家都不敢要货，农民受金融危机影响，也开始减少种植面积。储备棉在2010年基本抛光，后来就出现问题了，那年种植面积少，单产也不好，结果大家也都知道了，价格突破历史高点，最高涨到34800元/吨，这是去库存的结果。

第三是注意超低价格。

农产品没有较大库存，如果价位超低，给生产者造成严重打击，可能导致行业都转产停产，但需求还大量存在，这是最佳切入点。 由于长期悲观，有部分人不敢相信价格会上涨，一定不能有这种惯性，现货开始启动了，期货还没有动，甚至于期货价格大幅度贴水当时的现货价格。最典型的例子就是2016年的棉花，现货12000多元/吨，期货价格才10000元/吨，现货都买不到货了，期货行情还没启动，这是一个极佳的切入点。后面的故事大家也知道，涨到了16000元/吨，当时国储库存有1100万吨，还不是照涨？

记住这些特点，把道理先想通，如果想不通，当机会来的时候也看不清楚，做到自己心中有数最重要。人还是愿意相信自己，而不相信他人，这很正常。所以一定要自己想明白是为什么，不用整天问别人，交流得越多，亏钱的概率越高，赚钱的概率越小。市场上大部分人是亏钱的，**并不是交流得越多越好，正确的人和正确的人交流才是关键**，但这毕竟是小概率事件，大概率事件是交流得越多越坏事。

后　语

自 2009 年以来，傅海棠先生在投资方面收益颇丰，可能市场上少有人能和他取得的收益率和收益额相媲美。投资者对他的认可度也越来越高，朋友们称他为"投资哲学家""期货北丐""东方经济学家"，只要是有他参加的活动，常有人捧着《一个农民的亿万传奇》或《中国崛起的奥秘——财富论》请他签名。

这几年请傅海棠先生演讲交流的期货公司、证券公司、现货企业、媒体、第三方平台等越来越多，凡是他上台演讲的活动，基本上都是场场爆满，甚至一些活动还出现座位不够、参会者站满过道的情况。

我本人有幸参加过多次有傅海棠先生演讲交流的活动，他的演讲风格独特，现场氛围好，很有感染力，即便事后回想起来，有些场景依然历历在目。我在他的演讲中也总能学到新的东西。

傅海棠先生的演讲，我不但听得舒畅，还能感悟投资真相和经济本质，多听几次，多思考总结，发现自己的进步越来越明显。

傅海棠先生的演讲是真诚交流。他的言论很真实，不假，并且理念明确，是非突出，对就是对，错就是错，不会遮遮掩掩，不会矫揉造作，不会避重就轻。

傅海棠先生的演讲能直指本质。他能把众多难题用通俗易懂的语言讲清楚、讲透彻，比如：投资为什么会亏钱，怎么做才能赚钱，经济为什么会有问题，如何才能解决问题，等等。

傅海棠先生的演讲有清晰逻辑。他会把如何推演、如何变化、如何找到极端的点、如何区分主次、如何取舍、怎么定方向、怎么确定范围等方面都直接讲出来，简洁明了，不含糊。

  其实我之前就有收集傅海棠先生的相关演讲文字，后来朋友们建议把这些演讲内容进行筛选、整理，集合成册，出版发行，我也就顺水推舟做了这件事。这本书的出版，我只是做了一些编辑整理的工作，书中所有内容都是傅海棠先生的成果，所有智慧的光芒都归于他。

  本书少量内容的录音已较难找到，所以个别语句整理出来的文字可能和傅海棠先生当时表达的意思略有偏差，若有整理不到位的地方，请大家多多包涵。

  本书出版前，孙成刚先生和马明超先生在本书内容的完善过程中深度参与，吴成军先生和范年臻先生在本书校稿工作中有所协助，在此表示感谢。

沈 良
2020年4月 杭州

这不仅是一本投资交易学习用书
更是您的学习解决方案

专家咨询
▶ 同专家在线咨询，解答您阅读过程中关于投资交易的问题，帮您更好地掌握投资交易方法。

知识点微课
▶ 看专家视频微课，精讲投资交易知识，帮您轻松掌握，专项提升。

读者交流群
▶ 加入读者交流群，同书友分享阅读心得，探讨投资交易方法，共同提升。

阅读助手
▶ 为您提供专属阅读服务，满足个性阅读需求，促进多元阅读交流，让您读得快、读得好。

获取资源步骤

第一步：微信扫描二维码
第二步：关注出版社公众号
第三步：选择您需要的资源或服务
　　　　点击获取

微信扫描二维码
领取本书线上阅读资源